A19	Haben Sie …?	♂ hal *indak …? ♀ hal *indik …?	هل عندكَ ...؟ هل عندكِ ...؟
A20	Das da, bitte!	♂ ha:dha:, law samaḥt! ♀ ha:dha:, law samaḥti!	هذا، لو سمحتَ! هذا، لو سمحتِ!
A21	Wo ist die Toilette?	'ayn at-tuwa:le:t?	أين التواليت؟
A22	Wo ist die nächste Tankstelle?	'ayn(a) hiya 'aqrab maḥaṭṭat waqu:d?	أين هي أقرب محطة للوقود؟
A23	Wo ist das deutsche Konsulat?	'ayn(a) taqa* al-qunṣuliyyah al-'alma:niyyah?	أين تقع القنصلية الألمانية؟
A24	Haben Sie noch ein Zimmer frei?	♂ hal *indak ghurfah sha:ghirah? ♀ hal *indik ghurfah sha:ghirah?	هل عندكَ غرفة شاغرة؟ هل عندكِ غرفة شاغرة؟
A25	Lassen Sie mich in Ruhe!	♂ 'utrukni: bi-ḥa:li:! ♀ 'utruki:ni: bi-ḥa:li:!	أتركني بحالي! أتركيني بحالي!
A26	Ich habe mich verlaufen.	'aḍa*tu aṭ-ṭari:q.	أضعت الطريق.
A27	Wie komme ich zum Bahnhof?	kayfa 'aṣil 'ila: maḥaṭṭat al-qiṭa:r?	كيف أصل إلى محطة القطار؟
A28	Wie komme ich zur U-Bahn?	kayfa 'aṣil 'ila: mitro: al-'anfa:q?	كيف أصل إلى مترو الأنفاق؟
A29	Hilfe!	an-nadsch.dah!	النجدة!
A30	Bitte helfen Sie mir!	'ardschu: al-musa:*adah!	أرجو المساعدة!
A31	Feuer!	ḥari:q!	حريق!
A32	Rufen Sie einen Arzt!	♂ 'istad*i ṭabi:b(an)! ♀ 'istad*i: ṭabi:b(an)!	إستدعِ طبيباً! إستدعي طبيباً!
A33	Rufen Sie einen Krankenwagen!	♂ 'uṭlub sayya:rat al-'is*a:f! ♀ 'uṭlubi: sayya:rat al-'is*a:f!	أطلب سيارة الإسعاف! إطلبي سيارة الإسعاف!
A34	Rufen Sie die Polizei!	♂ 'istad*i ash-shurṭah! ♀ 'istad*i: ash-shurṭah!	إستدعِ الشرطة! إستدعي الشرطة!

A35	Rufen Sie die Feuerwehr!	♂ 'istad*i shurṭat al-'iṭfaː'! إستدع شرطة الإطفاء! ♀ 'istad*iː shurṭat al-'iṭfaː'! إستدعي شرطة الإطفاء!
A36	Ich rufe gleich die Polizei!	sa-'astad*iː ash-shurṭah fawran! سأستدعي الشرطة فوراً!
A37	was	madhaː ماذا
A38	wer	man مَن
A39	wann	mataː متى
A40	wie	kayf كيف
A41	warum	li-maːdhaː لماذا
A42	wo	'ayn(a) أين
A43	wessen	li-man لِمن
A44	Millimeter	milliːmetr ميليميتر
A45	Zentimeter	sentiːmetr سنتميتر
A46	Meter	metr متر
A47	1, 92 m	metr wa ithnaːn wa tis*uːn sentiːmetr متر وإثنان وتسعون سنتيمتر
A48	Kilometer	kiːloːmetr كيلو متر
A49	50 Kilometer pro Stunde	chamsuːn kiːloːmetr bi-s-saː*ah خمسون كيلومتر بالساعة
A50	Gramm	graːm غرام
A51	Pfund	niṣf kiːloː / chams-mi'at graːm نصف كيلو / ٥٠٠ غرام
A52	Kilogramm	kiːloːgraːm كيلو غرام
A53	1 Zentner (50 kg)	chamsuːn kiːloː خمسون كيلو
A54	1 Zentner (100 kg)	mi'at kiːloː مئة كيلو
A55	Tonne	ṭonn طن
A56	Liter	letr لتر

Hueber Sprachführer

Juliane Forßmann / Ahmed Jneid

Mit einer vereinfachten Lautschrift
von Ali Almakhlafi

Mit Arabisch unterwegs

Hueber Verlag

Grammatik von Kirstin Kabasci

Umschlagfotos: © iStockphoto/apletfx, © iStockphoto/danleap, © iStockphoto/rustycloud

Fotos Innenteil: Seite 7: © Florian Pfeiffer, München, Seite 11: © iStockphoto/sculpies, Seite 12: © iStockphoto/Aleksandar Jocic, Seite 16: iStockphoto/jpique, Seiten 22, 23: © Thinkstock/iStockphoto, Seite 26: © Thinkstock/Hemera, Seite 32: © Thinkstock/iStockphoto, Seiten 38, 41: © Thinkstock/iStockphoto, Seite 42: © irisblende.de, Seite 45: © Thinkstock/iStockphoto, Seite 46: © fotolia/mangostock, Seite 49: © iStockphoto/jcarillet, Seiten 57, 59, 68, 71: © Thinkstock/iStockphoto, Seiten 72, 77, 78: © Thinkstock/iStockphoto, Seite 81: © Thinkstock/Hemera, Seite 85: © fotolia/silver-john, Seiten 86, 89: © Thinkstock/iStockphoto, Seite 95: © Thinkstock/Hemera, Seiten 99, 105, 109, 114, 119: © Thinkstock/iStockphoto, Seite 120: © Thinkstock/Hemera, Seite 122: © Thinkstock/iStockphoto, Seite 127: © Thinkstock/Hemera, Seite 139: © Thinkstock/iStockphoto, Seite 143: © Florian Pfeiffer, München, Seite 145: © iStockphoto/pixzzle, Seite 148: © Thinkstock/iStockphoto, Seite 149: © iStockphoto/gordondix, Seite 150: © Thinkstock/Ingram Publishing, Seite 154: © Leonard Forssmann-Martin, Seite 157, 159, 164: © Thinkstock/iStockphoto, Seite 165: © iStockphoto/LeggNet, Seite 167: © iStockphoto/jcarillet, Seiten 170, 256: © Thinkstock/iStockphoto

Ein kostenloser MP3-Download zum Buch ist unter
www.hueber.de/audioservice erhältlich.

3. 2. 1. | Die letzten Ziffern
2017 16 15 14 13 | bezeichnen Zahl und Jahr des Druckes.
Alle Drucke dieser Auflage können, da unverändert,
nebeneinander benutzt werden.
1. Auflage

Umschlaggestaltung: wentzlaff | pfaff | güldenpfennig kommunikation gmbh
Zeichnungen: Gisela Specht, Weßling
Redaktion: Juliane Forßmann, Hueber Verlag, Ismaning
Layout: Holger Latzel und Sarah-Vanessa Schäfer, Hueber Verlag, Ismaning
Satz: Memminger MedienCentrum AG, Memmingen
Druck und Bindung: Himmer AG, Augsburg
Printed in Germany
ISBN 978-3-19-009714-2

Gastronomisches und Kulinarisches 72

Zeit für den Einkauf 114

Bank und Post 145

Freizeitaktivitäten 150

مقدمة

Einführung

Gute Reise mit dem Hueber Sprachführer Arabisch! Wenn Sie in das arabischsprachige Ausland reisen, ist dieser Sprachführer das Richtige für Sie, denn alle Übersetzungen richten sich nach dem Standard Arabisch (modern Standard Arabisch oder Hocharabisch).

Auch wenn in der Alltagssprache Dialekt verwendet wird, wird das Hocharabische in der Regel gut verstanden. Man sollte sich jedoch darüber bewusst sein, dass Hocharabisch nicht die alleinige Sprache dieses Sprachraums darstellt. Neben dem Arabischen wird zum Beispiel in den nordafrikanischen Ländern auch Berberisch und im Irak sowie in Syrien unter anderem auch Kurdisch gesprochen. In touristisch erschlossenen Gebieten trifft man oft auch zweisprachige Schilder in Arabisch und Englisch.

Der Sprachführer setzt sich aus vier hilfreichen Komponenten zusammen: Die kompakte *Einführung in die Aussprache* macht Sie mit der vereinfachten, in blau gedruckten Lautschrift vertraut; mit deren Hilfe können Sie alle Wörter und Sätze problemlos aussprechen. Die darauffolgenden Kapitel bieten Ihnen nützliche Formulierungen für alle typischen Reisesituationen. In der Kurzgrammatik können Sie nach Wunsch die Sprache besser kennenlernen, um sie noch effizienter zu nutzen. Das Wörterbuch für Reisende, in dem Sie Wörter von A bis Z nachschlagen können, vervollständigt Ihre „Sprachausrüstung". Nun kann nichts mehr schiefgehen.

Aber es gibt noch mehr: Die zum Sprachführer passenden Audiodateien können Sie sich auf www.hueber.de/audioservice herunterladen und so die wichtigsten Laute und Sätze anhören und üben. Der Audiodownload enthält die Vertonung aller Wendungen und Wörter, die unter dem Symbol 🔊 mit einer Tracknummer versehen sind.

Folgende Symbole und Abkürzungen werden im Sprachführer verwendet, um Ihnen die Benutzung zu erleichtern:

f.	feminin = weiblich
m.	maskulin = männlich
n.	neutral = sächlich
Pl.	Plural, Mehrzahl
Sing.	Singular, Einzahl
f.	Wenn Sie als Frau diesen Satz sagen möchten, wählen Sie diese Variante.
m.	Wenn Sie als Mann diesen Satz sagen möchten, wählen Sie diese Variante.
♀	Ist Ihre Gesprächspartnerin eine Frau, wählen Sie diese Variante.
♂	Ist Ihr Gesprächspartner ein Mann, wählen Sie diese Variante.
B14	Tracknummer, mit deren Hilfe Sie den damit markierten Satz auf der Audiodatei finden können

اللفظ الصحيح

Die richtige Aussprache

Arabisch ist für deutsche Muttersprachler eine sehr exotische Sprache. Das arabische Alphabet besteht aus ganz anderen Zeichen als das lateinische. Obendrein verläuft die Schrift nicht von links nach rechts, sondern von rechts nach links.

Trotzdem können Sie mit Hilfe des Sprachführers die wichtigsten Sätze auf Arabisch sprechen. Dafür sorgt die Lautschrift, die Sie wie gewohnt von links nach rechts ablesen können.

Laden Sie sich auf unserer Webseite unter www.hueber.de/audioservice die zu Ihrem Sprachführer passenden Audiodateien herunter; dann können Sie sich die meisten Sätze und Wörter anhören und entweder nachsprechen oder Ihrem arabischen Gesprächspartner vorspielen.

In der folgenden Tabelle erklären wir Ihnen einige Zeichen, die eine genauere vereinfachte Lautschrift ermöglichen und Laute, die im Deutschen nicht existieren und deren Aussprache durch spezielle Symbole dargestellt wird.

Andere Lautdarstellungen werden erklärt, damit keine Verwechslungen entstehen können.

Bei der Betonung arabischer Wörter gibt es Folgendes zu beachten: Als lang markierte Vokale (ː) müssen hörbar länger als Vokale ohne Längenzeichen gesprochen werden. Der letzte lange Vokal vor dem letzten Buchstaben in einem Wort muss zudem noch stark betont werden. So enthält sayyaːraːt (سيارات = *Autos*) dreimal ein **a**. Das erste wird kurz ausgesprochen; das zweite ist mit einem Längenzeichen markiert und wird hörbar länger ausgesprochen; das dritte, ebenfalls mit einem Längenzeichen markiert, ist der letzte lange Vokal vor dem letzten Buchstaben im Wort und wird lang ausgesprochen und obendrein stark betont.

B01	ː	zeigt an, dass der Vokal, der diesem Symbol vorausgeht, lang gesprochen werden muss	**sayyaːraːt** سيارات Autos
B02	'	signalisiert einen Stimmansatz zu Beginn eines Wortes wie in *Amt* bzw. einen Stimmabsatz in der Mitte wie in *Beamte* und *Verein* oder am Ende eines Wortes	**lu'lu'ah** لؤلؤة Perle
B03	*	in der Kehle erzeugter, stimmhafter Presslaut	**shu*aː*** شعاع Strahl
B04	a	kurzes **a** wie in *Mann*	**samak** سمك Fisch
B05	aː	langes **a** wie in *Mal*	**sayyaːraːt** سيارات Autos
B06	ch	wie **ch** in *doch*	**chawch** خوخ Pfirsich
B07	d	wie **d** in *Laden*	**duːdah** دودة Wurm
B08	ḍ	kräftig und dumpf ausgesprochenes **d**	**ḍawḍaː'** ضوضاء Lärm
B09	dh	stimmhaftes, englisches **th** wie in *this*	**radhaːdh** رذاذ Nieselregen
B10	dsch	wie **Dsch** in *Dschungel* (siehe unten **)	**dschumdschumah** جمجمة Schädel
B11	gh	wie ein norddeutsches, in der Kehle kurz ausgesprochenes **r**	**ghamghamah** غمغمة Murmeln

Noch ein Hinweis: Der mit **dsch gekennzeichnete Laut wird regional im arabischen Raum unterschiedlich ausgesprochen. Im Irak, Sudan, den meisten Golfstaaten und nordafrikanischen Staaten spricht man ihn wie **dsch** in *Dschungel* aus. In Syrien, im Libanon, in Jordanien und den palästinensischen Gebieten spricht man ihn wie **j** in *Journal* aus. In Ägypten, in den beiden Städten Taiz und Aden im Süd-Jemen und in Teilen des Omans spricht man ihn wie **g** in *genau* aus.

B12	ḥ	mit starkem Luftstrom ausgestoßenes **h**	**'ilḥa:ḥ** إلحاح Drängelei
B13	i	kurz wie in *mit*	**filfil** فلفل Pfeffer
B14	i:	lang wie in *Lid* oder *Liebe*	**yami:n** يمين rechts
B15	o:	lang wie in *Rose*	**mango:** مانغو Mango
B16	q	ähnlich wie deutsches **k**, doch deutlich weiter hinten ausgesprochen, etwa wie im Kölner Dialekt oder **c** im englischen *call*	**qawqa*ah** قوقعة Schneckenhäuschen
B17	r	kurz und gerollt wie **r** im italienischen *ristorante*	**masru:r** مسرور erfreut
B18	s	stimmloses **s** wie in *Klasse*	**simsim** سمسم Sesam
B19	ṣ	kräftig und dumpf ausgesprochenes stimmloses **s**	**ṣalṣalah** صلصلة Glockenläuten
B20	sh	wie **sch** in *schön*	**mishmish** مشمش Aprikose
B21	t	wie **t** in *weit*	**tatimmah** تتمة Fortsetzung
B22	ṭ	kräftig und dumpf ausgesprochenes **t**	**ṭama:ṭim** طماطم Tomaten
B23	th	wie englisches, stimmloses **th** in *three*	**muthallath** مثلث Dreieck
B24	u	kurzes **u** wie in *Mutter*	**bu'bu'** بؤبؤ Pupille
B25	u	langes **u** wie in *Mut*	**wuṣu:l** وصول Ankunft
B26	w	immer mit gespitzten Lippen ausgesprochens **w** wie im Englischen *well*	**waṭwa:ṭ** وطواط Fledermaus

B27	y	wie **j** in *jagen*	**yasa:r** يسار links
B28	z	stimmhaftes **s** wie in *Rose*	**zamzamiyyah** زمزمية Feldflasche
B29	ẓ	dumpf ausgesprochenes, stimmhaftes englisches **th**, ähnlich wie in *thorough*	**'iktiẓa:ẓ** اكتظاظ Überfüllung

الاستعداد للرحلة
Reisevorbereitungen

Eine Unterkunft buchen حجز مكان الإقامة

C01	Ich möchte gern eine Übernachtung mit Frühstück buchen.	'uri:d ḥadschz 'iqa:mah ma* faṭu:r. أريد حجز إقامة مع فطور.
C02	Ich möchte gern eine Übernachtung mit Halbpension buchen.	'uri:d ḥadschz 'iqa:mah ma* faṭu:r wa *asha:'. أريد حجز إقامة مع فطور وعشاء.
C03	Ich möchte gern eine Übernachtung mit Vollpension buchen.	'uri:d ḥadschz 'iqa:mah ma* thala:th wadschaba:t. أريد حجز إقامة مع ثلاث وجبات.
C04	Ich möchte gern ein Einzelzimmer buchen.	'uri:d ḥadschz ghurfah li-shachṣayn. أريد حجز غرفة لشخصين.
C05	Ich möchte gern sieben Nächte Vollpension buchen.	'uri:d ḥadschz sab* layali: ma* thala:th wadschaba:t. أريد حجز سبع ليالي مع ثلاث وجبات.
C06	Ich möchte gern eine Ferienwohnung für zwei Personen buchen.	'uri:d ḥadschz shaqqah li-l-*uṭlah li-shachṣayn. أريد حجز شقة للعطلة لشخصين.
C07	Ich möchte gern eine Ferienwohnung für drei Personen buchen.	'uri:d ḥadschz shaqqah li-l-*uṭlah li-thala:that 'ashcha:ṣ. أريد حجز شقة للعطلة لثلاثة أشخاص.
C08	Ich möchte gern eine Ferienwohnung für vier Personen buchen.	'uri:d ḥadschz shaqqah li-l-*uṭlah li-'arba*at 'ashcha:ṣ. أريد حجز شقة للعطلة لأربعة أشخاص.
C09	Ich möchte gern ein Ferienhaus buchen.	'uri:d ḥadschz manzil li-l-*uṭlah. أريد حجز منزل للعطلة.
C10	mit einem Kinderbett	ma*a sari:r li-l-'aṭfa:l مع سرير للأطفال
C11	für zwei Erwachsene und ein Kind	li-shachṣayn wa ṭifl لشخصين وطفل

C12	für zwei Erwachsene und zwei Kinder	li-shachṣayn wa ṭiflayn	لشخصين وطفلين
C13	mit Toilette	ma* tuwa:leet	مع تواليت
C14	mit Dusche	ma* du:sh	مع دوش
C15	mit Bad	ma* ḥamma:m	مع حمام
C16	für eine Woche	li-'usbu:*	لأسبوع
C17	für zwei Wochen	li-'usbu:*ayn	لأسبوعين
C18	(für die Zeit) vom ... bis zum ...	min ... 'ila: ...	من ... إلى ...
C19	in ruhiger Lage	fi: maka:n ha:di'	في مكان هادىء
C20	in zentraler Lage	fi: maka:n markaziyy	في مكان مركزي
C21	in Strandnähe	qari:b min ash-sha:ti'	قريب من الشاطئ
C22	Sind Haustiere erlaubt?	hal yusmaḥ bi-l-ḥayawa:na:t al-manziliyyah?	هل يسمح بالحيوانات المنزلية؟
C23	Können wir unseren Hund mitbringen?	hal yumkin 'an nuḥḍir kalbna: ma*na:?	هل يمكن أن نحضر كلبنا معنا؟

Mit dem Hund auf Urlaub

Hunde aus westeuropäischen Ländern können heutzutage in der Regel ohne Quarantäne einreisen. Allerdings müssen einige strenge Voraussetzungen erfüllt und in einem Heimtierausweis festgehalten werden. Eine Tollwutimpfung gehört unbedingt dazu. In jedem Fall muss der Tierarzt dem Haustier einen Mikrochip einpflanzen, dessen Nummer im Heimtierausweis vermerkt wird. Erkundigen Sie sich mindestens sechs Monate vor der Reise beim Tierarzt und bei Ihrer Fluggesellschaft.

Obwohl Tiere grundsätzlich mitgenommen werden dürfen, sollten Sie bedenken, dass Tiere bei Arabern bzw. Muslimen einen anderen Stellenwert haben als in Mitteleuropa. So gelten zum Beispiel Hunde im Allgemeinen als unrein.

C24	Müssen wir Bettzeug und Handtücher selbst mitbringen?	hal min al-la:zim 'an nuḥḍir shara:shif wa mana:shif? هل من اللازم أن نحضر شراشف ومناشف؟
C25	Ich reise am Montag an.	'usa:fir yawm al-'ithnayn. أسافر يوم الإثنين.
C26	um ca. ... Uhr	ḥawa:lay as-sa*ah حوالي الساعة ...
C27	Wir reisen am Sonntag ab.	nugha:dir yawm al-'aḥad. نغادر يوم الأحد.

Ein Ticket buchen حجز بطاقة السفر

C28	Ich möchte gern einen Flug buchen.	'uri:d ḥadschz riḥlah dschawwiyyah. أريد حجز رحلة جوية.
C29	Ich möchte gern eine Fähre buchen.	'uri:d ḥadschz *abba:rah. أريد حجز عبارة.
C30	Ich möchte gern eine Reise buchen.	'uri:d ḥadschz riḥlah. أريد حجز رحلة.
C31	Hin- und Rückfahrt, bitte.	♂ dhaha:b wa 'iya:b, law samaḥt. ذهاب وإياب، لو سمحت. ♀ dhaha:b wa 'iya:b, law samaḥti. ذهاب وإياب، لو سمحتِ.
C32	Die Hinreise ist am ... *(mit Datumsangabe)*	al-mugha:darah fi: yawm ... المغادرة في يوم... al-mughadarah bi-ta:ri:ch ... المغادرة بتاريخ...
C33	Die Rückreise ist am ... *(mit Datumsangabe)*	al-*awdah fi: yawm ... العودة في يوم... al-*awdah bi-ta:ri:ch ... العودة بتاريخ...
C34	Ich würde gern einen Sitzplatz reservieren.	'uri:d ḥadschz maka:n li-l-dschulu:s. أريد حجز مكان للجلوس.
C35	Ich möchte erster Klasse reisen.	'uri:d as-safar *ala: ad-daradschah al-'u:la:. أريد السفر على الدرجة الأولى.
C36	Um wie viel Uhr geht die Fähre nach ...?	mata: tugha:dir al-*abbarah 'ila: ...? متى تغادر العبّارة إلى ...؟

C37	Um wie viel Uhr geht der nächste Flug nach ...?	mataː tughaːdir ar-riḥlah al-dschawwiyyah al-qaːdimah 'ilaː ...? متى تغادر الرحلة الجوية القادمة إلى ...؟
C38	Um wie viel Uhr geht der nächste Zug nach ...?	mataː yughaːdir al-qiṭaːr at-taːliː 'ilaː ...? متى يغادر القطار التالي إلى ...؟
C39	Wann kommt der Zug an?	mataː yaṣil al-qiːtaːr? متى يصل القطار؟
C40	Wann fährt der Bus ab?	mataː yughaːdir al-baːṣ? متى يغادر الباص؟
C41	Wie viel kostet das Ticket?	kam thaman at-tadhkirah? كم ثمن التذكرة؟
C42	Bitte bestätigen Sie mir die Buchung schriftlich.	'uriːd tathbiːt al-ḥadschz bi-shakl chaṭṭiyy. أرجو تثبيت الحجز بشكل خطي.
C43	Ich möchte die Reservierung stornieren.	'uriːd 'ilghaː' al-ḥadschz. أريد إلغاء الحجز.

Am Telefon على التلفون

… ma*ak *ala: l-chaṭṭ, 'ayyat chidmah? … معك على الخط، أية خدمة؟	… am Apparat. Wie kann ich Ihnen helfen?

C44	Hier ist …	huna: … هنا…
C45	Bin ich hier richtig beim … Hotel?	hal ha:dha: funduq …? هل هذا فندق …؟
C46	Ich würde gern mit … sprechen.	'uri:d 'an 'atakallam ma* … أريد أن أتكلم مع …

ma* al-'asaf huwa ghayr mawdschu:d. مع الأسف، هو غير موجود.	Er ist leider nicht da.
ma* al-'asaf hiya ghayr mawdschu:dah. مع الأسف، هي غير موجودة.	Sie ist leider nicht da.
♂ hal turi:d 'an tatruk chabar? هل تريد أن تترك خبر؟ ♀ hal turi:di:n 'an tatruki: chabar? هل تريدين أن تتركي خبر؟	Möchten Sie eine Nachricht hinterlassen?

C47	Könnten Sie ihm ausrichten, dass …?	♂ hal yumkinak 'ibla:ghuh bi-'an … ? هل يمكنكَ إبلاغه بأن …؟ ♀ hal yumkinik 'ibla:ghuh bi-'an … ? هل يمكنكِ إبلاغه بأن …؟
C48	Könnten Sie ihr ausrichten, dass …?	♂ hal yumkinak 'ibla:ghha: bi-'an … ? هل يمكنكَ إبلاغها بأن …؟ ♀ hal yumkinik 'ibla:ghha: bi-'an … ? هل يمكنك إبلاغها بأن …؟
C49	Könnte er mich zurückrufen?	hal yumkinuh al-ittiṣa:l bi:? هل يمكنه الاتصال بي؟
C50	Könnte sie mich zurückrufen?	hal yumkinha: al-ittiṣa:l bi:? هل يمكنها الاتصال بي؟
C51	Meine Nummer ist 00 49 89 9602 474.	raqmi: huwa ṣifr ṣifr 'arba*ah tis*ah thama:niyah tis*ah tis*ah sittah ṣifr 'ithna:n 'arba*ah sab*ah 'arba*ah. رقمي هو 0049899602474.

Vorwahlen von Deutschland, Österreich und der Schweiz ins Ausland

Ägypten	0020	Libanon	00961
Dubai	009714	Marokko	00212
Irak	00964	Syrien	00963
Jordanien	00962	Saudiarabien	00966
Katar	00974	Tunesien	00216

Vorwahlen aus dem Ausland nach Deutschland, Österreich und in die Schweiz

Deutschland	0049	Schweiz	0041
Österreich	0043		

♂ laḥẓah law, samaḥt. ♀ laḥẓah law, samaḥti.	لحظة، لو سمحت. لحظة، لو سمحت.	Einen Moment, bitte.
♂ sa-'aṣilak bi- ♀ sa-'aṣilik bi-	سأصلكَ ب ... سأصلكِ ب ...	Ich verbinde Sie mit ...

C52	Könnten Sie mir die Nummer von ... geben?	hal yumkin 'an tu*ṭi:ni: raqm ...? هل يمكن أن تعطيني رقم ...؟

'ar-raqm huwa ...	الرقم هو ...	Die Nummer ist ...

C53	Auf Wiederhören!	shukran *ala l-ittiṣa:l!	شكراً على الاتصال!

Per E-Mail, Fax oder Brief
عن طريق البريد الإلكتروني أو الفاكس أو الرسائل

Sehr geehrter Herr ...,	♂ as-sayyid al-muḥtaram..., السيد المحترم...،
Sehr geehrte Frau ...,	♀ as-sayyidah al-muḥtaramah..., السيدة المحترمة...،

Sehr geehrte Damen und Herren,	sayyidaːtiː saːdatiː,	سيداتي سادتي،
Bitte lassen Sie mich wissen, ob die Unterkunft noch frei ist.	'ardschuː 'ichbaːriː 'idhaː ma zaːl as-sakan shaːghir.	أرجو إخباري إذا ما زال السكن شاغر.
Bitte lassen Sie mich wissen, wie viel das kostet.	'ardschuː 'ichbaːriː kam at-taklifah.	أرجو إخباري كم التكلفة.
Bitte lassen Sie mich wissen, was der Preis mit einschließt.	'ardschuː 'ichbaːriː maːdhaː yataḍamman as-si*r.	أرجو إخباري ما يتضمن السعر.
Bitte lassen Sie mich wissen, ob eine Anzahlung erforderlich ist.	'ardschuː 'ichbaːriː 'idhaː kaːn min aḍ-ḍaruːriyy tasdiːd duf*ah *alaː al-ḥisaːb.	أرجو إخباري إذا كان من الضروري تسديد دفعة على الحساب.
Mit freundlichen Grüßen	ma* 'aṭyab at-taḥiyyaːt	مع أطيب التحيات

Angaben zur Person machen تقديم بيانات شخصية

♂ maː 'ismak? ♀ maː 'ismik?	ما اسمكَ؟ ما اسمكِ؟	Wie lautet Ihr Vorname?
♂ maː 'ism *aː'iltak? ♀ maː 'ism *aː'iltik?	ما اسم عائلتكَ؟ ما اسم عائلتكِ؟	Wie lautet Ihr Nachname?
♂ maː *unwaːnak? ♀ maː *unwaːnik?	ما عنوانكَ؟ ما عنوانكِ؟	Wie lautet Ihre Adresse?
♂ maː raqm haːtifak? ♀ maː raqm haːtifik?	ما رقم هاتفكَ؟ ما رقم هاتفكِ؟	Wie lautet Ihre Telefonnummer?
♂ maː raqm haːtifak al-dschawwaːl? ♀ maː raqm haːtifik al-dschawwaːl?	ما رقم هاتفكَ الجوال؟ ما رقم هاتفكِ الجوال؟	Wie lautet Ihre Handynummer?

♂ ma: *unwa:nak al-elektroniyy? ما عنوانك الإلكتروني؟ ♀ ma: *unwa:nik al-elektroniyy? ما عنوانكِ الإلكتروني؟	Wie lautet Ihre E-Mail-Adresse?

Die Landessprache in den arabischen Ländern ist Arabisch. Fremdsprachen sind nicht überall verbreitet. Doch in mehreren Ländern trifft man häufig auf Englisch- oder Französischkenntnisse, abhängig von der Geschichte des jeweiligen Landes. So ist das Französische in nordafrikanischen Ländern und im Libanon, wo es sogar regional die Amtssprache ist, gut verbreitet, während das Englische unter anderen in den Golfstaaten und dem Irak gesprochen wird.

D01	Ich heiße ...	'ismi: ...	اسمي ...
D02	Meine Telefonnummer ist ...	raqm ha:tifi: huwa ...	رقم هاتفي هو ...
D03	Meine Handynummer ist ...	raqm ha:tifi: al-dschawwa:l huwa ...	رقم هاتفي الجوال هو ...
D04	Meine E-Mail-Adresse lautet ...	*unwa:ni: al-elektroniyy huwa ...	عنواني الإلكتروني هو ...

♂ ma: hiya dschinsiyyatak? ♀ ma: hiya dschinsiyyatik?	ما هي جنسيتكَ؟ ما هي جنسيتكِ؟	Welche Nationalität haben Sie?

D05	Ich bin Deutscher.	'ana: 'alma:niyy.	أنا ألماني.
D06	Ich bin Deutsche.	'ana: 'alma:niyyah.	أنا ألمانية.
D07	Ich bin Österreicher.	'ana: nimsa:wiyy.	أنا نمساوي.

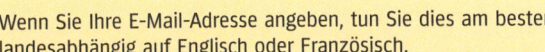

Wenn Sie Ihre E-Mail-Adresse angeben, tun Sie dies am besten landesabhängig auf Englisch oder Französisch.

Deutsche Mailadresse	---@---.de
Englisch	---ätt--- dott diː i
Französisch	---aroːbaß--- poi deː ü
Österreichische Mailadresse	---@---.at
Englisch	---ätt--- dott äiː tiː
Französisch	---aroːbaß--- poi aː te
Schweizer Mailadresse	---@---.ch
Englisch	---ätt--- dott ßiː äːitsch
Französisch	---aroːbaß--- poi ßeː asch

D08	Ich bin Österreicherin.	'anaː nimsaːwiyyah.	أنا نمساوية.
D09	Ich bin Schweizer.	'anaː suwiːsriyy.	أنا سويسري.
D10	Ich bin Schweizerin.	'anaː suwiːsriyyah.	أنا سويسرية.

خلال الرحلة

Auf der Reise

An der Grenze

على الحدود

Für die Einreise in die arabischen Länder benötigen Sie einen gültigen Pass. Der Pass muss landesabhängig mindestens noch drei oder sechs Monate gültig sein. Individualreisende benötigen obendrein ein gültiges Visum, das in der Regel vor dem Reiseantritt bei den diplomatischen Vertretungen zu beantragen ist. Vor der Reise sollten Sie sich unbedingt mit der diplomatischen Vertretung und einem Reisebüro in Verbindung setzen und sich über Einreisebestimmungen informieren. Achtung: Reisende, die einen israelischen Stempel im Pass haben, dürfen in die meisten arabischen Länder nicht einreisen.

dschawa:za:t as-safar, law samaḥtum! جوازات السفر، لو سمحتم!	Die Pässe, bitte!
ar-radscha:' taḥḍi:r dschawa:za:t as-safar! الرجاء تحضير جوازات السفر!	Bitte halten Sie die Pässe bereit!

D11	Bitte sehr.	♂ tafaḍḍal. ♀ tafaḍḍali:.	تفضل. تفضلي.
D12	Ich kann meinen Pass nicht finden.	la: 'adschid dschawa:z safari:.	لا أجد جواز سفري.

♂ qif dscha:niban, law samaḥt. قف جانباً، لو سمحت. ♀ qifi: dscha:niban, law samaḥti. قفي جانباً، لو سمحتِ.	Bitte treten Sie an die Seite.
♂ 'iftaḥ ṣundu:q as-sayya:rah, law samaḥt. افتح صندوق السيارة، لو سمحت. ♀ 'iftaḥi: ṣundu:q as-sayya:rah, law samaḥti. افتحي صندوق السيارة، لو سمحت.	Bitte öffnen Sie den Kofferraum.

Wo geht's lang? من أين الطريق؟

D13	Ich habe mich verfahren/verlaufen.	'aḍa*tu aṭ-ṭari:q.	أضعتُ الطريق.
D14	Wie komme ich zur Autobahn?	kayfa 'aṣil 'ila: ṭ-ṭari:q as-sari:*?	كيف أصل إلى الطريق السريع؟
D15	Wie komme ich zum Bahnhof?	kayfa 'aṣil 'ila: maḥaṭat al-qiṭa:r?	كيف أصل إلى محطة القطار؟
D16	Wie komme ich zum Fährhafen?	kayfa 'aṣil 'ila: marsa: al-*abba:ra:t?	كيف أصل إلى مرسى العبّارات؟
D17	Wie komme ich zum Flughafen?	kayfa 'aṣil 'ila: al-maṭa:r?	كيف أصل إلى المطار؟

♂ taːbi* as-sayr ḥattaː al-'ishaːrah aḍ-ḍaw'iyyah al-qaːdimah. تابع السير حتى الإشارة الضوئية القادمة. ♀ taːbi*iː as-sayr ḥattaː al-'ishaːrah aḍ-ḍaw'iyyah al-qaːdimah. تابعي السير حتى الإشارة الضوئية القادمة.	Fahren Sie weiter bis zur nächsten Ampel.
♂ taːbi* as-sayr ḥattaː taṣil 'ilaː nihaːyat ash-shaːri*. تابع السير حتى تصل إلى نهاية الشارع. ♀ taːbi*iː as-sayr ḥattaː taṣiliː 'ilaː nihaːyat ash-shaːri*. تابعي السير حتى تصلي إلى نهاية الشارع.	Fahren Sie weiter bis Sie zum Ende der Straße kommen.
♂ taːbi* as-sayr ḥattaː ad-dawwaːr al-muruːriyy. تابع السير حتى الدوّار المروري. ♀ taːbi*iː as-sayr ḥattaː ad-dawwaːr al-muruːriyy. تابعي السير حتى الدوّار المروري.	Fahren Sie weiter bis zum zweiten Kreisverkehr.
♂ taːbi* as-sayr 'ilaː markaz al-madiːnah. تابع السير إلى مركز المدينة. ♀ taːbi*iː as-sayr 'ilaː markaz al-madiːnah تابعي السير إلى مركز المدينة.	Fahren Sie weiter bis ins Stadtzentrum.
♂ 'ittadschih 'ilaː al-yamiːn اتجه إلى اليمين. ♀ 'ittadschihiː 'ilaː al-yamiːn اتجهي إلى اليمين.	Biegen Sie rechts ab.
♂ 'ittadschih 'ilaː al-yasaːr. اتجه إلى اليسار. ♀ 'ittadschihiː 'ilaː al-yasaːr. اتجهي إلى اليسار.	Biegen Sie links ab.
ash-shaːri* ath-thaːniː 'ilaː al-yasaːr. االشارع الثاني إلى اليسار.	Nehmen Sie die zweite Straße links.
'ash-shaːri* ath-thaːniː 'ilaː al-yamiːn. الشارع الثاني إلى اليمين.	Nehmen Sie die zweite Straße rechts.
♂ 'irdschi* 'ilaː al-waraː'. إرجع إلى الوراء. ♀ 'irdschi*iː 'ilaː al-waraː'. إرجعي إلى الوراء.	Drehen Sie um.
♂ taːbi* as-sayr 'ilaː al-'amaːm daː'iman. تابع السير إلى الأمام دائماً. ♀ taːbi*iː as-sayr 'ilaː al-'amaːm daː'iman. تابعي السير إلى الأمام دائماً.	Fahren Sie immer geradeaus.

♂ 'itba* 'ittidscha:h as-sayr. ♀ 'itba*i: 'ittidscha:h as-sayr.	إتبع اتجاه السير. إتبعي اتجاه السير.	Folgen Sie dem Straßenverlauf.

D18	Wie weit ist es noch bis ...?	kam al-masa:fah al-mutabaqqiyah 'ila: ...? كم المسافة المتبقية إلى ...؟
D19	Wie viele Kilometer?	kam ki:lomitr? كم كيلومتر؟

ash-sha:ri* mughlaq.	الشارع مغلق.	Die Straße ist gesperrt.
♂ 'itba* at-taḥwi:lah. ♀ 'itba*i: at-taḥwi:lah.	إتبع التحويلة. إتبعي التحويلة.	Nehmen Sie die Umleitung.

D20	Gibt es eine alternative Route?	hal yu:dschad ṭari:q 'a:char? هل يوجد طريق آخر؟
D21	Darf ich hier parken?	hal yusmaḥ bi-ṣa:ff as-sayya:rah huna:? هل يسمح بصف السيارة هنا؟

Tanken und Rasten

التزود بالوقود والاستراحة

D22	Wo ist die nächste Tankstelle?	'ayna 'aqrab maḥaṭṭat waqu:d? أين أقرب محطة وقود؟
D23	Wo ist die nächste Raststätte?	'ayna 'aqrab 'istira:ḥah? أين أقرب استراحة؟
D24	Bitte volltanken.	'ar-radscha:' ta*bi'at al-chazza:n bi-shakl ka:mil. الرجاء تعبئة الخزان بشكل كامل.
D25	Ich tanke Diesel.	'u*abbi' di:zil. أعبئ مازوت.
D26	Ich tanke Benzin.	'u*abbi' binzi:n. أعبئ بنزين.
D27	Ich tanke Super.	'u*abbi' binzi:n mumta:z. أعبئ بنزين ممتاز.
D28	Könnten Sie bitte das Wasser nachsehen?	♂ mumkin 'an tafḥaṣ al-ma:', law samaḥt? ممكن أن تفحص الماء، لو سمحت؟ ♀ mumkin 'an tafḥaṣi: al-ma:', law samaḥti? ممكن أن تفحصي الماء، لو سمحتِ؟
D29	Könnten Sie bitte das Öl nachsehen?	♂ mumkin 'an tafḥaṣ az-zayt, law samaḥt? ممكن أن تفحص الزيت، لو سمحت؟ ♀ mumkin 'an tafḥaṣi: az-zayt, law samaḥti? ممكن أن تفحصي الزيت، لو سمحتِ؟
D30	Könnten Sie bitte Öl nachfüllen?	♂ mumkin 'an tu*abbi' az-zyat, law samaḥt? هل يمكن أن تعبئ الزيت، لو سمحت؟ ♀ mumkin 'an tu*abbi'i: az-zyat, law samaḥti? ممكن أن تعبئي الزيت، لو سمحت؟
D31	Könnten Sie bitte den Reifendruck prüfen?	♂ mumkin 'an tafḥaṣ ḍaghṭ al-'iṭa:ra:t, law samaḥt? ممكن أن تفحص ضغط الإطارات، لو سمحت؟ ♀ mumkin 'an tafḥaṣi: ḍaghṭ al-'iṭa:ra:t, law samaḥti? ممكن أن تفحصي ضغط الإطارات، لو سمحتِ؟
D32	Ich habe aus Versehen Diesel getankt!	*abb'tu *an ṭari:q al-chaṭa' di:zil! عبأت عن طريق الخطأ ديزل!
D33	Ich habe aus Versehen Benzin getankt!	*abb'tu *an ṭari:q al-chaṭa' binzi:n! عبأت عن طريق الخطأ بنزين!

Panne und Unfall أعطال وحوادث

D34	Ich habe einen Platten.	*indi: bansharah.	عندي بنشرة.
D35	Könnten Sie bitte den Reifen wechseln?	♂ hal yumkin 'an tubaddil al-'iṭa:ra:t, law samaḥt?	هل يمكن أن تبدل الإطارات، لو سمحت؟
		♀ hal yumkin 'an tubaddili: al-'iṭa:ra:t, law samaḥti?	هل يمكن أن تبدلي الإطارات، لو سمحتِ؟
D36	Ich brauche einen Abschleppdienst.	'aḥta:dsch 'ila: maktab li-dscharr as-sayya:ra:t.	أحتاج إلى مكتب لجر السيارات.
D37	Ich brauche eine BMW®-Vertragswerkstatt.	'aḥta:dsch 'ila: warshat bi: 'im dabalyu:.	أحتاج إلى ورشة بيه إم دبليو.
D38	Ich brauche eine VW®-Vertragswerkstatt.	'aḥta:dsch 'ila: warshat fu:lks va:gen.	أحتاج إلى ورشة فولكس فاغن.
D39	Bitte schleppen Sie den Wagen bis zur nächsten Werkstatt.	ar-radscha:' saḥb as-sayya:rah 'ila: 'aqrab warshat ṣiya:nah.	الرجاء سحب السيارة إلى أقرب ورشة صيانة.
D40	Der Motor springt nicht an.	al-muḥarrik la: yadu:r.	المحرك لا يدور.
D41	Die Kupplung ist kaputt.	ad-dibirya:dsch *a:ṭil.	الدبرياج عاطل.
D42	Der Tank ist leer.	al-chazza:n fa:righ.	الخزان فارغ.
D43	Bis wann können Sie es reparieren?	kam yastaghriq at-taṣli:ḥ?	كم يستغرق التصليح؟
D44	Es gab einen Unfall.	ḥaṣal ḥa:dith.	حصل حادث.
D45	Bitte geben Sie mir die Anschrift Ihrer Versicherung.	'ar-radscha:' 'i*ṭa:'i: *unwa:n sharikat at-ta'mi:n.	الرجاء إعطائي عنوان شركة التأمين.

D46	Rufen Sie bitte die Polizei!	'ar-radscha:' al-ittiṣa:l bi-sh-shurṭah. الرجاء الاتصال بالشرطة.
D47	Rufen Sie bitte einen Krankenwagen!	'ar-radscha:' al-ittiṣa:l bi-sayya:rat al-'is*a:f. الرجاء الاتصال بسيارة الأسعاف.
D48	Mehrere Personen sind verletzt.	huna:k *iddat 'ashcha:ṣ muṣa:bu:n. هناك عدة أشخاص مصابون.
D49	Eine Person ist schwer verletzt.	huna:k shachṣ muṣa:b 'iṣa:bah ba:lighah. هناك شخص مصاب إصابة بالغة.
D50	Haben Sie den Unfall gesehen?	♂ hal ra'ayt al-ḥa:dith? هل رأيت الحادث؟ ♀ hal ra'ayti al-ḥa:dith? هل رأيتِ الحادث؟
D51	Bitte geben Sie mir Ihre Anschrift.	♂ *unwa:nak al-bari:diyy, law samaḥt? عنوانك البريدي، لو سمحت؟ ♀ *unwa:nik al-bari:diyy, law samaḥti? عنوانك البريدي، لو سمحت؟

Verkehrskontrolle التفتيش المروري

♂ shaha:dat as-siwa:qah law samaḥt. شهادة السواقة، لو سمحت؟ ♀ shaha:dat as-siwa:qah law samaḥti. شهادة السواقة، لو سمحتِ؟	Kann ich bitte Ihren Führerschein sehen?
♂ *aqd isti'dscha:r as-sayya:rah, law samaḥt. عقد استئجار السيارة، لو سمحت؟ ♀ *aqd isti'dscha:r as-sayya:rah, law samaḥti. عقد استئجار السيارة، لو سمحت؟	Kann ich bitte Ihren Mietwagenvertrag sehen?

D52	Bitte sehr.	♂ tafaḍḍal. تفضل. ♀ tafaḍḍali:. تفضلي.

shukran dschazi:lan! شكراً جزيلاً!	Vielen Dank!

D53	Es tut mir sehr leid – ich habe meine Papiere nicht dabei.	'ana: 'a:sif, 'awra:q as-sayya:rah laysat ma*i:. آنا آسف، أوراق السيارة ليست معي.

yurdscha: an-nuzu:l. يرجى النزول.	Bitte steigen Sie aus.
♂ sa-'aktub lak mucha:lafah bi-sabab tadscha:wuz as-sur*ah. سأكتب لك مخالفة بسبب تجاوز السرعة. ♀ sa-'aktub lik mucha:lafah bi-sabab tadscha:wuz as-sur*ah. سأكتب لكِ مخالفة بسبب تجاوز السرعة.	Ich muss Sie für Geschwindigkeitsübertretung mit einem Bußgeld belangen.

Es ist dringend ratsam, sich über die erlaubte Höchstgeschwindigkeit im jeweiligen Land zu informieren. Während die Höchgeschwindigkeit auf Autobahnen in der Regel zwischen 90 und 100 km/h beträgt, liegt sie in den Städten zwischen 35 und 50 km/h.
Weil in ländlichen Gegenden immer wieder Menschen und Tiere unerwartet die Straßen kreuzen, sollte man insbesondere in Dörfern sehr vorsichtig fahren.

D54	Ich möchte das Bußgeld gleich zahlen.	'uri:d daf* al-mucha:lafah fawran. أريد دفع المخالفة فوراً.
D55	Ich habe kein Bargeld dabei.	laysa ma*i: nuqu:d ka:sh. ليس معي نقود كاش.
D56	Ich habe nicht genug Bargeld dabei.	laysa ma*i: nuqu:d ka:sh kifa:yah. ليس معي نقود كاش كفاية.

Unterwegs mit Bus, U-Bahn und Zug

السفر بالباص وبالقطار وبمترو الأنفاق

D57	Ich möchte nach ... fahren.	'uri:d as-safar 'ila: ... أريد السفر إلى ...
	Welcher Zug fährt nach / zu ...?	'ayy qiṭa:r yusa:fir 'ila: ...? أي قطار يسافر إلى ...؟
D58	Fährt dieser Bus nach ...?	hal yusa:fir ha:dha: al-ba:ṣ 'ila: ...? هل يسافر هذا الباص إلى ...؟
D59	An welcher Haltestelle muss ich aussteigen?	fi: 'ayy mawqif yadschib 'an 'anzil? في أي موقف يجب أن أنزل؟
D60	Können Sie mir Bescheid sagen, wenn ich aussteigen muss?	♂ hal taqu:l li: mata: 'anzil? هل تقول لي متى أنزل؟ ♀ hal taqu:li:n li: mata: 'anzil? هل تقولين لي متى أنزل؟
D61	Muss ich hier den Bus wechseln?	hal yadschib 'an 'ughayyir al-ba:ṣ huna:? هل يجب أن أغير الباص هنا؟
D62	Muss ich hier den Zug wechseln?	hal yadschib 'an 'ughayyir al-qiṭa:r huna:? هل يجب أن أغير القطار هنا؟
D63	Wann kommt der nächste Bus nach ...?	mata: yaṣil al-ba:ṣ at-ta:li: 'ila: ...? متى يصل الباص التالي إلى ...؟
D64	Wann kommt die nächste der nächste Zug ...?	mata: yaṣil al-qiṭa:r at-ta:li: 'ila: ...? متى يصل القطار التالي إلى ...؟
D65	Wann kommt dic nächste U-Bahn nach ...?	mata: yaṣil qiṭa:r al-'anfa:q at-ta:li: 'ila: ...? متى يصل قطار الأنفاق التالي إلى ...؟
D66	Eine einfache Fahrt nach ..., bitte.	♂ tadhkirat dhaha:b 'ila: ..., law samaḥt. تذكرة ذهاب إلى ...، لو سمحت. ♀ tadhkirat dhaha:b 'ila: ..., law samaḥti. تذكرة ذهاب إلى ...، لو سمحت.

D67	Hin- und zurück nach ...	dhaha:b wa 'iya:b 'ila: ... ذهاب وإياب إلى ...
D68	eine Tageskarte	tadhkirat safar li-yawm wa:ḥid تذكرة سفر ليوم واحد
D69	Gilt diese Karte auch für ...?	hal al-biṭa:qah ṣa:liḥah 'ayḍan li- ...? هل البطاقة صالحة أيضاً ل ...؟

Bei der Benutzung der Verkehrsmittel in den größeren Städten wird ganz unterschiedlich bezahlt. Am besten fragen Sie vorab im Hotel oder bei Ihrem Gastgeber, was in Ihrem Ferienort üblich ist. Normalerweise besorgt man sich die Fahrkarte vor dem Einsteigen in die öffentlichen Verkehrsmittel. Manchmal besteht allerdings auch die Möglichkeit, die Karten beim Fahrer zu kaufen. Bei der Nutzung von privatem Transport kann man möglicherweise einfach zusteigen, sich einen Platz suchen und später das Fahrgeld entrichten.

Monorail in Dubai

D70	Wo ist die nächste U-Bahnhaltestelle?	'ayna mitru: al-'anfa:q at-ta:li:? أين مترو الأنفاق التالي؟
D71	Wo die nächste Bushaltestelle?	'ayna mawqif al-ba:ṣ at-ta:li:? أين موقف الباص التالي؟
D72	Wo ist der Busbahnhof?	'ayna maḥaṭat al-ba:ṣa:t? أين محطة الباصات؟
D73	Wo ist der Bahnhof?	'ayna maḥaṭat al-qiṭa:r? أين محطة القطار؟
D74	Von welchem Gleis geht der Zug nach ...?	min ayy raṣi:f yanṭaliq al-qiṭa:r 'ila: ...? من أي رصيف ينطلق القطار إلى ...؟

Rund ums Gepäck كل ما يتعلق بالأمتعة

♂ hal ma*ak 'amti*ah li-l-wazn? هل معكَ أمتعة للوزن؟ ♀ hal ma*ik 'amti*ah li-l-wazn? هل معكِ أمتعة للوزن؟	Haben Sie Gepäck zum Einchecken?
♂ *indak ziya:dah fi: al-wazn. عندكَ زيادة في الوزن. ♀ *indik ziya:dah fi: al-wazn. عندكِ زيادة في الوزن.	Ihr Gepäck hat Übergewicht.

E01	Ich möchte mein Gepäck aufgeben.	'uri:d tasli:m 'amti*ati:. أريد تسليم أمتعتي.
E02	Ich habe nur Handgepäck.	ma*i: ḥaqi:bat yad faqaṭ. معي حقيبة يد فقط.
E03	Wo kann ich meinen Koffer abholen?	'ayna yumkinuni: istila:m ḥaqi:bati:? أين يمكنني استلام حقيبتي؟
E04	Sperrgepäck	'amti*ah kabi:rat al-ḥadschm. أمتعة كبيرة الحجم
E05	Mein Gepäck ist nicht angekommen.	lam taṣil 'amti*ati:. لم تصل أمتعتي.

E06	Mein Gepäck ist beschädigt.	'uṣi:bat 'amti*ati: bi-t-talaf. أصيبت أمتعتي بالتلف.
E07	Mein Gepäck ist nicht vollständig.	'amti*ati: na:qiṣah. أمتعتي ناقصة.
E08	Wo gibt es hier Schließfächer?	'ayna tu:dschad ṣana:di:q al-'ama:na:t? أين توجد صناديق الأمانات؟

Am Flughafen في المطار

E09	Wie komme ich zu Terminal eins?	kayfa 'aṣil 'ila: qa:*at al-wuṣu:l wa al-mugha:darah raqm wa:ḥid? كيف أصل إلى قاعة الوصول والمغادرة رقم واحد؟
E10	Wo ist ein Informationsstand der Lufthansa®?	ayna maktab isti*la:ma:t al-luft-hanza:? أين مكتب استعلامات اللوفتهانزا؟
E11	Wo ist ein Informationsstand der …?	ayna maktab isti*la:ma:t al-chuṭu:ṭ …? مكتب استعلامات الخطوط ...؟
E12	Den nehme ich.	'uri:d ha:dhihi ar-riḥlah. أريد هذه الرحلة.
E13	Ich möchte Economy Class fliegen.	'uri:d as-safar *ala: ad-dardschah as-siya:ḥiyyah. أريد السفر على الدرجة السياحية.
E14	Ich möchte Business Class fliegen.	'uri:d as-safar *ala: daradschat ridscha:l al-'a*ma:l. أريد السفر على درجة رجال الأعمال.
E15	Ich möchte erster Klasse fliegen.	'uri:d as-safar *ala: ad-daradschah al-'u:la:. أريد السفر على الدرجة الأولى.
E16	Ich möchte am Fenster sitzen.	'uri:d 'al-dschulu:s *ala: an-na:fidhah. أريد الجلوس على النافذة.
E17	Ich möchte am Gang sitzen.	'uri:d 'al-dschulu:s *ala: al-mamarr. أريد الجلوس على الممر.
E18	Ich möchte meinen Flug umbuchen.	'uri:d taghyi:r al-ḥadschz. أريد تغيير الحجز.

E19	Ich möchte meinen Flug stornieren.	'uri:d 'ilgha:' al-ḥadschz. أريد إلغاء الحجز.
E20	Warum hat die Maschine Verspätung?	li-ma:dha: ta'achcharat aṭ-ṭa:'irah? لماذا تأخرت الطائرة؟
E21	Wie viel Verspätung hat die Maschine?	ma: muddat ta'achchur aṭ-ṭa:'irah? ما مدة تأخر الطائرة؟

tamm 'ilgha:' ar-riḥlah raqm … تم إلغاء الرحلة رقم …	Der Flug Nummer … ist abgesagt.

Mit dem Schiff على متن السفينة

E22	Wann läuft das Schiff aus?	mata: tubḥir as-safi:nah? متى تبحر السفينة؟
E23	Wann läuft die Fähre aus?	mata: tubḥir al-*abba:rah? متى تبحر العبارة؟
E24	Wo finde ich die Kabine Nr. …?	'ayna tu:dschad 'al-maqṣu:rah raqm …? أين توجد المقصورة رقم …؟
E25	Wo finde ich das Bordrestaurant?	'ayna yu:dschad maṭ*am as-saṭḥ? أين يوجد مطعم السطح؟
E26	Mir ist übel.	'ash*ur bi-l-ghathaya:n. أشعر بالغثيان.
E27	Ich muss mich übergeben.	sawfa 'ataqayya'. سوف أتقيأ.
E28	Ich brauche einen Brechbeutel.	'aḥta:dsch 'ila: ki:s al-qay'. أحتاج إلى كيس القيء.

Ein Fahrzeug mieten استئجار عربة

E29	Ich möchte ein Auto mieten.	'uri:d isti'dscha:r sayya:rah. أريد استئجار سيارة.

E30	Ich möchte einen Automatikwagen mieten.	'uri:d isti'dscha:r sayya:rah u:tu:ma:ti:k. أريد استئجار سيارة أوتوماتيك.
E31	Ich möchte ein Auto mit Allradantrieb mieten.	'uri:d isti'dscha:r sayya:rah ruba:*iyyat ad-daf*. أريد استئجار سيارة رباعية الدفع.
E32	Ich möchte ein Cabrio mieten.	'uri:d isti'dscha:r ka:bryu:. أريد استئجار كابريو.
E33	Ich möchte ein Motorrad mieten.	'uri:d isti'dscha:r darra:dschah na:riyyah. أريد استئجار دراجة نارية.
E34	mit Klimaanlage	ma*a dschiha:z takyi:f مع جهاز تكييف
E35	mit Navigator	ma*a dschiha:z al-mila:ḥah مع جهاز الملاحة
E36	Wie viel kostet das pro Tag?	kam al-'udschrah fi: al-yawm? كم الأجرة في اليوم؟
E37	Wie viel kostet das pro Woche?	kam al-'udschrah fi: al-'usbu:*? كم الأجرة في الأسبوع؟
E38	Ist der Preis inklusive Versicherung?	hal yataḍamman as-si*r at-ta'mi:n? هل يتضمن السعر التأمين؟
E39	Ist der Preis inklusive Vollkasko?	hal yataḍamman as-si*r at-ta'mi:n ash-sha:mil? هل يتضمن السعر التأمين الشامل؟
E40	Wann muss ich das Fahrzeug zurückbringen?	mata: yadschib 'irdscha:* al-*arabah? متى يجب إرجاع العربة؟
E41	Wo sind die Fahrzeugpapiere?	'ayna 'awra:q al-*arabah? أين أوراق العربة؟
E42	Wo sind der Mietvertrag ?	'ayna *aqd al-isti'dscha:r? أين عقد الاستئجار؟

Ein Taxi nehmen
استئجار سيارة

Sie können wie gewohnt ein Taxi auf der Straße heranwinken oder am Taxistand in eines einsteigen. Natürlich kann man es auch telefonisch bestellen, was manchmal teurer ausfällt. Um Missverständnisse zu vermeiden, sollten Sie darauf achten, dass das Taxameter beim Einsteigen eingeschaltet wird. Sollte der Fahrer sich weigern, ist es ratsam, einen festen Preis zu vereinbaren oder aber wieder auszusteigen.

E43	Bitte fahren Sie mich nach / zu ...!	ar-radscha:' tawṣi:li: 'ila: ...! الرجاء توصيلي إلى ...!
E44	Könnten Sie schneller fahren?	♂ hal yumkin 'an taqu:d bi-sur*ah? هل يمكن أن تقود بسرعة؟ ♀ hal yumkin 'an taqu:di: bi-sur*ah? هل يمكن أن تقودي بسرعة؟
E45	Könnten Sie langsamer fahren?	♂ hal yumkin 'an taqu:d bi-buṭ'? هل يمكن أن تقود ببطء؟ ♀ hal yumkin 'an taqu:di: bi-buṭ'? هل يمكن أن تقودي ببطء؟
E46	Was kostet die Fahrt nach ...?	kam tukallif as-safrah 'ila: ...? كم تكلف السفرة إلى ...؟
E47	Bitte halten Sie dort!	♂ tawaqqaf huna:k, law samaḥt! توقف هناك، لو سمحت! ♀ tawaqqafi: huna:k, law samaḥti! توقفي هناك، لو سمحتِ!
E48	Ich hätte gern für morgen ein Taxi zum Flughafen.	'uri:d taksi: 'ila: al-maṭa:r yawm ghad. أريد تكسي إلى المطار يوم غد.

الوصول: الإقامة
Endlich da: die Unterkunft

Beim Ankommen عند الوصول

F01	Können Sie mir sagen, wo die Rezeption ist?	♂ hal yumkin 'an tadullni:*ala: qism al-istiqba:l? هل يمكن أن تدلني على قسم الاستقبال؟ ♀ hal yumkin 'an tadulli:ni:*ala: qism al-istiqba:l? هل يمكن أن تدليني على قسم الاستقبال؟
F02	Können Sie mir sagen, wo unser Zeltplatz ist?	♂ hal yumkin 'an tadullni:*ala: maka:n at-tachyi:m? هل يمكن أن تدلني على مكان التخييم؟ ♀ hal yumkin 'an tadulli:ni:*ala: maka:n at-tachyi:m? هل يمكن أن تدليني على مكان التخييم؟
F03	Können Sie mir sagen, wo Zimmer Nummer ... ist?	♂ hal yumkin 'an tadullni:*ala: al-ghurfah raqm ...? هل يمكن أن تدلني على الغرفة رقم ...؟ ♀ hal yumkin 'an tadulli:ni:*ala: al-ghurfah raqm ...? هل يمكن أن تدليني على الغرفة ...؟
F04	Wir haben reserviert.	ḥadschazna: حجزنا.
F05	Die Zimmerschlüssel, bitte.	♂ mafa:ti:ḥ al-ghurfah, law samaḥt. مفاتيح الغرفة، لو سمحت. ♀ mafa:ti:ḥ al-ghurfah, law samaḥti. مفاتيح الغرفة، لو سمحتِ.

Sich nach dem Wichtigsten erkundigen

الاستفسار عن الأمور الهامة

F06	Wo gibt es hier ein einfaches Hotel?	'ayna yu:dschad huna: funduq basi:ṭ? أين يوجد هنا فندق بسيط؟
F07	Wo gibt es hier ein gutes Hotel?	'ayna yu:dschad huna: funduq dschayyid? أين يوجد هنا فندق جيد؟
F08	Wo gibt es hier eine Pension?	'ayna yu:dschad huna: binsiyu:n? أين يوجد هنا بنسيون؟
F09	Wo gibt es hier eine Jugendherberge?	'ayna yu:dschad huna: bayt li-sh-shaba:b? أين يوجد هنا بيت للشباب؟

F10	Wo gibt es hier einen Campingplatz?	'ayna yu:dschad huna: maka:n li-t-tachyi:m?	أين يوجد هنا مكان للتخييم؟
F11	Wo ist die Bar?	'ayna al-ba:r?	أين البار؟
F12	Wo ist der Speisesaal?	'ayna ṣa:lat aṭ-ṭa*a:m?	أين صالة الطعام؟
F13	Gibt es ein Telefon?	hal yu:dschad ha:tif?	هل يوجد هاتف؟
F14	Gibt es einen Fernseher?	hal yu:dschad tilifizyu:n?	هل يوجد تلفزيون؟
F15	Gibt es eine Waschmaschine?	hal tu:dschad ghassa:lah?	هل توجد غسالة؟

Um etwas bitten السؤال عن شيء

F16	Ich möchte ein anderes Zimmer.	'uri:d ghurfah 'uchra:.	أريد غرفة أخرى.
F17	Ich möchte ein ruhiges Zimmer.	'uri:d ghurfah ha:di'ah.	أريد غرفة هادئة.
F18	Ich möchte ein Nichtraucherzimmer.	'uri:d ghurfah li-ghayr al-mudachchini:n.	أريد غرفة لغير المدخنين.
F19	Ich möchte eine zusätzliche Decke	'uri:d liḥa:f 'iḍa:fiyy.	أريد لحاف إضافي.
F20	Ich möchte noch ein Kissen.	'uri:d machaddah 'uchra:.	أريد مخدة أخرى.

Sich beschweren الشكوى

F21	Das Zimmer riecht unangenehm.	ra:'iḥat al-ghurfah ghayr laṭi:fah.	رائحة الغرفة غير لطيفة.
F22	Die Dusche geht nicht.	ad-du:sh la: ya*mal.	الدوش لا يعمل.

F23	Das Licht geht nicht.	aḍ-ḍaw' laː ya*mal.	الضوء لا يعمل.
F24	Das Bettzeug ist schmutzig.	ash-sharaːshif wasichah.	الشراشف وسخة.
F25	Es gibt kein warmes Wasser.	laː yuːdschad maː' saːchin.	لايوجد ماء ساخن.

السفر برفقة أطفال

Mit Kindern reisen

Ganz allgemein أمور عامة

hal tusa:firu:n bi-rifqat 'aṭfa:l? هل تسافرون برفقة أطفال؟	Reisen Sie mit Kindern?

G01	Ja, wir sind mit Kind unterwegs.	na*am, naḥnu nusa:fir bi-rifqat ṭifl. نعم، نحن نسافر برفقة طفل.
G02	Ja, wir sind mit Kindern unterwegs.	na*am, naḥnu nusa:fir bi-rifqat 'aṭfa:l. نعم، نحن نسافر برفقة أطفال.

♂ ma: *umr ṭiflatak? ♀ ma: *umr ṭiflatik?	ما عمر طفلتكَ؟ ما عمر طفلتكِ؟	Wie alt ist Ihre Tochter?
♂ ma: *umr ṭiflak? ♀ ma: *umr ṭiflik?	ما عمر طفلكَ؟ ما عمر طفلكِ؟	Wie alt ist Ihr Sohn?

Während im Deutschen das Wort *Kind* beide Geschlechter bezeichnet, unterscheidet das Arabische zwischen einem weiblichen Kind ṭiflah طفلة und einem männlichen Kind ṭifl طفل.

♂ ma: 'a*ma:r 'aṭfa:lak? ♀ ma: 'a*ma:r 'aṭfa:lik?	ما أعمار أطفالكَ؟ ما أعمار أطفالكِ؟	Wie alt sind Ihre Kinder?

G03	Er ist ... Jahre alt.	*umruh ... sanawa:t.	عمره ... سنوات.
G04	Sie ist ... Jahre alt.	*umrha: ... sanawa:t.	عمرها ... سنوات.
G05	Ist das für Kinder geeignet?	hal ha:dha: muna:sib li-l-'aṭfa:l? هل هذا مناسب للأطفال؟	
G06	Gibt es eine Kinderermäßigung?	hal yu:dschad chaṣm li-l-'aṭfa:l? هل يوجد خصم للأطفال؟	

Sicherheit الأمان

G07	Ist das auch ungefährlich für Kinder?	hal ha:dha: 'a:min li-l-'aṭfa:l? هل هذا آمن للأطفال؟
G08	Wir brauchen einen Kindersitz für das Auto.	naḥta:dsch 'ila: kursiyy 'aṭfa:l li-s-sayya:rah. نحتاج إلى كرسي أطفال للسيارة.
G09	Wir brauchen einen Kindersitz für das Fahrrad.	naḥta:dsch 'ila: kursiyy 'aṭfa:l li-d-darra:dschah. نحتاج إلى كرسي أطفال للدراجة.
G10	Wir brauchen einen Gurt, um das Kind anzuschnallen.	naḥta:dsch 'ila: ḥiza:m li-rabṭ aṭ-ṭifl. نحتاج إلى حزام لربط الطفل.

Unterhaltung التسلية

G11	Gibt es hier einen Spielplatz?	hal yu:dschad huna: maka:n li-l-la*ib? هل يوجد هنا مكان للعب؟
G12	Gibt es hier ein Planschbecken?	hal yu:dschad huna: ḥawḍ ma:' blasti:kiyy? هل يوجد حوض ماء بلاستيكي؟
G13	Gibt es hier ein Spielwarengeschäft?	hal yu:dschad huna: maḥal li-'al*a:b al-'aṭfa:l? هل يوجد هنا محل لألعاب الأطفال؟
G14	Gibt es einen Freizeitpark?	hal tu:dschad ḥadi:qah li-l-mala:hi:? هل توجد حديقة للملاهي؟
G15	Gibt es ein Programm mit Kinderunterhaltung?	hal yu:dschad barna:madsch li-tasliyat al-'aṭfa:l? هل يوجد برنامج لتسلية الأطفال؟
G16	Wir brauchen einen Babysitter.	naḥta:dsch 'ila: dschali:sat 'aṭfa:l. نحتاج إلى جليسة أطفال.

Beim Essen

عند تناول الطعام

G17	Haben Sie einen Hochstuhl?	hal *indakum kursiyy *a:li:? هل عندكم كرسي عالي؟
G18	Haben Sie ein Lätzchen?	hal *indakum ṣadriyyah? هل عندكم صدرية؟
G19	Haben Sie eine Schnabeltasse?	hal *indakum ka:'s cha:ṣṣ li-shurb al-'aṭfa:l? هل عندكم كأس خاص لشرب الأطفال؟
G20	Haben Sie einen Stillraum?	hal *indakum ghurfah li-riḍa:*at al-'aṭfa:l? هل عندكم غرفة لرضاعة الأطفال؟
G21	Haben Sie eine Wickelmöglichkeit?	hal *indakum maka:n li-taḥfi:ẓ al-'aṭfa:l? هل عندكم مكان لتحفيظ الأطفال؟
G22	Haben Sie ein Kindermenü?	hal *indakum wadschaba:t li-'aṭfa:l? هل عندكم وجبات للأطفال؟
G23	Bieten Sie auch Kinderportionen an?	hal *indakum wadschaba:t ṣaghi:rah li-l-'aṭfa:l? هل عندكم وجبات صغيرة للأطفال؟
G24	Könnten Sie das Fläschchen aufwärmen?	hal yumkin taschi:n ar-raḍḍa:*ah? هل يمكن تسخين الرضاعة؟

حاجات خاصة

Besondere Bedürfnisse

Nützliches für behinderte Reisende جمل مفيدة للمعاقين

H01	Ich bin behindert.	m. 'ana: mu*a:q. أنا معاق. f. 'ana: mu*a:qah. أنا معاقة.
H02	Ich bin sehbehindert.	m. 'ana: kafi:f al-baṣar. أنا كفيف البصر. f. 'ana: kafi:fat al-baṣar. أنا كفيفة البصر.
H03	Ich bin blind.	m. 'ana: 'a*ma:. أنا أعمى. f. 'ana: *amya:'. أنا عمياء.
H04	Ich bin schwerhörig.	m. 'ana: thaqi:l as-sam*. أنا ثقيل السمع. f. 'ana: thaqi:lat as-sam*. أنا ثقيلة السمع.
H05	Ich bin taub.	m. 'ana: 'aṣamm. أنا أصم. f. 'ana: ṣamma:'. أنا صماء.
H06	Könnten Sie bitte etwas lauter sprechen?	♂ hal yumkin 'an tatakallam bi-ṣawt 'a*la:, law samaḥt? هل يمكن أن تتكلم بصوت أعلى، لو سمحت؟ ♀ hal yumkin 'an tatakallami: bi-ṣawt 'a*la:, law samaḥti? هل يمكن أن تتكلمي بصوت أعلى، لو سمحتِ؟
H07	Würden Sie das für mich aufschreiben?	♂ hal yumkin 'an taktub ha:dha: li:? هل يمكن أن تكتب هذا لي؟ ♀ hal yumkin 'an taktubi: ha:dha: li:? هل يمكن أن تكتبي هذا لي؟
H08	Gibt es Parkplätze für Behinderte?	hal huna:k maka:n li-ṣaff as-sayya:ra:t li-l-mu*a:qi:n? هل هناك مكان لصف السيارة للمعاقين؟
H09	Gibt es einen Rollstuhl?	hal huna:k kursiyy mutaḥarrik? هل هناك كرسي متحرك؟
H10	Gibt es einen Behindertenzugang?	hal huna:k maka:n cha:ṣ li-duchu:l al-mu*a:qi:n? هل هناك مكان خاص لدخول المعاقين؟
H11	Gibt es eine Behindertentoilette?	hal huna:k tuwa:li:t cha:ṣṣ bi-l-mu*a:qi:n? هل هناك تواليت خاص بالمعاقين؟

H12	Gibt es eine Rollstuhlauffahrt?	hal huna:k minaṣṣah li-ṣu*u:d al-kursiyy al-mutaḥarrik? هل هناك منصة لصعود الكرسي المتحرك؟
H13	Ich hätte gern den Schlüssel für die Behindertentoilette.	'uri:d mifta:ḥ at-tuwa:li:t al-cha:ṣṣ bi-l-mu*a:qi:n. أريد مفتاح التواليت الخاص بالمعاقين.
H14	Könnten Sie mir helfen?	♂ hal yumkinak musa:*adati:? هل يمكنك مساعدتي؟ ♀ hal yumkinik musa:*adati:? هل يمكنك مساعدتي؟
H15	Könnten Sie mir über die Straße helfen?	♂ hal yumkinak musa:*adati: *ala: *ubu:r aṭ-ṭari:q? هل يمكنك مساعدتي على عبور الطريق؟ ♀ hal yumkinik musa:*adati: *ala: *ubu:r aṭ-ṭari:q? هل يمكنك مساعدتي على عبور الطريق؟
H16	Könnten Sie mir die Tür aufhalten?	♂ hal yumkinak 'an taftaḥ li: al-ba:b? هل يمكنك أن تفتح لي الباب؟ ♀ hal yumkinik 'an taftaḥi: li: al-ba:b? هل يمكنك أن تفتحي لي الباب؟
H17	Kann ich meinen Blindenhund mitnehmen?	hal yumkin 'an 'aṣṭaḥib kalbi: al-'a*ma: ma*i:? هل يمكن أن أصطحب معي كلب مساعدة العميان؟
H18	Ist das für Behinderte geeignet?	hal ha:dha muna:sib li-l-mu*a:qi:n? هل هذا مناسب للمعاقين؟
H19	Danke für Ihre Hilfe.	shukran *ala: al-musa:*adah. شكراً على المساعدة.
H20	Danke, aber das schaffe ich allein.	shukran, 'astaṭi:* 'an 'atadabbar amri: bi-nafsi:. شكراً، أستطيع أن أتدبر أمري بنفسي.

التواصل مع الآخرين
Miteinander sprechen

Bitten und danken الرجاء والشكر

101	Danke sehr.	shukran dschazi:lan.	شكراً جزيلاً.
102	Bitte sehr! *(wenn man jdm etw. anbietet)*	♂ tafaḍḍal! ♀ tafaḍḍali:!	تفضل! تفضلي!
103	Gern geschehen.	*afwan.	عفواً.
104	Nein, danke.	la:, shukran.	لا، شكراً.
105	Herzlichen Dank!	shukran dschazi:lan!	شكراً جزيلاً!
106	Das war sehr nett von Ihnen / dir!	♂ ha:dha: lu:tf minnak! ♀ ha:dha: lu:tf minnik!	هذا لطف منك! هذا لطف منكِ!

Begrüßung und Verabschiedung الترحيب والتوديع

In islamischen Kulturen begrüßen Männer einander mit Handschlag. Muslimische Frauen werden ohne Handschlag mit einem Kopfnicken gegrüßt. Manche Männer ziehen es vor, Frauen im Allgemeinen nicht die Hand zu schütteln. Am besten warten Sie kurz ab und überlassen die Entscheidung Ihrem Gegenüber. Zur Begrüßung bzw. zum Weiterreichen von Gegenständen sollte man die rechte Hand verwenden, da die linke als unrein gilt.
Man sagt as-sala:m *alaykum السلام عليكم, was wörtlich *Friede sei mit euch* bedeutet. Die erwartete Erwiderung lautet wa *alaykum as-sala:m وعليكم السلام, was *und Friede sei auch mit euch* bedeutet.
Gäste werden herzlich mit 'ahlan wa sahlan أهلاً وسهلاً willkommen geheißen, worauf man mit 'ahlan bi-kum أهلاً بكم antwortet.

107	Guten Morgen!	ṣaba:ḥ al-chayr!	صباح الخير!
108	Hallo!	marḥaba:!	مرحبا!

109	Guten Tag!	as-sala:m *alaykum	السلام عليكم!
110	Guten Abend!	masa:' al-chayr!	مساء الخير!
111	Auf Wiedersehen!	'ila: l-liqa:'!	إلى اللقاء!
112	Tschüss!	ma*a s-sala:mah!	مع السلامة!
113	Bis später!	♂ 'ara:ka la:ḥiqan! ♀ 'ara:ki la:ḥiqan!	أراكَ لاحقاً! أراكِ لاحقاً!
114	Bis morgen!	♂ 'ara:ka ghadan! ♀ 'ara:ki ghadan!	أراكَ غداً! أراكِ غداً!

Sich vorstellen und von sich erzählen التقديم والتعريف بالنفس

115	Ich heiße ...	'ismi: ...	اسمي ...
116	Ich bin aus Deutsch-land.	'ana: min 'alma:nya:.	أنا من ألمانيا.
117	Ich bin aus Österreich.	'ana: min an-nimsa:	أنا من النمسا.
118	Ich bin aus der Schweiz.	'ana: min swi:sra:	أنا من سويسرا.
119	Ich bin ... Jahre alt.	'ana: *umri: ... sanah.	عمري ... سنة.
120	Ich bin verheiratet.	m. 'ana: mutazawwidsch f. 'ana: mutazawwidschah.	أنا متزوج. أنا متزوجة.
121	Ich bin geschieden.	m. 'ana: muṭallaq. f. 'ana: muṭallaqah.	أنا مطلق. أنا مطلقة.
122	Ich bin ledig.	m. 'ana: *a:zib. f. 'ana: *azba:'.	أنا عازب. أنا عزباء.
123	Ich mache hier Urlaub.	'umḍi: al-*uṭlah huna:.	أمضي العطلة هنا.
124	Ich wohne im ... Hotel.	'uqi:m fi: funduq.	أقيم في فندق...
125	Ich bleibe noch ... Tage.	sa-'abqa: li ... 'ayya:m 'uchra:. سأبقى ل ... أيام أخرى.	

126	Ich bleibe noch ... Wochen.	sa-'abqa: li ... 'asabi:* 'uchra:.	سأبقى ل ... أسابيع أخرى.
127	Ich bin ... von Beruf.	mihnati: ...	مهنتي ...
128	Ich bin selbstständig.	'a*mal 'a*ma:l ḥurrah.	أعمل أعمال حرة.
129	Ich bin Student.	'ana: ṭa:lib.	أنا طالب.
130	Ich bin Studentin.	'ana: ṭa:libah.	أنا طالبة.
131	Ich gehe noch zur Schule.	'ana: ma: ziltu fi: al-madrasah.	أنا ما زلت في المدرسة.
132	Ich habe Kinder.	*indi: 'aṭfa:l.	عندي أطفال.
133	Ich habe einen Sohn.	*indi: 'ibn wa:ḥid.	عندي ابن واحد.
134	Ich habe eine Tochter.	*indi: 'ibnah wa:ḥidah.	عندي ابنة واحدة.
135	Das ist meine Frau.	ha:dhihi zawdschati:.	هذه زوجتي.
136	Das ist mein Mann.	ha:dha: zawdschi:.	هذا زوجي.
137	Das ist eine Freundin.	ha:dhihi ṣadi:qati:.	هذه صديقتي.
138	Das ist ein Freund.	ha:dha: ṣadi:qi:.	هذا صديقي.

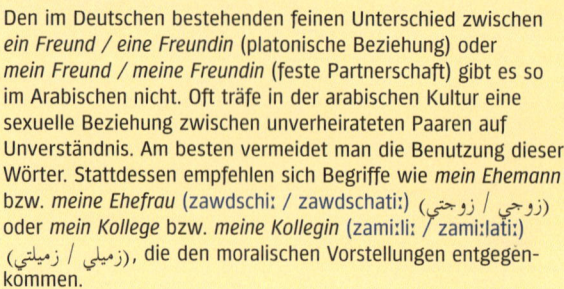

Den im Deutschen bestehenden feinen Unterschied zwischen *ein Freund / eine Freundin* (platonische Beziehung) oder *mein Freund / meine Freundin* (feste Partnerschaft) gibt es so im Arabischen nicht. Oft träfe in der arabischen Kultur eine sexuelle Beziehung zwischen unverheirateten Paaren auf Unverständnis. Am besten vermeidet man die Benutzung dieser Wörter. Stattdessen empfehlen sich Begriffe wie *mein Ehemann* bzw. *meine Ehefrau* (zawdschi: / zawdschati:) (زوجي / زوجتي) oder *mein Kollege* bzw. *meine Kollegin* (zami:li: / zami:lati:) (زميلي / زميلتي), die den moralischen Vorstellungen entgegenkommen.

Etwas über den anderen herausfinden التعرف إلى الآخرين

139	Wie heißen Sie / heißt du?	♂ ma: 'ismak? ♀ ma: 'ismik?	ما اسمك؟ ما اسمك؟
140	Wie geht es Ihnen / dir?	♂ kayf ḥa:lak? ♀ kayf ḥa:lik?	كيف حالَكَ؟ كيف حالِكِ؟
141	Danke, gut.	'ana: bi-chayr, shukran.	أنا بخير، شكراً.
142	Gefällt es Ihnen / dir hier?	♂ hal tuḥibb ha:dha: al-maka:n? ♀ hal tuḥibbi:n ha:dha: al-maka:n?	هل تحب هذا المكان؟ هل تحبين هذا المكان؟
143	Sehr gut.	kathi:ran.	كثيراً.
144	Geht schon.	ma:shi: l-ḥa:l.	ماشي الحال.
145	Wie alt sind Sie / bist du?	♂ kam *umrak? ♀ kam *umrik?	كم عمرك؟ كم عمرِك؟
146	Woher kommen Sie / kommst du?	♂ min 'ayna 'anta? ♀ min ayna 'anti?	من أين أنتَ؟ من أين أنتِ؟
147	Sind Sie / Bist du verheiratet?	♂ hal 'anta mutazawwidsch? ♀ hal 'anti mutazawwidschah?	هل أنتَ متزوج؟ هل أنتِ متزوجة؟
148	Was machen Sie / machst du beruflich?	♂ ma: hiya mihnatak? ♀ ma: hiya mihnatik?	ما هي مهنتكَ؟ ما هي مهنتكِ؟
149	Machen Sie / Machst du Urlaub hier?	♂ hal taqḍi: al-*uṭlah huna:? ♀ hal taqḍi:n al-*uṭlah huna:?	هل تقضي العطلة هنا؟ هل تقضين العطلة هنا؟
150	Wie lang bleiben Sie / bleibst du noch?	♂ 'ila: mata: sa-tabqa: huna:? ♀ 'ila: mata: sa-tabqayn huna:?	إلى متى ستبقى هنا؟ إلى متى ستبقين هنا؟
151	Wo wohnen Sie / wohnst du?	♂ 'ayna taskun? ♀ 'ayna taskuni:n?	أين تسكن؟ أين تسكنين؟

Sich verabreden und jemanden einladen

التواعد ودعوة شخص ما

152	Darf ich Sie / dich zu einem Getränk einladen?	♂ hal yumkin 'an 'ad*uwaka 'ila: mashru:b? هل يمكن أن أدعوكَ إلى مشروب؟ ♀ hal yumkin 'an 'ad*uwaki 'ila: mashru:b? هل يمكن أن أدعوكِ إلى مشروب؟
153	Sollen wir etwas essen gehen?	hal nadḥhab li-l-'akl? هل نذهب للأكل؟
154	Hätten Sie Lust / Hättest du Lust, heute Abend etwas zu unternehmen?	♂ hal tuḥibb al-qiya:m bi-shay' ma: al-yawm masa:'an? هل تحب القيام بشيء ما اليوم مساءً؟ ♀ hal tuḥibbi:n al-qiya:m bi-shay' ma: al-yawm masa:'an? هل تحبين القيام بشيء ما اليوم مساءً؟
155	Wir treffen uns um ... Uhr.	naltaqi: fi: as-sa:*ah ... نلتقي في الساعة ...
156	Wir treffen uns in einer Stunde.	naltaqi: ba*d sa:*ah. نلتقي بعد ساعة.
157	Wir treffen uns im Hotel.	naltaqi: fi: al-funduq. نلتقي في الفندق.
158	Wir treffen uns an der Bar.	naltaqi: *ind al-ba:r. نلتقي عند البار.
159	Wir treffen uns am Eingang.	naltaqi: 'ama:m al-madchal. نلتقي أمام المدخل.
160	Ich begleite Sie / dich noch nach Hause.	♂ sa-'ura:fiqak 'ila: al-manzil. سأرافقكَ إلى المنزل. ♀ sa-'ura:fiqik 'ila: al-manzil. سأرافقكِ إلى المنزل.
161	Kann ich Sie irgendwo hinfahren?	♂ hal yumkin 'an 'u:ṣilak bi-s-sayya:rah ila: maka:n ma:? هل يمكن أن أوصلكَ بالسيارة إلى مكان ما؟ ♀ hal yumkin 'an 'u:ṣilik bi-s-sayya:rah ila: maka:n ma:? هل يمكن أن أوصلكِ بالسيارة إلى مكان ما؟

I62	Kann ich Sie irgendwo absetzen?	♂ hal yumkin 'an 'unzilak fi: maka:n ma:? ♀ hal yumkin 'an 'unzilik fi: maka:n ma:?	هل يمكن أن أنزلكَ في مكان ما؟ هل يمكن أن أنزلكِ في مكان ما؟
I63	Ich hole Sie / dich ab.	♂ sa-'uḥḍirak. ♀ sa-'uḥḍirik.	سأحضركَ. سأحضركِ.
I64	Nein danke.	la: shukran.	لا شكراً.
I65	Das ist nicht notwendig.	ha:dha: laysa ḍaru:riyy.	هذا ليس ضروري.
I66	Ja, bitte.	♂ na*am law samaḥt. ♀ na*am law samaḥti.	نعم، لو سمحتَ. نعم، لو سمحتِ.
I67	Das ist sehr nett von Ihnen.	♂ ha:dha: luṭf minnak. ♀ ha:dha: luṭf minnik.	هذا لطف منكَ. هذا لطف منكِ.
I68	Danke für die Einladung.	shukran *ala: ad-da*wah.	شكراً على الدعوة.
I69	Kann ich Sie / dich wiedersehen?	hal yumkin 'an naltaqi: marrah 'uchra:?	هل يمكن أن نلتقي مرة أخرى؟
I70	Ich habe leider keine Zeit.	li-l-'asaf laysa ladayya waqt.	للأسف، ليس لدي وقت.
I71	Nein, danke!	la:, shukran!	لا ، شكراً!

Komplimente und wie man darauf reagiert

المجاملات و الرد عليها

J01	Sie sehen / Du siehst toll aus!	♂ 'anta ra:'i*! ♀ 'anti ra:'i*ah!	أنتَ رائع! أنتِ رائعة!
J02	Sie haben / Du hast ein nettes Lächeln.	♂ 'ibtisa:matak laṭi:fah! ♀ 'ibtisa:matik laṭi:fah!	ابتسامتك لطيفة! ابتسامتك لطيفة!
J03	Sie haben / Du hast wunderschöne Augen.	♂ *uyu:nak ra:'i*ah. ♀ *uyu:nik ra:'i*ah.	عيونكَ رائعة. عيونكِ رائعة.

Die Geschlechterrollen spielen beim Flirten in der arabischen Welt eine große Rolle. Es sind in der Regel die Männer, die mal sehr diskret und mal direkter den Anfang machen. Frauen sind eher zurückhaltend und zeigen ihr Interesse ganz vorsichtig. Dass eine Frau einem Mann länger in die Augen schaut, könnte eine ganz andere Reaktion hervorrufen, als man in Europa erwartet. Während einer Unterhaltung sieht man sich im Allgemeinen nicht lange und direkt in die Augen, so wie dies in mitteleuropäischen Kulturen durchaus ganz normal ist. Insgesamt ist für Touristen beim Thema Flirten Zurückhaltung geboten.

J04	Sie sind / Du bist wunderschön.	♂ 'anta ra:'i*. ♀ 'anti ra:'i*ah.	أنت رائع. أنتِ رائعة.
J05	Danke für das Kompliment.	shukran *ala: al-mudscha:malah.	شكراً على المجاملة.
J06	Das war ein sehr schöner Abend.	ka:nat 'umsiyah ra:'i*ah dschiddan.	كانت أمسية جميلة جداً.
J07	Mit Ihnen / dir kann man sich gut unterhalten.	♂ ḥadi:thak mumti*. ♀ ḥadi:thik mumti*.	حديثَك ممتع. حديثِك ممتع.
J08	Du gefällst mir sehr.	♂ 'anta tu*dschibni:. ♀ 'anti tu*dschibi:nani:.	أنت تعجبني. أنتِ تعجبينني.
J09	Übertreiben Sie / Übertreib nicht!	♂ la: tuba:ligh! ♀ la: tuba:lighi:!	لا تبالغ! لا تبالغي!
J10	Hör bloß auf!	♂ tawaqqaf *an dha:lik! ♀ tawaqqafi: *an dha:lik!	توقف عن ذلك! توقفي عن ذلك!
J11	Ich bin leider schon vergeben.	m. li-l-'asaf 'ana: machṭu:b. f. li-l-'asaf 'ana: machṭu:bah.	للأسف أنا مخطوب. للأسف أنا مخطوبة.

J12	Tut mir leid, du bist nicht mein Typ!	♂ ma* al-'asaf 'anta lasta rudschul 'aḫla:mi:! مع الأسف، أنتَ لستَ رجل أحلامي! ♀ ma* al-'asaf 'anti lasti 'imra'at 'aḫla:mi:! مع الأسف، أنتِ لستِ إمرأة أحلامي!

Zustimmen und ablehnen القبول والرفض

J13	Das ist in Ordnung.	tama:m. تمام.
J14	Ja, bitte.	♂ na*am law samaḥt. نعم، لو سمحت. ♀ na*am law samaḥti. نعم، لو سمحتِ.
J15	Damit bin ich einverstanden.	'ana: muwa:fiq *ala: dha:lik. أنا موافق على ذلك.
J16	Das gefällt mir.	ha:dha: yu*dschibni:. هذا يعجبني.
J17	Das möchte ich gern tun.	'uḥibb *amal ha:dha:. أحب عمل هذا.
J18	Das ist sehr gut.	ha:dha: dschayyid dschiddan. هذا جيد جداً.
J19	Das ist super!	ha:dha: *aẓi:m! هذا عظيم!
J20	Nein, danke!	la:, shukran! لا، شكراً!
J21	Das gefällt mir nicht.	ha:dha: la: yu*dschibni:. هذا لا يعجبني.

J22	Das möchte ich nicht tun.	la: 'uḥibb fi*l ha:dha:.	لا أحب فعل هذا.
J23	Das sehe ich anders.	♂ 'ucha:lifak ar-ra'y. ♀ 'ucha:lifik ar-ra'y.	أخالفكَ الرأي. أخالفكِ الرأي.
J24	Das ist schlecht.	ha:dha: sayyi'.	هذا سيء.
J25	Das ist furchtbar.	ha:dha: 'amr bashi*.	هذا أمر بشع.
J26	Das kommt gar nicht in Frage!	ha:dha: ghayr mumkin!	هذا غير ممكن!
J27	Auf keinen Fall!	la: 'abadan!	لا أبداً!

Bedauern ausdrücken und sich entschuldigen

التعبير عن الأسف والاعتذار

J28	Tut mir leid.	m. 'ana: 'a:sif. f. 'ana: 'a:sifah.	أنا آسف. أنا آسفة.
J29	Das tut mir sehr leid.	yu'sifni: ha:dha: dschiddan.	يؤسفني هذا جداً.
J30	Ich möchte mich entschuldigen.	'uri:d 'an 'a*tadhir.	أريد أن أعتذر.
J31	Das soll nicht mehr vorkommen.	lan yaḥduth ha:dha: marrah 'uchra:.	لن يحدث هذا مرة أخرى.
J32	Da habe ich Sie / dich falsch verstanden.	♂ 'asa'tu fahmak. ♀ 'asa'tu fahmik.	أسأت فهمكَ. أسأت فهمكِ.
J33	Das war ein Missverständnis.	ka:n ha:dha: su:' tafa:hum.	كان هذا سوء تفاهم.
J34	Das war meine Schuld.	adh-dhanb dhanbi:.	الذنب ذنبي.
J35	Das macht doch nichts!	ha:dha: la: yuhimm!	هذا لا يهم!
J36	Kein Problem.	laysat huna:k mushkilah.	ليست هناك مشكلة.

كل شئ عن الوقت

Rund um die Zeit

Die Uhrzeit الوقت

In den arabischen Ländern gibt es unterschiedliche Zeitzonen. In Marokko ist es z. B. eine Stunde früher als in Deutschland, Österreich und der Schweiz. In Ägypten hingegen ist es eine Stunde später. Bei der Zeitumstellung zur Sommer- oder Winterzeit kann es manchmal zu Abweichungen kommen, da der Zeitpunkt der Umstellung in Europa und in den verschiedenen arabischen Ländern unterschiedlich sein kann. Auf www.zeitzonen.de können Sie jederzeit im Internet nachsehen, wie spät es wo ist. Hier sind einige Beispiele, bei denen die Zeitunterschiede in Bezugnahme auf die MEZ (mitteleuropäische Zeit) angegeben sind:

Ägypten +1	Algerien +0	Deutschland, Österreich, Schweiz +0
Jordanien +2	Katar +2	Lybien +1
Marokko -1	Oman +3	Saudi-Arabien +2
Syrien +1	Tunesien +0	Vereinigte Arabische Emirate +3

K01	Wie spät ist es?	kam as-sa:*ah?	كم الساعة؟
K02	Es ist ein Uhr.	'innaha: as-sa:*ah al-wa:ḥidah.	إنها الساعة الواحدة.
K03	Es ist zwei Uhr.	'innaha: as-sa:*ah ath-tha:niyah.	إنها الساعة الثانية.
K04	Es ist drei Uhr.	'innaha: as-sa:*ah ath-tha:lithah.	إنها الساعة الثالثة.
K05	Es ist sechs Uhr morgens.	'innaha: as-sa:*ah as-ṣa:disah ṣaba:ḥan.	إنها الساعة السادسة صباحاً.

K06	Es ist sieben Uhr abends.	'innaha: as-sa:*ah as-sa:bi*ah masa:'an. إنها الساعة السابعة مساءً.
K07	Es ist drei Uhr nachmittags.	'innaha: as-sa:*ah ath-tha:lithah ba*d aẓ-ẓuhr. إنها الساعة الثالثة بعد الظهر.

Wenn man sicher gehen möchte, dass bei der Uhrzeitangabe nicht die Tageszeit verwechselt wird, benutzt man zusätzliche Zeitangaben:

morgens	ṣaba:ḥan	صباحاً
mittags	ẓuhran	ظهراً
nachmittags	ba*d aẓ-ẓuhr	بعد الظهر
abends	masa:'an	مساءً
nachts	laylan	ليلاً

24 Uhr bzw. *12 Uhr Mitternacht* übersetzt man mit muntaṣaf al-layl منتصف الليل .

K08	Es ist achtzehn Uhr.	'innaha: as-sa:*ah as-sa:disah masa:'an. إنها الساعة السادسة مساءً.
K09	Es ist neunzehn Uhr.	'innaha: as-sa:*ah as-sa:bi*ah masa:'an. إنها الساعة السابعة مساءً.
K10	Es ist zwanzig Uhr.	'innaha: as-sa:*ah ath-tha:minah masa:'an. إنها الساعة الثامنة مساءً.
K11	Es ist halb zehn.	'innaha: at-ta:si*ah wa an niṣf. إنها الساعة التاسعة والنصف.

Im Arabischen gibt man die halbe Stunde nicht im Sinne von *dreißig Minuten bis* an, sondern sagt *dreißig Minuten nach*. Statt *halb zehn* heißt es also *halb nach neun*: at-ta:si*ah wa an-niṣf التاسعة والنصف .

K12	Es ist Viertel vor fünf.	'innaha: al-cha:misah 'illa: ar-rub*. إنها الخامسة إلا الربع.
K13	Es ist Viertel nach vier.	'innaha: ar-ra:bi*ah wa ar-rub*. إنها الرابعة والربع.
K14	Es ist zwei Minuten vor sechs.	'innaha: as-sa:disah 'illa: daqi:qatayn. إنها السادسة إلا دقيقتين.
K15	Es ist fünf nach sieben.	'innaha: as-sa:bi*ah wa chams daqa:'iq. إنها السابعة وخمس دقائق.
K16	Es ist zu früh.	'innahu min al-mubakkir dschiddan. إنه من المبكر جداً.
K17	Es ist zu spät.	'inna:hu: muta'achchir dschiddan. إنه من المتأخر جداً.
K18	Wann treffen wir uns?	mata: naltaqi:? متى نلتقي؟
K19	Um wie viel Uhr?	fi: 'ayy sa:*ah? في أي ساعة؟
K20	um 12 Uhr mittags	ath-tha:niyah *ashrah ẓuhran الثانية عشرة ظهراً
K21	um Mitternacht	fi: muntaṣaf al-layl في منتصف الليل
K22	in einer Stunde	ba*d sa:*ah بعد ساعة
K23	in einer halben Stunde	ba*d niṣf sa:*ah بعد نصف ساعة
K24	in einer viertel Stunde	ba*d rub* sa:*ah بعد ربع ساعة
K25	in zehn Minuten	ba*d *ashr daqa:'iq بعد عشر دقائق
K26	in fünf Minuten	ba*d chams daqa:'iq بعد خمس دقائق
K27	Bis später.	♂ 'ara:k la:ḥiqan. أراكَ لاحقاً. ♀ 'ara:ki la:ḥiqan. أراكِ لاحقاً.
K28	Eine einfache Fahrt nach ..., bitte.	♂ tadkirat dhaha:b 'ila: ..., law samaḥt. تذكرة ذهاب إلى ...، لو سمحت. ♀ tadkirat dhaha:b 'ila: ..., law samaḥti. تذكرة ذهاب إلى ...، لو سمحتِ.
K29	Bis dann.	'ila al-liqa:'. إلى اللقاء.

Die Tageszeiten

أجزاء اليوم

30	am Morgen	fi: ṣ-ṣaba:ḥ	في الصباح
31	am Abend	fi: al-masa:'	في المساء
32	am Nachmittag	ba*d aẓ-ẓuhr	بعد الظهر
33	am Vormittag	qabl aẓ-ẓuhr	قبل الظهر
34	in der Nacht	fi: al-layl	في الليل
35	heute Morgen	ṣaba:ḥ al-yawm	صباح اليوم
36	heute Nachmittag	al-yawm ba*d aẓ-ẓuhr	اليوم بعد الظهر
37	heute Vormittag	al-yawm qabl aẓ-ẓuhr	اليوم قبل الظهر
38	heute Mittag	ẓuhr al-yawm	ظهر اليوم
39	heute Abend	masa:' al-yawm	مساء اليوم
40	heute Nacht	fi: ha:dhihi al-laylah	في هذه الليلة
41	morgen früh	ghadan fi: aṣ-ṣaba:ḥ al-ba:kir	غداً في الصباح الباكر
42	morgen Mittag	ẓuhr ghad	ظهر غد
43	morgen Vormittag	qabl ẓuhr al-ghad	قبل ظهر الغد
44	morgen Nachmittag	ba*d ẓuhr al-ghad	بعد ظهر الغد
45	morgen Abend	masa:' al-ghad	مساء الغد
46	morgen Nacht	laylat ghad	ليلة غد
47	morgens	ṣaba:ḥan	صباحاً
48	abends	masa:'an	مساءً
49	nachmittags	ba*d aẓ-ẓuhr	بعد الظهر
50	vormittags	qabl aẓ-ẓuhr	قبل الظهر
51	nachts	laylan	ليلاً
52	tagsüber	chila:l an-naha:r	خلال النهار
53	vorgestern	'awwal 'ams	أول أمس

K54	gestern	al-ba:riḥah	البارحة
K55	heute	al-yawm	اليوم
K56	morgen	ghadan	غداً
K57	übermorgen	ba*d ghad	بعد غد

Die Woche الأسبوع

K58	in einer Woche	ba*d 'usbu:*	بعد أسبوع
K59	in zwei Wochen	ba*d 'usbu:*ayn	بعد أسبوعين
K60	Montag	al-'ithnayn	الإثنين
K61	Dienstag	ath-thula:tha:'	الثلاثاء
K62	Mittwoch	al-'arbi*a:'	الأربعاء
K63	Donnerstag	al-chami:s	الخميس
K64	Freitag	al-dschum*ah	الجمعة
K65	Samstag	as-sabt	السبت
K66	Sonntag	al-'aḥad	الأحد
K67	montags	'ayya:m al-'ithnayn	أيام الإثنين
K68	am Dienstag	fi: yawm ath-thula:tha:'	في يوم الثلاثاء
K69	jeden Mittwoch	kull 'arbi*a:'	كل أربعاء
K70	bis Donnerstag	li-gha:yat yawm al-chami:s	لغاية يوم الخميس
K71	Freitag Abend	masa:' al-dschum*ah	مساء الجمعة
K72	nächsten Samstag	as-sabt al-qa:dim	السبت القادم
K73	seit Sonntag	mundhu al-'aḥad	منذ الأحد
K74	seit zwei Tagen	mundhu yawmayn	منذ يومين

Die islamischen Monate الأشهر الهجرية

Der islamische Mondkalender hat überwiegend religiöse Bedeutung, denn nach ihm werden die islamischen Feiertage festgelegt. Da die Feiertage zum Teil durch Beobachtung der Mondsichel zeitlich bestimmt werden, weiß man manchmal erst sehr kurzfristig, auf welches Datum sie fallen. Eine weitere Folge ist, dass sie regional um einen Tag variieren können. Das islamische Jahr hat zwölf Monate in fester Reihenfolge, die jeweils 29 oder 30 Tage lang sind. Im Laufe mehrerer Jahrzehnte verschiebt sich der Beginn des ersten Monats über das gesamte, uns vertraute Sonnenjahr. Die sonstige Zeitrechnung richtet sich, außer in Saudi-Arabien, wie bei uns nach dem Gregorianischen Kalender.
Trotzdem sollten Sie sich vor Antritt der Reise erkundigen, auf welche Tage die islamischen Feiertage fallen, da religiöse Traditionen sich in den arabischen Ländern stark auf das gesellschaftliche Leben auswirken und Geschäfte, Banken und Behörden geschlossen sein oder sich ihre Öffnungszeiten stark verschieben können.

Die islamischen Monate

1. Monat	muḥarram	محرم
2. Monat	ṣafar	صفر
3. Monat	rabiː* al-'awwal	ربيع الأول
4. Monat	rabiː* al-'aːchir	ربيع الآخر
5. Monat	dschumaːdaː al-'uːlaː	جمادى الأولى
6. Monat	dschumaːdaː al-'aːchir	جمادى الآخر
7. Monat	radschab	رجب
8. Monat	sha*baːn	شعبان
9. Monat	ramaḍan	رمضان
10. Monat	shawwaːl	شوال
11. Monat	dhuː al-qi*dah	ذو العقدة
12 Monat	dhuː al-ḥadschdschah	ذو الحجة

Die altarabischen Monate الأشهر العربية القديمة

L01	In welchem Monat?	fi: 'ayy shahr?	في أي شهر؟

Neben den religiös bedeutsamen islamischen Monatsnamen gibt es altarabische Monatsnamen, die heutzutage überall in der Alltagssprache verwendet werden.

L02	Januar	kanu:n ath-tha:ni:	كانون الثاني
L03	Februar	shuba:ṭ	شباط
L04	März	'a:dha:r	آذار
L05	April	naysa:n	نيسان
L06	Mai	'ayya:r	أيار
L07	Juni	ḥuzyara:n	حزيران
L08	Juli	tammu:z	تموز
L09	August	'a:b	آب
L10	September	'aylu:l	أيلول
L11	Oktober	tishri:n al-'awwal	تشرين الأول
L12	November	tishri:n ath-tha:ni:	تشرين الثاني
L13	Dezember	kanu:n al-'awwal	كانون الأول
L14	im Januar	fi: ka:nu:n ath-tha:ni:	في كانون الثاني

Die europäischen Monate الأشهر الأوربية

In einigen Ländern Nordafrikas wie Ägypten, Marokko, Algerien und Tunesien kann es vorkommen, dass europäische Monatsnamen benutzt werden.

L15	Januar	ya:na:yir	يناير
L16	Februar	fibra:yir	فبراير
L17	März	maris	مارس
L18	April	'abri:l	أبريل
L19	Mai	mayu:	مايو
L20	Juni	yu:nyu:	يونيو
L21	Juli	yu:lyu:	يوليو
L22	August	'aghusṭus	أغسطس
L23	September	sibtambar	سبتمبر
L24	Oktober	uktu:bar	أكتوبر
L25	November	nu:fambar	نوفمبر
L26	Dezember	desambar	ديسمبر

Die Jahreszeiten — الفصول الأربعة

L27	im Frühling	fi: ar-rabi:*	في الربيع
L28	Sommer	aṣ-ṣayf	الصيف
L29	Herbst	al-chari:f	الخريف
L30	Winter	ash-shita:'	الشتاء
L31	das ganze Jahr über	ṭawa:l al-*a:m	طوال العام
L32	die Jahreszeit für ...	mawsim al- ...	موسم ال ...

Das Datum — التاريخ

L33	Der Wievielte ist heute?	ma: tari:ch al-yawm?	ما تاريخ اليوم؟

Winter in Katar

L34	Heute ist der vierte Januar.	al-yawm huwa ar-ra:bi* min ka:nu:n ath-tha:ni:. اليوم هو الرابع من كانون الثاني.
L35	am fünften Februar	fi: al-cha:mis min shuba:ṭ في الخامس من شباط
L36	bis zum sechsten März	ḥatta: as-sa:dis min 'a:dha:r حتى السادس من آذار
	Berlin, 7. April 2011	birli:n, fi: as-sa:bi* min naysa:n, 'alfayn wa 'aḥad *ashar برلين، في السابع من نيسان ٢٠١١

Feiertage العطل والأعياد

L37	Ist heute ein Feiertag?	hal al-yawm *uṭlah? هل اليوم عطلة؟
L38	Sind die Geschäfte geöffnet?	hal al-maḥalla:t maftu:ḥah? هل المحلات مفتوحة؟
L39	Gibt es Restaurants, die geöffnet haben?	hal huna:k maṭa:*im maftu:ḥah? هل هناك مطاعم مفتوحة؟

In jedem arabischen Land gibt es religiöse und nichtreligiöse Feiertage, wobei erstere in der Regel nicht nur zahlreicher, sondern auch bedeutsamer für das gesellschaftliche Leben sind. Da die große Mehrheit der Bevölkerung im arabischen Sprachraum dem Islam zugehörig ist und dieser die Staatsreligion darstellt, spielen die islamischen Feiertage eine große Rolle. Natürlich gibt es auch religöse Minderheiten, die eigene Feiertage begehen. Diese haben außerhalb der Wohnviertel, in denen die Minderheiten ansässig sind, aber wenig Einfluss auf Öffnungszeiten von Behörden und Geldinstituten und das gewünschte Verhalten in der Öffentlichkeit.

al-yawm *uṭlah.	اليوم عطلة.	Heute ist ein Feiertag.

Die islamischen Feiertage werden mit kleineren Abweichungen in allen arabischen Ländern begangen. Die nichtreligiösen Feiertage, wie z. B. die Nationalfeiertage, fallen in jedem Land auf andere Zeitpunkte. So fallen die Nationalfeiertage in Saudi-Arabien immer auf den 23. September, in den Vereinigten Arabischen Emiraten auf den 2. und 3. Dezember und im Oman auf den 18. und 19. November.
Die angegebenen islamischen Feiertage werden nach dem im Vergleich zu unserem Sonnenkalender kürzeren Mondkalender berechnet und verschieben sich daher im Laufe der Zeit durch alle Jahreszeiten (siehe obere Infobox auf S. 65).

ra's as-sanah al-hidschriyyah	رأس السنة الهجرية	Neujahrstag des islamischen Kalenders (1. Muharam)
*iːd *aːshuːraː'	عيد عاشوراء	Aschura-Fest (10. Muharam)

*iːd al-mawlid an-nabawiyy	عيد المولد النبوي	Geburtstag des Propheten (12. Rabi al-awwal)
al-'israː' wa al-mi*raːdsch	الإسراء والمعراج	Himmelfahrt des Propheten (10. Radschab)
ramaḍaːn	رمضان	Ramadan, Fastenmonat

Während des Fastenmonats Ramadan essen, trinken und rauchen gläubige Muslime zwischen Sonnenuntergang und -aufgang nicht. Auch Touristen sollten sich in der Öffentlichkeit und besonders auf Straßen und Plätzen an dieses Gebot halten. Doch in den Hotels sind sie in der Regel nicht daran gebunden. Geschäfte und Restaurants öffnen landesabhängig später oder erst nach Sonnenuntergang. In christlichen Vierteln sind Lebensmittelläden in der Regel geöffnet, doch auch dort sollten Speisen und Getränke nicht im Freien zu sich genommen werden. Erkundigen Sie sich unbedingt vor Reiseantritt, welche Gepflogenheiten an Ihrem Reiseziel herrschen.

*iːd al-fiṭr	عيد الفطر	dreitägiges Fest des Fastenbrechens, das sogenannte kleine Fest (1. Shawwal)
*iːd al-'aḍḥaː	عيد الأضحى	viertägiges Opferfest (10. Dhu al-hadschdschah); am Tag davor versammeln sich die Pilger auf dem Berg Arafa in Saudiarabien, was den Höhepunkt der Pilgerreise darstellt

Es ist vielleicht ein guter Rat, nicht während des Fastenmonats Ramadan in ein islamisches Land zu reisen. Dafür ist es aber um so schöner, dem süßen Ende des Fastens beizuwohnen. Der Ramadan endet nämlich mit dem *kleinen Fest*, das drei Tage lang dauert. Und richtig, es gibt reichlich Süßes und das nicht nur für die Kinder. Überall wird nun gebacken. Traditionell besucht man ältere Verwandte und Nachbarn, tauscht Glückwünsche aus und unterhält sich bei Tee und Süßigkeiten. Sollten Sie bei einer arabischen Familie eingeladen sein, vergessen Sie nicht, Geschenke für alle mitzubringen. Entzücken Sie Ihre Gastgeber obendrein mit dem richtigen Glückwunsch: kull *a:m wa 'antum bi-chayr كل عام وأنتم بخير.

المطاعم والطعام

Gastronomisches und Kulinarisches

So fängt der Tag gut an   هكذا يبدأ اليوم بشكل جيد

In der Regel versucht man in den arabischen Ländern gemeinsam mit der Familie zu essen, wann immer dies möglich ist. Das ist besonders an Feiertagen der Fall. Zum Frühstück gibt es Fladenbrot, Schafskäse, Quark, Eier, Gurken, Tomaten, Butter und Marmelade oder sogar Kichererbsenpüree. Dazu trinkt man schwarzen Tee. Die Hauptmahlzeit ist aber das Mittagsessen, das gewöhnlich aus einer gekochten Mahlzeit besteht. Das Abendessen ist eher eine leichte Mahlzeit aus verschiedenen Kleinigkeiten.

M01	Kann man hier frühstücken?	hal yumkin tana:wul al-fuṭu:r huna:?	هل يمكن تناول الفطور هنا؟
M02	Wann gibt es Frühstück?	mata: yuqaddam al-fuṭu:r?	متى يقدم الفطور؟

al-faṭu:r min ath-tha:minah ḥatta: at-ta:si*ah wa an-niṣf. الفطور من الساعة الثامنة حتى الساعة التاسعة والنصف.	Frühstück gibt es von 8 Uhr bis 9.30 Uhr.

M03	Ich nehme Kaffee.	'a:chudh qahwah.	آخذ قهوة.
M04	Ich nehme koffeinfreien Kaffee.	'a:chudh qahwah bi-du:n kafi:n.	آخذ قهوة بدون كافيين.
M05	Ich nehme Tee.	'a:chudh sha:y.	آخذ شاي.
M06	Ich nehme heiße Schokolade.	'a:chudh ka:ka:w sa:chin.	آخذ كاكاو ساخن.
M07	Ich nehme frisch gepressten Orangensaft.	'a:chudh *aṣi:r burtuqa:l ṭa:zadsch.	آخذ عصير برتقال طازج.
M08	mit Zucker	bi-s-sukkar	بالسكر

Der Kaffee wurde, so nimmt man an, in Äthiopien entdeckt und gelangte von dort vermutlich im 14. Jahrhundert nach Arabien. Lange Zeit dominierte diese Region den Kaffeeanbau. Vom Hafen der Stadt Mocha oder Moccha im heutigen Jemen wurde der geröstete Kaffee in alle Welt verschifft.
Auch heute noch hat der Kaffee neben dem Tee einen festen Platz unter den beliebtesten Getränken. Für beides nimmt man sich gerne Zeit. Der Kaffee ist ein Symbol der Gastfreundschaft. Bei der Zubereitung wird eine abgemessene Wassermenge erhitzt, Zucker eingerührt und schließlich fein gemahlenes Kaffeepulver hinzugegeben. Diese Mischung wird dann aufgekocht und in eine oder mehrere Tassen gegossen. Man wartet ein wenig, bis der Kaffeesatz sich auf den Tassenboden gesenkt hat und genießt dann seinen Kaffee ohne den Kaffeesatz hinunterzuschlucken.

M09	ohne Zucker	bi-du:n sukkar	بدون سكر
M10	mit Milch	bi-l-ḥali:b	بالحليب
M11	ohne Milch	bi-du:n ḥali:b	بدون حليب
M12	mit einem Löffel Zucker	ma* mil*aqat sukkar wa:ḥidah	مع ملعقة سكر واحدة
M13	mit zwei Löffeln Zucker	ma* mil*aqatayn min as-sukkar	مع ملعقتين من السكر
M14	mit drei Löffeln Zucker	ma* thala:that mala:*iq min as-sukkar	مع ثلاثة ملاعق من السكر
M15	Grapefruitsaft	*aṣi:r al-kri:b fru:t	عصير الكريب فروت
M16	warme Milch	ḥali:b sa:chin	حليب ساخن
M17	kalte Milch	ḥali:b ba:rid	حليب بارد
M18	Ich hätte gern ein hart gekochtes Ei zum Frühstück.	'uḥibb 'an 'afṭur bayḍah maslu:qah bi-shakl dschayyid.	أحب أن أفطر بيضة مسلوقة بشكل جيد.

M19	Ich hätte gern ein weich gekochtes Ei zum Frühstück.	'uḥibb 'an 'afṭur bayḍah maslu:qah bi-shakl chafi:f. أحب أن أفطر بيضة مسلوقة بشكل خفيف.
M20	Ich hätte gern Spiegelei zum Frühstück.	'uḥibb 'an 'afṭur bayḍ *uyu:n. أحب أن أفطر بيض عيون.
M21	Ich hätte gern Rührei zum Frühstück.	'uḥibb 'an 'afṭur bayḍ maqliyy. أحب أن أفطر بيض مقلي.

Das arabische Wort maqliyy مقلي bezeichnet sowohl Rührei als auch Omelett. Um Missverstände zu vermeiden, sollte man den Begriff *adschdschah عجة verwenden, wenn man ein Omelett bestellen möchte.

M22	Ich hätte gern Honig zum Frühstück.	'uḥibb 'an 'afṭur *asal. أحب أن أفطر عسل.
M23	Ich hätte gern Erdbeermarmelade zum Frühstück.	'uḥibb 'an 'afṭur murabba: al-firi:z. أحب أن أفطر مربى الفريز.
M24	Ich hätte gern Himbeermarmelade zum Frühstück.	'uḥibb 'an 'afṭur murabba: at-tu:t. أحب أن أفطر مربى التوت.
M25	Ich hätte gern Orangenmarmelade zum Frühstück.	'uḥibb 'an 'afṭur murabba: al-burtuqa:l. أحب أن أفطر مربى البرتقال.
M26	Ich hätte gern Grapefruit zum Frühstück.	'uḥibb 'an 'afṭur kri:b fru:t. أحب أن أفطر كريب فروت.
M27	Ich hätte gern Jogurt mit frischen Früchten zum Frühstück.	'uḥibb 'an 'afṭur laban bi-l-fawa:kih aṭ-ṭa:zadschah. أحب أن أفطر لبن بالفواكه الطازجة.
M28	Ich hätte gern Cornflakes zum Frühstück.	'uḥibb 'an 'afṭur ku:rn fliks. أحب أن أفطر كورن فليكس.

M29	Ich hätte gern eine Schale Müsli zum Frühstück.	'uḥibb 'an 'afṭur ṣaḥn min al-ku:rn fliks ma* al-fawa:kih al-mudschaffafah. أحب أن أفطر صحن من الكورن فليكس مع الفواكه المجففة.
M30	Ich hätte gern Haferflocken zum Frühstück.	'uḥibb 'an 'afṭur raqa:'iq ash-shu:fa:n. أحب أن أفطر رقائق الشوفان.
M31	Ich hätte gern ein Croissant zum Frühstück.	'uḥibb 'an 'afṭur kurwasa:n. أحب أن أفطر كروسان.
M32	Ich hätte gern ein Brötchen zum Frühstück.	'uḥibb 'an 'afṭur chubz ṣammu:n. أريد أن أفطر خبز صمون.
M33	Könnte ich noch etwas Brot bekommen?	mumkin mazi:d min al-chubz? ممكن مزيد من الخبز؟
M34	Könnte ich noch etwas Toast bekommen?	mumkin mazi:d min chubz at-tost? ممكن مزيد من خبز التوست؟
M35	Gibt es auch ungesalzene Butter ?	hal yu:dschad 'ayḍan zubdah ghayr mumallaḥah? هل يوجد أيضاً زبدة غير مملحة؟
M36	Gibt es auch ungesalzene Margarine ?	hal yu:dschad 'ayḍan marghari:n ghayr mumallaḥah? هل يوجد أيضاً مارغرين غير مملحة؟

Zum Essen ausgehen الذهاب إلى المطعم

Während in den letzten Jahren einige arabische Länder ein absolutes Rauchverbot in geschlossenen Räumen wie Bars, Restaurants, anderen gastronomischen Betrieben und öffentlichen Räumen verhängt haben, gibt es andere, in denen nur ein eingeschränktes Rauchverbot gilt, wie z. B. an Universitäten, Schulen, in Bussen und Behörden. Nichtbeachtung kann mit einem sofortigen Bußgeld geahndet werden.

M37	Gibt es ein gutes Restaurant in der Nähe?	hal yu:dschad maṭ*am dschayyid qari:b? هل يوجد مطعم جيد قريب؟
M38	Können Sie mir ein arabisches Restaurant empfehlen?	♂ hal tu:ṣi: bi-maṭ*am *arabiyy? هل توصي بمطعم عربي؟ ♀ hal tu:ṣi:n bi-maṭ*am *arabiyy? هل توصين بمطعم عربي؟
M39	Können Sie mir ein französisches Restaurant empfehlen?	♂ hal tu:ṣi: bi-maṭ*am faransiyy? هل توصي بمطعم فرنسي؟ ♀ hal tu:ṣi:n bi-maṭ*am faransiyy? هل توصين بمطعم فرنسي؟
M40	Können Sie mir ein italienisches Restaurant empfehlen?	♂ hal tu:ṣi: bi-maṭ*am 'i:ṭa:liyy? هل توصي بمطعم إيطالي؟ ♀ hal tu:ṣi:n bi-maṭ*am 'i:ṭa:liyy? هل توصين بمطعم إيطالي؟
M41	Können Sie mir eine Pizzeria empfehlen?	♂ hal tu:ṣi: bi-maḥall bi:tza:? هل توصي بمحل بيتزا؟ ♀ hal tu:ṣi:n bi-maḥall bi:tza:? هل توصين بمحل بيتزا؟

M42	Können Sie mir eine Kneipe empfehlen?	♂ hal tuːṣiː bi-ḥaːnah? ♀ hal tuːṣiːn bi-ḥaːnah?	هل توصي بحانة؟ هل توصين بحانة؟
M43	Können Sie mir eine Bar empfehlen?	♂ hal tuːṣiː bi-baːr? ♀ hal tuːṣiːn bi-baːr?	هل توصي ببار؟ هل توصين ببار؟
M44	Können Sie mir ein Café empfehlen?	m. hal tuːṣiː bi-maqhaː? f. hal tuːṣiːn bi-maqhaː?	هل توصي بمقهى؟ هل توصين بمقهى؟

Sogenannte Volkscafés sind in der arabischen Welt ein beliebter Treffpunkt für einheimische Männer, die sich entspannen und Freunde treffen wollen. Mittlerweile erfreuen sich diese Cafés auch zunehmender Beliebtheit bei Frauen. Angeboten werden verschiedene Tees, natürlich arabischer Kaffee und manchmal kleine Snacks. Man kann u. a. Backgammon oder Domino spielen und Wasserpfeife rauchen, sofern ein offener Raum vorhanden ist. Mittlerweile gibt es auch Cafés, wo man mit Freunden Fußballspiele ansehen kann.

Den richtigen Tisch bekommen الحصول على الطاولة المناسبة

M45	Ich möchte für 18 Uhr einen Tisch reservieren.	'uri:d 'an 'aḥdschiz ṭa:wilah li-s-sa:*ah as-sa:disah masa:'an. أريد أن أحجز طاولة للساعة السادسة مساءً.
M46	Ich möchte für 19 Uhr einen Tisch reservieren.	'uri:d 'an 'aḥdschiz ṭa:wilah li-s-sa:*ah as-sa:bi*ah masa:'an. أريد أن أحجز طاولة للساعة السابعة مساءً.
M47	Ich möchte für 20 Uhr einen Tisch reservieren.	'uri:d 'an 'aḥdschiz ṭa:wilah li-s-sa:*ah ath-tha:minah masa:'an. أريد أن أحجز طاولة للساعة الثامنة مساءً.
M48	Einen Tisch für zwei Personen bitte!	♂ ṭa:wilah li-shachṣayn, law samaḥt! طاولة لشخصين، لو سمحت! ♀ ṭa:wilah li-shachṣayn, law samaḥti. طاولة لشخصين، لو سمحت!
M49	Einen Tisch für fünf Personen, bitte!	♂ ṭa:wilah li-chamsat 'ashcha:ṣ, law samaḥt! طاولة لخمسة أشخاص، لو سمحت! ♀ ṭa:wilah li-chamsat 'ashcha:ṣ, law samaḥti! طاولة لخمسة أشخاص، لو سمحت!
M50	Einen Tisch am Fenster, bitte.	ṭa:wilah bi-dscha:nib an-na:fidhah, radscha:'an. طاولة بجانب النافذة، رجاءً.
M51	Könnten wir einen anderen Tisch haben?	♂ hal *indak ṭa:wilah 'uchra:? هل عندك طاولة أخرى؟ ♀ hal *indik ṭa:wilah 'uchra:? هل عندكِ طاولة أخرى؟
M52	Wir nehmen diesen da.	na'chudh ha:dhihi aṭ-ṭa:wilah. نأخذ هذه الطاولة.
M53	Haben Sie einen Hochstuhl?	hal *indakum kursiyy *a:li:? هل عندكم كرسي عالي؟
M54	Darf ich diesen Stuhl nehmen?	hal min al-mumkin 'an 'a:chudh ha:dha: al-kursiyy? هل من الممكن أن آخذ هذا الكرسي؟
M55	Ist dieser Tisch noch frei?	hal ha:dhihi aṭ-ṭa:wilah fa:ḍiyah? هل هذه الطاولة فاضية؟

Bestellen الطلب

♂ hal tuḥibb 'an taṭlub al-'a:n? هل تحب أن تطلب الآن؟ ♀ hal tuḥibbi:n 'an taṭlubi: al-'a:n? هل تحبين أن تطلبي الآن؟	Möchten Sie jetzt bestellen?
♂ ma:dha: tuḥibb 'an taṭlub? ماذا تحب أن تطلب؟ ♀ ma:dha: tuḥibbi:n 'an taṭlubi:? ماذا تحبين أن تطلبي؟	Was hätten Sie gern?
♂ ma: ṭalabak? ما طلبكَ؟ ♀ ma: ṭalabik? ما طلبكِ؟	Was darf ich Ihnen bringen?

M56	Könnten wir / Könnte ich bitte die Speisekarte bekommen?	♂ mumkin qa:'imat aṭ-ṭa*a:m, law samaḥt? ممكن قائمة الطعام، لو سمحت؟ ♀ mumkin qa:'imat aṭ-ṭa*a:m, law samaḥti? ممكن قائمة الطعام، لو سمحتِ؟
M57	Könnten wir / Könnte ich bitte die Kinderkarte bekommen?	♂ mumkin qa:'imat ṭa*a:m al-'aṭfa:l, law samaḥt? ممكن قائمة طعام الأطفال، لو سمحت؟ ♀ mumkin qa:'imat ṭa*a:m al-'aṭfa:l, law samaḥti? ممكن قائمة طعام الأطفال، لو سمحتِ؟
M58	Könnten wir / Könnte ich bitte die Dessertkarte bekommen?	♂ mumkin qa:'imat al-ḥalawiyya:t, law samaḥt? ممكن قائمة الحلويات، لو سمحت؟ ♀ mumkin qa:'imat al-ḥalawiyya:t, law samaḥti? ممكن قائمة الحلويات، لو سمحتِ؟
M59	Könnten wir / Könnte ich bitte die Getränkekarte bekommen?	♂ mumkin qa:'imat al-mashru:ba:t, law samaḥt? ممكن قائمة المشروبات، لو سمحت؟ ♀ mumkin qa:'imat al-mashru:ba:t, law samaḥti? ممكن قائمة المشروبات، لو سمحتِ؟
M60	Könnten wir / Könnte ich bitte die Weinkarte bekommen?	♂ qa:'imat an-nabi:dh, law samaḥt? ممكن قائمة النبيذ، لو سمحت؟ ♀ qa:'imat an-nabi:dh, law samaḥti? ممكن قائمة النبيذ، لو سمحتِ؟
M61	Wir möchten bestellen.	nuri:d 'an naṭlub. نريد أن نطلب.

M62	Ich hätte gern ...	'uri:d ...	أريد ...
M63	Ich hätte gern ein Glas ...	'uri:d ka's min ...	أريد كأساً من ...
M64	Wir nehmen ...	na'chudh ...	نأخذ ...
M65	Wir nehmen eine Flasche ...	na'chudh qinni:nah ...	نأخذ قنينة ...

In der arabischen Welt spielt die Religion eine große Rolle und beeinflusst viele Bereiche des täglichen Lebens. Das spiegelt sich auch bei dem Thema Essen und Trinken wider. Es ist ein offenes Geheimnis, dass das Wort *Alkohol* ursprünglich aus dem Arabischen stammt. Doch ist der Konsum von Alkohol in vielen arabischen Ländern aus religiösen Gründen nicht üblich und oft gesellschaftlich nicht akzeptabel oder sogar verboten, wie in Saudiarabien.

المشروبات أولاً

Getränke zuerst

ماء ma:'	(stilles) Wasser

Wenn Sie Wasser bestellen, kriegen Sie in der Regel stilles Wasser. Wenn Sie ein mit Kohlensäure versetztes Mineralwasser bestellen möchten, dann müssen Sie das klarmachen, indem Sie miya:h gha:ziyyah مياه غازية verlangen.

مياه معدنية غازية miya:h ma*daniyyah gha:ziyyah	Mineralwasser mit Kohlensäure
عصير البرتقال *aṣi:r al-burtuqa:l	Orangensaft
عصير العنب *aṣi:r al-*inab	Traubensaft
عصير التفاح *aṣi:r aṭ-ṭuffa:ḥ	Apfelsaft
تمر هندي tamr hindiyy	Tamarindengetränk, ein süß-säuerliches und erfrischendes Getränk
عصير الليمون *aṣi:r al-laymu:n	Limonade
عرقسوس *irqsu:s	bitter-süßes, mit einem Extrakt aus Süßholz angerührtes Getränk
كركديه karkade:h	Hibiskustee
كولا ko:la:	Cola
سحلب saḥlab	mit Erdorchideenpulver angerührte und Nüssen bestreute warme Milch

مشروبات روحية mashru:ba:t ru:ḥiyyah	Spirituosen
مشروبات كحولية عالية التركيز mashru:ba:t kuḥu:liyyah *a:liyat at-tarki:z	Hochprozentiges
بيرة bi:rah	Bier
بيرة بدون كحول bi:rah bi-du:n kuḥu:l	alkoholfreies Bier
نبيذ حلو nabi:dh hulw	lieblicher Wein
نبيذ نص مز nabi:dh nuṣṣ mazz	halbtrockener Wein
نبيذ مز nabi:dh mazz	trockener Wein
نبيذ أبيض nabi:dh 'abyaḍ	Weißwein
نبيذ روزيه nabi:dh ro:ze:h	Rosé
نبيذ أحمر nabi:dh 'aḥmar	Rotwein
شامبانيا shamba:nya:	Sekt, Champagner

Im Arabischen benutzt man für Sekt und Champagner die gleiche Bezeichnung. Am besten fragen Sie nach, welche Sorte angeboten wird. Sie können auch den Kellner bitten, Ihnen die Flaschen zu zeigen: mumkin 'an 'ara: al-qinni:nah, min faḍlak? ممكن أن أرى القنينة، من فضلك؟ *(Könnte ich bitte die Flasche sehen?).*

Zeit für das Essen
وقت الطعام

N01	Gibt es noch warme Küche?	hal tu:dschad wadschba:t sa:chinah? هل توجد وجبات ساخنة؟
N02	Ich möchte nur eine Kleinigkeit essen.	'uri:d 'an 'a:kul 'ashya:' chafi:fah. أريد أن آكل أشياء خفيفة.
N03	Ich brauche noch ein wenig Zeit, bitte! *(wenn Sie noch Zeit für Ihre Bestellung brauchen)*	♂ 'aḥta:dsch 'ila: waqt li-t-tafki:r, law samaḥt. أحتاج إلى وقت للتفكير، لو سمحت. ♀ 'aḥta:dsch 'ila: waqt li-t-tafki:r, law samaḥti. أحتاج إلى وقت للتفكير، لو سمحتِ.
N04	Was empfehlen Sie?	♂ bi-ma:dha: tanṣaḥ? بماذا تنصح؟ ♀ bi-ma:dha: tanṣaḥi:? بماذا تنصحي؟
N05	Als Vorspeise nehme ich …	ka-muqabbila:t 'a:chudh … كمقبلات آخذ …
N06	Als Hauptgericht nehme ich …	ka-wadschbah ra'i:siyyah 'a:chudh … كوجبة رئيسية آخذ …
N07	Als Nachspeise nehme ich …	ka-ḥulw 'a:chudh … كحلو آخذ …
	Könnte ich anstelle von A bitte B bekommen?	hal yumkin 'an 'a:chudh A badalan min B? هل يمكن أن آخذ A بدلاً من B؟
N08	Könnte ich noch etwas … haben?	mumkin mazi:d min …? ممكن مزيد من …؟
N09	Könnte ich noch einen / eine / ein … haben?	mumkin …? ممكن …؟
N10	Ist das scharf ?	hal ha:dha: ha:rr? هل هذا حار؟
N11	Ist das mild?	hal ha:dha: qali:l al-ḥarr? هل هذا قليل الحر؟
N12	Ist das sauer?	hal ha:dha: ḥa:miḍ? هل هذا حامض؟
N13	Ist das süß?	hal ha:dha: ḥulw? هل هذا حلو؟

N14	Würden Sie bitte ein Messer bringen?	♂ mumkin sikki:n law samaḥt? ممكن سكين، لو سمحت؟ ♀ mumkin sikki:n law samaḥti? ممكن سكين، لو سمحتِ؟
N15	Würden Sie bitte eine Gabel bringen?	♂ mumkin shawkah law samaḥt? ممكن شوكة، لو سمحت؟ ♀ mumkin shawkah law samaḥti? ممكن شوكة، لو سمحتِ؟
N16	Würden Sie bitte einen Löffel bringen?	♂ mumkin mil*aqah law samaḥt? ممكن ملعقة، لو سمحت؟ ♀ mumkin mil*aqah law samaḥti? ممكن ملعقة، لو سمحتِ؟
N17	Würden Sie bitte eine Serviette bringen?	♂ mumkin mindi:l ṭa*a:m law samaḥt? ممكن منديل طعام، لو سمحت؟ ♀ mumkin mindi:l ṭa*a:m law samaḥti? ممكن منديل طعام، لو سمحتِ؟
N18	... zum Mitnehmen	*ala: l-ma:shi: ... على الماشي
N19	Guten Appetit!	ṣiḥḥatayn! / ṣiḥte:n! صحتين!

لائحة الطعام
Die Speisekarte

المقبلات
Vorspeisen

بابا غنوج
ba:ba: ghannu:dsch

Gericht aus Auberginenmus, Tomaten, Petersilie, Zitronensaft und Knoblauch

Auberginenmus und Kichererbsenbrei sind im mittleren Osten bzw. in Syrien und im Libanon sehr beliebt und werden meist auf kleinen Tellern angeboten und mit Olivenöl beträufelt. Wenn Sie auf das Öl verzichten möchten, dann sagen Sie einfach bi-la: zayt بلا زيت (ohne Öl).

فلافل
fala:fil

Falafel: Frikadellen aus geschroteten Kichererbsen, die mit Tomaten, Joghurt und Petersilie in dünnes Fladenbrot gerollt werden

فول
fu:l

Bohnensalat aus Saubohnen, Zitronensaft, Knoblauch, Olivenöl, Kreuzkümmel, Petersilie und Tomaten; die Zubereitung dieses im Nahosten typischen Gerichts kann regional unterschiedlich ausfallen

حمص بالطحينة ḥummuṣ bi-ṭ-ṭaḥiːnah	Kichererbsenbrei mit Sesamöl und Zitronensaft
مكدوس makduːs	eine Spezialität aus blanchierten Auberginen, die mit einer Mischung aus Walnüssen, Paprika und Knoblauch gefüllt und in Olivenöl eingelegt sind
محمرة muḥammarah	Paprikamus mit Granatapfeldicksaft, gehackten Zwiebeln und Walnüssen; diese auf kleinen Tellern servierte Spezialität kann manchmal sehr scharf sein
مخلل muchallal	Eingelegtes (arabische Antipasti)

Eingelegtes isst man als leckere Vorspeise. Die verschiedensten Gemüse, wie Gurken, Paprika, Chillischoten, Möhren und Auberginen sind säuerlich mariniert und mitunter sehr scharf.

متبل mutabbal	ein Gericht aus Auberginenmus Joghurt, Knoblauch und Sesamöl

أنواع السلطات — Salate

عصير الليمون وزيت الزيتون *aṣiːr al-laymuːn wa zayt az-zaytuːn	Zitronensaft und Olivenöl
الخل وزيت الزيتون al-chall wa zayt az-zaytuːn	Essig und Olivenöl
البقلة al-baqlah	Feldsalat

Die Küche in vielen arabischen Ländern ist mediterran beeinflusst. Daher die häufige und gesunde Verwendung von Olivenöl und Zitronensaft für Salatdressings oder als Zutaten in vielen Speisen.

الخس al-chass	Eisbergsalat
فتوش fattu:sh	Salat aus Gurken, Tomaten, Radieschen, Kopfsalat, Minze und Zitronensaft und Olivenöl, angereichert mit kleinen Stücken frittierten Fladenbrotes
سلطة salaṭah	Salat aus Tomaten, Zwiebeln, Gurken, Petersilie, Zitronensaft und Olivenöl
سلطة مشكلة salaṭah mushakkalah	gemischter Salat
سلطة البطاطا salaṭat al-baṭa:ṭa:	Kartoffelsalat
سلطة الملفوف salaṭat al-malfu:f	Weißkohlsalat
سلطة الشوندر salaṭat ash-shawandar	Rote-Bete-Salat
سلطة لبن بالخيار salaṭat laban bi-l-chiya:r	Ayran (Joghurtzubereitung) mit fein geschnittenen Gurken, Minze und Knoblauch
صلصة العسل والخل ṣalṣat al-*asal wa al-chall	Honig-Senf-Dressing
صلصة الخل والزيت ṣalṣat al-chall wa az-zayt	Essig-und-Öl-Dressing

صلصة اللبن ṣalṣat al-laban	Joghurtdressing
تبولة tabbu:lah	Taboulé: Petersiliensalat mit Tomaten, Bulgurweizen, Zitronensaft und Olivenöl

أنواع الشوربات	Suppen
شوربة الدجاج shurbat ad-dadscha:dsch	Hühnersuppe
شوربة العدس shurbat al-*adas	Linsensuppe
شوربة البندورة shurbat al-banado:rah	Tomatensuppe
شوربة البصل shurbat al-baṣal	Zwiebelsuppe

شوربة الخضار shurbat al-chuḍa:r	Gemüsesuppe
شوربة السمك shurbat as-samak	Fischsuppe
شوربة الزبادي shurbat az-zaba:di:	würzige Suppe aus Joghurt, Milch, Butter, Hühnerbrühe, Sellerie, Ingwer und Knoblauch

وجبات خفيفة — Kleine Gerichte

عجة *adschdschah	Eierkuchen mit Zwiebeln und Petersilie
بطاطا مقلية baṭa:ṭa: maqliyyah	Pommes frites oder frittierte Kartoffeln
فطائر بالجبنة faṭa:'ir bi-l-dschubnah	mit Käse überbackene Hefeteigfladen
مناقيش بالزعتر mana:qi:sh bi-z-za*tar	mit einer Mischung aus Thymiangewürz und Olivenöl bestrichene Hefeteigfladen
صفيحة ṣafi:ḥah / ṣfi:ḥeh	arabische Version der Pizza: dünn mit würzigem Ragout aus Hackfleisch, Tomaten und Zwiebeln belegte Hefeteigfladen
سمبوسك sambu:sak	mit Fleisch, Käse und Spinat gefüllte und gebratene Teigtaschen
شاورما sha:warma:	gegrilltes Lamm- oder Hähnchenfleisch, das in Fladenbrot gerollt wird, serviert mit Tomatenscheiben und Scheiben von eingelegten Gurken

اللحم — Fleisch

بقر baqar	Rind
ضأن ḍa'n	Hammel
غنم ghanam	Lamm
خنزير chinzi:r	Schwein

Laut dem Koran ist Gläubigen das Schweinefleisch verboten, weshalb praktizierende Muslime keines verzehren. Schweine gelten in der islamischen Welt als unrein. Deshalb wird es weder in Restaurants noch in muslimischen Haushalten zubereitet. Auch von den Christen im arabischen Sprachraum wird es selten konsumiert.

فخذ fachidh...	...keule
فيليه file:h...	...filet
لحمة ضلع من ... laḥmat ḍil* min ...	...kotelett
لحمة مفرومة laḥmah mafru:mah	Gehacktes
لحم ... مشوي بالفرن laḥm ... mashwiyy bi-l-furn	...braten
لحم ستيك laḥm stik	Steak

شرحات ... مغطسة بالبيض والطحين shraḥa:t ... mughaṭṭasah bi-l-bayḍ wa aṭ-ṭaḥi:n.	...schnitzel
مقلية بشكل جيد maqliyyah bi-shakl dschayyid	gut durch (gebraten)
مقلية بشكل وسط maqliyyah bi-shakl wasaṭ	medium, innen rosa
على الطريقة الإنكليزية، بدمها *ala: aṭ-ṭari:qah al-'inkli:ziyyah, bi-dammha:	englisch, blutig

لحوم الطيور — Geflügel

بط baṭṭ	Ente
دجاج dadscha:dsch	Huhn
ديك رومي di:k ru:miyy	Truthahn, Pute
حبارى ḥuba:ra:	Bustard
حجل ḥadschal	Rebhuhn
فروج farru:dsch	Hähnchen
أفخاذ دجاج 'afcha:dh dadscha:dsch	Hähnchenkeule
وز wazz	Gans
حمام ḥama:m	Taube

طائر الدراج ṭa:'ir ad-darra:dsch	Fasan
صدر أو فخذ ṣadr 'aw fachidh	Brust oder Keule

السمك والمأكولات البحرية — Fisch und Meeresfrüchte

الأسقلوب al-'isqallu:b	Kammmuscheln
البطلينوس al-baṭli:nus	Venusmuscheln
الحبّار al-ḥabba:r	Tintenfisch
القريدس al-quraydis	Krabben, Shrimps
جراد البحر dschara:d al-baḥr	Krebs
سمك أبو الشص samak 'abu: ash-shaṣṣ	Seeteufel
سمك أبو سيف samak 'abu: sayf	Schwertfisch
سمك الأبراميس samak al-'abra:mis	Meerbrasse
سمك الأسقُمري samak al-'asqumriyy	Makrele
سمك البلايس samak al-blays	Scholle
سمك البوري samak al-bu:riyy	Meeräsche
سمك المياس samak al-mayya:s	Blaufisch

سمك الميرلان samak al-mi:rla:n	Merlan
سمك المشط samak al-mishṭ	Tilapia
سمك القد samak al-qadd	Kabeljau
سمك الشبوط samak ash-shabbu:ṭ	Karpfen
سمك الشفنين samak ash-shafni:n	Rochen
سمك السلمون samak as-salamu:n	Lachs
سمك السردين samak as-sirdi:n	Sardine
سمك السلطان إبراهيم samak as-sulṭa:n 'ibra:hi:m	Rotbarbe
سمك الترويت المسلوق samak at-tarwi:t al-maslu:q	Forelle
سمك الطون samak aṭ-ṭu:n	Thunfisch
سمك موسى samak mu:sa:	Seezunge
سمك زبيدي samak zubaydiyy	Butterfisch

أنواع الخضار والفطر — Gemüse und Pilze

الجرجير al-dschirdschi:r	Ruccola, Rauke
القرنبيط al-qarnabi:ṭ	Blumenkohl

أوراق الكرفس 'awra:q al-krafs	Staudensellerie
أوراق السبانخ 'awra:q as-saba:nich	Blattspinat
باذنجان ba:dhindscha:n	Aubergine
بامياء ba:mya:'	Okra
بصل baṣal	Zwiebel
بازلاء ba:zilla:'	Erbsen
بازلاء غضة ba:zilla:' ghaḍḍah	junge Erbsen
بازلاء حلوة ba:zilla:' ḥulwah	Zuckerschoten
بروكولي bru:kli:	Brokkoli

جزر dschazar	Karotten, Möhren
فاصولياء بيضاء fa:ṣu:lya: bayḍa:'	weiße Bohnen
فاصولياء خضراء fa:ṣu:lya: chaḍra:'	grüne Bohnen
هليون halyu:n	Spargel
حمص ḥummuṣ	Kichererbsen
كرفث kurfuth	Sellerieknolle
كراث kurra:th	Lauch
كوسا ku:sa:	Zucchini
لفت lift	Mairübe (kleine Speiserübe)
ملفوف أخضر malfu:f 'achḍar	Grünkohl
ملفوف أبيض malfu:f 'abyaḍ	Weißkohl
ملفوف أحمر malfu:f 'aḥmar	Rotkohl
قرع qar*	Kürbis, insbesondere Zucchini
قرون الفليفلة الخضراء quru:n al-fulayfilah al-chaḍra:'	grüne Paprikaschote
قرون الفليفلة الصفراء quru:n al-fulayfilah aṣ-ṣafra:'	gelbe Paprikaschote

قرون الفليفلة الحمراء quru:n al-fulayfilah al-ḥamra:'	rote Paprikaschote
سلق silq	Mangold
الفطر المحاري al-fiṭr al-maḥa:riyy	Austernpilze
فطر fiṭr	Champignons
كمأة kam'ah	Trüffel

طريقة التحضير — Zubereitungsart

بالصلصة bi-ṣ-ṣalṣah	in Soße
بالتتبيلة bi-tatbi:lah	mariniert
خضار باللحم chuḍa:r bi-l-laḥm	Fleischeintopf
خضار مطبوخة chuḍa:r maṭbu:chah	≈ Eintopf
مخبوز machbu:z	gebacken
مشوي mashwiyy	gegrillt
مسلوق لعدة دقائق maslu:q li-*iddat daqa:'iq	blanchiert
مقلي بقليل من الزيت maqliyy bi-qali:l min az-zayt	gebraten
مطبوخ maṭbu:ch	gekocht

مطبوخ على البخار maṭbu:ch *ala: al-bucha:r	gedämpft
مطبوخ على نار هادئة maṭbu:ch *ala: na:r ha:di'ah	geschmort
مقلي بكثير من الزيت maqliyy bi-kathi:r min az-zayt	frittiert
مدخّن mudachchan	geräuchert
مغطى بالكعك المطحون mughaṭṭa: bi-l-ka*k al-maṭḥu:n	paniert
مخلل muchallal	gepickelt
مُحمَّر muḥammar	im Ofen gebraten
مُحمَّص muḥammaṣ	geröstet
مملح mumallaḥ	gesalzen
سيخ si:ch	Spießchen
سوفليه su:fle:h	Soufflé

الملحقات — Beilagen

بطاطا بالفرن baṭa:ṭa: bi-l-furn	Ofenkartoffel
بطاطا مسلوقة baṭa:ṭa: maslu:qah	Salzkartoffeln
بطاطا مهروسة baṭa:ṭa: mahru:sah	Kartoffelbrei

بطاطا مقلية baṭa:ṭa: maqliyyah	Pommes frites
معكرونة ma*karo:nah	Nudeln
رز ruzz	Reis
رز بسمتي ruzz basmatiyy	Basmati Reis

الأعشاب والتوابل Kräuter und Gewürze

الفجل الحار al-fidschl al-ḥa:rr	Meerrettich
الريحان ar-rayḥa:n	Basilikum
بقدونس baqdu:nis	Petersilie
جوزة الطيب dschawzat aṭ-ṭi:b	Muskatnuss

فلفل أسود filfil 'aswad	schwarzer Pfeffer
فلفل أخضر filfil 'achḍar	grüner Pfeffer
فلفل أبيض filfil 'abyaḍ	weißer Pfeffer
حب الهال ḥabb al-ha:l	Kardamom
حب الشمرة ḥabb ash-shumrah	Fenchelsamen
إكليل الجبل 'ikli:l al-dschabal	Rosmarin
كمون kammu:n	Kreuzkümmel
كزبرة kazbarah	Koriander
خردل chardal	Senf
كراويا kra:wya:	Kümmel
سماق samma:q	Sumach
سمسم simsim	Sesam
شمرة shamrah	Kümmel
مريمية maryamiyyah	Salbei
مايوران mayu:ra:n	Majoran

ملح milḥ	Salz
نبات الرشاد naba:t ar-rasha:d	Kresse
نعناع na*na:*	Minze
قرفة qirfah	Zimt
قرنفل qurunful	Nelken
طرخون ṭarchu:n	Estragon
ثوم thawm	Knoblauch
ورق الغار waraq al-gha:r	Lorbeerblätter
زعفران za*fara:n	Safran
زنجبيل zandschabi:l	Ingwer
زعتر za*tar	Thymian
يانسون ya:nsu:n	Anis

الحلويات — Nachspeisen

بقلاوة baqla:wah	Baklava: sehr süße Blätterteigteilchen mit Honig und Nüssen

N20 Wir würden gern eine Nachspeise bestellen.
نحب أن نطلب حلويات.
nuḥibb 'an naṭlub ḥalawiyya:t.

بوظة بالفانيلا bu:ẓah bi-l-fanilla:	Vanilleeis
بوظة بالفريز bu:ẓah bi-l-fre:z	Erdbeereis
بوظة بالشوكولاته bu:ẓah bi-sh-shukula:tah	Schokoladeneis
بوظة بالليمون bu:ẓah bi-l-laymu:n	Zitroneneis
بالقشطة bi-l-qishṭah	mit Schlagsahne
فريز طازج مع القشطة fre:z ṭa:zadsch ma* al-qishṭah	frische Erdbeeren mit Sahne
هريسة hari:sah	süße, gebackene Nachspeise aus Grieß, geraspelter Kokosnuss, Butter und Zucker

Achtung: In nordafrikanischen Ländern wie Tunesien bezeichnet *Harissa* keine Süßspeise, sondern eine sehr scharfe Gewürzpaste aus frischen Chilischoten. Die oben genannte Süßspeise wird dort basbu:sah بسبوسة genannt.

كنافة نابلسية kuna:fah na:bulsiyyah	süße Nachspeise, die aus Fadenteig, Zucker und ungesalzenem Weichkäse gemacht wird
مبرومة mabru:mah	gerollter Fadenteig, der mit Pistazien gefüllt und erst in Fett ausgebraten und dann mit Zuckersirup begossen wird
معمول بالعجوة ma*mu:l bi-l-*adschwah	eine aus Mehl, Butterschmalz und Zucker gebackene Mehlspeise mit Dattelfüllung

معمول بالفستق ma*mu:l bi-l-fustuq	eine aus Mehl, Butterschmalz und Zucker gebackene Mehlspeise mit Pistazienfüllung
قطايف بالجوز qaṭa:yif bi-l-dschawz	mit Walnüssen gefüllte Pfannkuchen, die frittiert oder gebacken und mit Zuckersyrup übergossen werden
قطايف بالقشطة qaṭa:yif bi-l-qishṭah	frittierte oder gebackene Pfannkuchentäschchen, die mit Sahne gefüllt und mit Zuckersirup übergossen werden
سلطة الفواكه salaṭat al-fawa:kih	Obsalat

أنواع الجبنة

Käseauswahl

جبنة حلوم dschubnah ḥallu:m	Halloumi-Käse: salziger und mit Minze verfeinerter Käse aus Schafs-, Ziegen- oder Kuhmilch
جبنة حلوة dschubnah ḥulwah	meist aus Schafmilch hergestellter ungesalzener Weichkäse
جبنة مشللة dschubnah mushallalah	salziger Käsezopf aus Schafsmilch, Spezialität in Syrien, Libanon und Palästina

Im arabischen Raum werden Käse meist aus Schafs- oder Kuhmilch hergestellt, wobei Schafskäse in der Regel bevorzugt wird. In einigen Regionen bekommt man auch Ziegen- oder sogar Kamelkäse. Der Käse wird in Salzlake eingelegt, um ihn haltbar zu machen. In Europa bekannte und beliebte Käsesorten bekommt man manchmal im Supermarkt.

الشاي والقهوة — Tee und Kaffee

فنجان ... ... findscha:n	eine Tasse ...
إبريق ... ... 'ibri:q	eine Kanne ...
ماكياتو ma:kya:to:	Latte macchiato
قهوة qahwah	Kaffee
قهوة مفلترة qahwah mufaltarah	Filterkaffee
قهوة مفلترة بدون كافيين qahwah mufaltarah bi-du:n kafi:n	koffeinfreier Filterkaffee

Der arabische Mokka wird zusammen mit dem Zucker gekocht. Bestellt man einen arabischen Kaffee, wird deshalb gleich bei der Bestellung die Frage gestellt, wie süß man ihn trinken möchte: ohne Zucker (bi-du:n sukkar بدون سكر), mit wenig Zucker (sukkar chafi:f سكر خفيف), mittel (wasaṭ وسط) oder mit viel Zucker (hulwah حلوة). Für jede Variante wird der Kaffee dann extra gekocht und in einer kleinen Tasse serviert.

قهوة مرة qahwah murrah	sehr starker, bitterer Kaffee, der ursprünglich von den Beduinen eingeführt wurde
شاي أسود sha:y 'aswad	schwarzer Tee
شاي أخضر sha:y 'achḍar	grüner Tee
شاي بالنعناع sha:y bi-n-na*na:*	Pfefferminztee

شاي بالقرفة sha:y bi-l-qirfah	Tee mit Zimtgeschmack
زهورات zuhu:ra:t	Kräutertee
بتيفور bitifo:r	Petit Four
كاتو التفاح ka:to:h at-tuffa:ḥ	Apfelkuchen
كاتو بالشوكولاتة ka:to:h bi-sh-shukula:tah	Schokoladenkuchen
كاتو بالفواكه ka:to:h bi-l-fawa:kih	Früchtekuchen
كيك بالزبيب ke:k bi-z-zabi:b	Sultaninenkuchen

وجبات مصرية
Ägyptische Spezialitäten

اليخني al-yachniyy	Eintopf aus Gemüse, Rindfleisch, Zwiebeln, Butter, Knoblauch und Tomatensoße
الرز المعمر ar-ruzz al-mu*ammar	gebackener Auflauf, der aus vorgekochtem Geflügel- oder Lammfleisch, Reis, Joghurt, Milch, Butterschmalz und Sahne besteht
بامية ba:myah	Okra, Fleisch und Tomatensoße
برياني الروبيان birya:ni: ar-rubya:n	Reisgericht mit Krabben, Zwiebeln, Knoblauch, Butterschmalz und Tomatenmark; garniert mit Röstzwiebeln und Koriander
فتة اللحم fatat al-laḥm	Gericht aus gekochtem Fleisch, Fleisch- oder Hühnerbrühe, Joghurt und Knoblauch auf einem Bett aus gerösteten Fladenbrotstücken
فول مدمس fu:l mudammas	gekochte Saubohnen; die Zubereitung variiert regional: mit Butter und Knoblauch oder Tomaten, Paprika und Knoblauch.
حمام محشي بالفريك ḥama:m maḥshiyy bi-l-firi:k	im Ofen gegarte Tauben, die mit gekochtem Weizen gefüllt sind
كشري kushariyy	Nudeln, Reis, Linsen, Knoblauch und Zwiebeln mit (eventuell sehr scharfer) Tomatensoße

ملوخية malu:chiyyah	Gericht aus den Blättern der Langkapseligen Jute (einem Malvengwächs) mit Hühnerfleisch oder rotem Fleisch; als Beilage wird meist Reis gereicht
صيادية السمك ṣayya:diyat as-samak	Fisch auf einem Reisbett, mit Knoblauch und Zwiebeln
طعمية ṭa*miyyah	wohl die bekannteste ägyptische Spezialität: frittierte, würzige Frikadellen aus geschroteten Saubohnen

Marokkanische Spezialitäten

مأكولات مغربية

الحريرة المغربية al-ḥari:rah al-maghribiyyah	würziger Linsen- und Kichererbseneintopf mit Tomaten, gewürfeltem Lamm- oder Rindfleisch; wird häufig auch als Suppe gereicht
اللوبيا البيضاء al-l-u:bya: al-bayḍa:'	Eintopf aus gekochtem Fleisch, Bohnen, Zwiebeln, Knoblauch, Paprika, Tomaten und Fleischbrühe
بسطيلة حلوة بالدجاج basṭilah ḥulwah bi-d-dadscha:dsch	süße, kuchenähnliche Speise aus gekochtem und aufgelösten Hähnchenfleisch mit Eiern, Mandeln, Rosenwasser, Zucker und Zimt
بيصارة بالفول اليابس bi:ṣa:rah bi-l-fu:l al-ya:bis	Saubohnensuppe mit Knoblauch und Kreuzkümmel
بو لفاف bu: lufa:f	Grillspießchen mit Lammleberstückchen, die in einen Fettmantel gewickelt sind

جلبانة بالبيض dschilba:nah bi-l-bayḍ	im traditionellen Dampfkochtopf zubereitetes Erbsengericht mit Eiern, Zwiebeln, Knoblauch, Ingwer und Koriander
كسكس kuskus	Couscousgericht

Dieses Gericht ist in den nordafrikanischen Ländern sehr beliebt. Zubereitung und Zutaten variieren regional. Zentraler Bestandteil ist der Couscous, ein aus Weizen, Hirse oder Gerste hergestellter Grieß. Man kocht Gemüse und Fleisch, durchaus auch Kamelfleisch, in einem Topf. In einem Aufsatz gart darüber gleichzeitig der Getreidegrieß. Die Fleisch-Gemüse-Mischung wird dann auf dem Grieß angerichtet serviert.

مروزية maru:ziyyah	Lammgericht mit Zwiebeln, Rosinen, Mandeln und Safran
سلطة العدس salaṭat al-*adas	Linsensalat mit Tomatenmark, Petersilie, Koriander und Knoblauch
شكشوكة shakshu:kah	Salat aus gegrilltem Paprika, angebratenen Tomaten, Knoblauch, Salz, Petersilie und Koriander
طاجين بالقرع ṭadschi:n bi-l-qar*	im Dampfkochtopf gegartes Gericht aus Lammfleisch, Zucchini, Paprika, Tomaten, Zwiebeln, Knoblauch, Ingwer, Koriander und Petersilie
طاجين بالسمك ṭadschi:n bi-s-samak	im Dampfkochtopf zubereitetes Gericht aus Fisch, Reis, Paprika, Tomatensoße, Knoblauch, Kreuzkümmel, Koriander und Petersilie

Die marokkanische Küche ist sehr vielfältig. Besonders bekannt und zu empfehlen sind die aromatischen Tadschin-Gerichte, die im traditionellen Dampfkochtopf gegart werden. Die Zusammenstellung der Zutaten variiert; zwei schmackhafte Möglichkeiten sind oben aufgeführt.

مأكولات سورية ولبنانية

Syrische und libanesische Spezialitäten

فاصولياء بالزيت faːṣuːliyaː bi-z-zayt	mit Olivenöl, Knoblauch und frischen Tomaten gekochtes Bohnengericht, das auch manchmal als Vorspeise angeboten wird
كبسة kabsah	Reisgericht mit Lamm- oder Hähnchenfleisch, Zwiebeln, Tomaten, Knoblauch, Safran, Kardamom, Muskat und Pfeffer
كبة بلبنية kibbah bi-l-labaniyyah	Bällchen, die aus einer Bulgurweizen-Fleisch-Mischung geformt und in Joghurtsoße gekocht werden

كبة مقلية kibbah maqliyyah	frittierte Bällchen aus einer Bulgurweizen-Fleisch-Mischung, die mit einer Kombination aus Hackfleisch und Pinienkernen oder Walnüssen gefüllt werden
مقلوبة maqlu:bah	in einer Form wird eine Schicht aus frittierten Auberginenscheiben oder anderen Gemüsen und vorgekochtem, aufgelöstem Hühnerfleisch von einer weiteren Schicht aus Reis bedeckt; nach dem Backen wird die Form umgestülpt, sodass die Reisschicht zuunterst ist
شرحات مطفاية sharaḥa:t maṭa:fiyyah	dünne, gebratene Lammsteaks, die mit einer säuerlichen Knoblauchsoße gewürzt werden; manchmal wird auch Rindfleisch oder Huhn verwendet
شيخ المحشي she:ch al-maḥshiyy	mit einer Mischung aus angebratenem Hackfleisch und Pinienkernen gefüllte Zucchini, die in Joghurtsoße gekocht werden; dazu wird meist Reis gegessen
أوزي 'u:zi:	im Ofen gebackene Blätterteigpäckchen, die mit Reis, Erbsen und gerösteten Mandeln gefüllt sind

Sonderwünsche — الرغبات الخاصة

N21	Ich esse kein Fleisch.	la: 'a:kul al-laḥm.	لا آكل اللحم.
N22	Ich esse kein Schweinefleisch.	la: 'a:kul laḥm al-chinzi:r.	لا آكل لحم الخنزير.
N23	Haben Sie auch etwas Vegetarisches?	♂ hal *indak ṭa*a:m naba:tiyy?	هل عندك طعام نباتي؟
		♀ hal *indik ṭa*a:m naba:tiyy?	هل عندكِ طعام نباتي؟
N24	Ich trinke keinen Alkohol.	la: 'ashrab al-kuḥu:l.	لا أشرب الكحول.
N25	Ich habe eine Allergie gegen Ei.	*indi: ḥasa:siyah tudscha:h al-bayḍ.	عندي حساسية تجاه البيض.
N26	Ich habe eine Allergie gegen Glutamat.	*indi: ḥasa:siyah tudscha:h al-glu:ta:ma:t.	عندي حساسية تجاه الغلوتامات.
N27	Ich habe eine Allergie gegen Kuhmilch.	*indi: ḥasa:siyah tudscha:h ḥali:b al-baqar.	عندي حساسية تجاه حليب البقر.
N28	Ich habe eine Allergie gegen Nüsse.	*indi: ḥasa:siyah tudscha:h al-mukassara:t.	عندي حساسية تجاه المكسرات.
N29	Ich habe eine Allergie gegen Weizen.	*indi: ḥasa:siyah tudscha:h al-qamḥ.	عندي حساسية تجاه القمح.
N30	Ich habe eine Allergie gegen Tomaten.	*indi: ḥasa:siyah tudscha:h aṭ-ṭama:ṭim.	عندي حساسية تجاه الطماطم.
N31	Sind da Nüsse drin?	hal yaḥtawi: ha:dha: *ala: l-mukassara:t?	هل يحتوي هذا على المكسرات؟
N32	Ist das halal?	hal ha:dha: ḥala:l?	هل هذا حلال؟
N33	für Diabetiker geeignet	muna:sib li-marḍa: as-sukkar	مناسب لمرضى السكر

Beanstanden und loben الشكوى والمديح

N34	Wir warten schon länger.	naḥnu nantaẓir mundhu waqt ṭawi:l. نحن ننتظر منذ وقت طويل.
N35	Das habe ich nicht bestellt.	lam 'aṭkub ha:dha:. لم أطلب هذا.
N36	Das schmeckt mir nicht.	la: 'uḥibb ha:dha:. لا أحب هذا.
N37	Das möchte ich zurückgehen lassen.	'uri:d 'irdscha:* ha:dha:. أريد إرجاع هذا.
N38	Kann ich bitte etwas anderes haben?	♂ mumkin 'a:chudh shay' 'a:char, law samaḥt? ممكن آخذ شيء آخر، لو سمحت؟ ♀ mumkin 'a:chudh shay' 'a:char, law samaḥti? ممكن آخذ شيء آخر، لو سمحتِ؟
N39	Das Essen ist versalzen.	aṭ-ṭa*a:m ma:liḥ. الطعام مالح.
N40	Das Essen ist angebrannt.	aṭ-ṭa*a:m ma:ḥru:q. الطعام محروق.
N41	Das Essen ist kalt.	aṭ-ṭa*a:m ba:rid. الطعام بارد.
N42	Das Essen ist nicht richtig gar.	aṭ-ṭa*a:m laysa na:ḍidsch. الطعام ليس ناضج
N43	Der Fisch ist nicht frisch.	as-samak laysa ṭa:zadsch. السمك ليس طازج.
N44	Das Fleisch ist zu trocken.	al-laḥm na:shif dschiddan. اللحم ناشف جداً.
N45	Das Brot ist hart.	al-chubz qa:si:. الخبز قاسي.
N46	Das Fleisch ist zäh.	al-laḥm *a:si:. اللحم عاسي.
N47	Es hat gut geschmeckt.	ka:n aṭ-ṭa*a:m dschayyid. كان الطعام جيد.
N48	Es hat hervorragend geschmeckt.	ka:n aṭ-ṭa*a:m ra:'i*. كان الطعام رائع.
N49	Das ist sehr lecker!	ha:dha: ladhi:dh dschiddan. هذا لذيذ جداً!

Bezahlen الدفع

Die Rechnung im Restaurant wird in der Regel als Ganzes abkassiert. Als Geste der Gastfreundlicheit und der Freundschaft ist es üblich, dass eine Person die gesamten Kosten übernimmt. In der Regel ist es derjenige, der zum Restaurant gebeten hat. Normalerweise zahlt übrigens der Mann. Als Trinkgeld für die Bedienung werden mindestens 10 Prozent der Gesamtrechnung erwartet.

N50	Die Rechnung, bitte!	♂ al-ḥisa:b, law samaḥt! الحساب، لو سمحت! ♀ al-ḥisa:b, law samaḥti! الحساب، لو سمحتِ!
N51	Da ist ein Fehler auf der Rechnung.	huna:k chaṭa' fi: al-ḥisa:b. هناك خطأ في الحساب.
N52	Kann ich mit Kreditkarte zahlen?	mumkin ad-daf* bi-l-biṭa:qah al-bankiyyah? ممكن الدفع بالبطاقة البنكية؟
N53	Ich zahle in bar.	'adfa* naqdan. أدفع نقداً.
N54	Ich zahle mit Karte.	'adfa* bi-l-biṭa:qah. أدفع بالبطاقة.
N55	Kann ich bitte einen Beleg haben?	♂ mumkin waṣl bi-l-mablagh, law samaḥt? ممكن وصل بالمبلغ، لو سمحت؟ ♀ mumkin waṣl bi-l-mablagh, law samaḥti? ممكن وصل بالمبلغ، لو سمحتِ؟
N56	Der Rest ist für Sie.	♂ al-baqiyyah lak. البقية لكَ. ♀ al-baqiyyah lik. البقية لكِ.
N57	Ich bekomme noch Wechselgeld.	'ayna baqiyyat al-mablagh? أين بقية المبلغ؟

وقت التسوق

Zeit für den Einkauf

Ganz allgemein — أمور عامة

001	Wann macht das Geschäft auf?	mata: yaftaḥ al-maḥal? متى يفتح المحل؟
002	Wann öffnen die Geschäfte?	mata: taftaḥ al-maḥalla:t at-tidscha:riyyah? متى تفتح المحلات التجارية؟
003	Wann schließen die Geschäfte?	mata: tughliq al-maḥalla:t at-tidscha:riyyah? متى تغلق المحلات التجارية؟
004	Gibt es eine Bäckerei?	hal huna:k machbaz? هل هناك مخبز؟
005	Gibt es einen Baumarkt?	hal huna:k maḥal li-bay* 'adawa:t al-bina:'? هل هناك محل لبيع أدوات البناء؟
006	Gibt es einen Basar?	hal huna:k baza:r? هل هناك بازار؟
007	Gibt es ein Geschäft, das Camping Zubehör verkauft?	hal huna:k maḥal li-bay* lawa:zim at-tachyi:m? هل هناك محل لبيع لوازم التخييم؟
008	Gibt es ein Fischgeschäft in der Nähe?	hal huna:k maḥal li-bay* 'adawa:t ṣayd as-samak bi-l-qurb min huna:? هل هناك محل لبيع أدوات صيد السمك بالقرب من هنا؟

Einen orientalischen Markt nennt man su:q سوق oder (nach dem Persischen) bazar بازار. Er befindet sich häufig in der Nähe der wichtigsten Moschee vor Ort. Geschäfte und Stände, die ähnliche Waren verkaufen, liegen nah beieinander, sodass man die Konkurrenz schnell überblicken kann. Lassen Sie sich auf das bunte Treiben ein und feilschen Sie mit Händen und Füßen, denn das gehört hier zum guten Ton. Sollte es Preisschilder geben, was selten der Fall ist, dann bieten diese einen Ausgangspunkt zum Handeln.

009	Gibt es ein Juweliergeschäft in der Nähe?	hal huna:k maḥal li-bay* al-mudschawhara:t bi-l-qurb min huna:? هل هناك محل لبيع المجوهرات بالقرب من هنا؟

010	Gibt es ein Kaufhaus in der Nähe?	hal yu:dschad markaz tidscha:riyy bi-l-qurb min huna:? هل يوجد مركز تجاري بالقرب من هنا؟
011	Gibt es einen Markt in der Nähe?	hal huna:k su:q bi-l-qurb min huna:? هل هناك سوق بالقرب من هنا؟
012	Gibt es eine Metzgerei in der Nähe?	hal yu:dschad laḥḥa:m bi-l-qurb min huna:? هل يوجد لحام بالقرب من هنا؟
013	Gibt es ein Obst- und Gemüsegeschäft in der Nähe?	hal huna:k maḥal li-bay* al-chuḍa:r wa al-fawa:kih? هل هناك محل لبيع الخضار والفواكه بالقرب من هنا؟
014	Gibt es ein Spielzeuggeschäft in der Nähe?	hal huna:k maḥal li-bay* al-'al*a:b bi-l-qurb min huna:? هل هناك محل لبيع الألعاب بالقرب من هنا؟
015	Gibt es hier ein Sportgeschäft?	hal huna:k maḥal li-bay* al-'adawa:t ar-riya:ḍiyyah? هل هناك محل لبيع الأدوات الرياضية؟
016	Gibt es einen Supermarkt in der Nähe?	hal huna:k subarmarket bi-l-qurb min huna:? هل هناك سوبرماركت بالقرب من هنا؟
017	Gibt es einen Zeitungshändler in der Nähe?	hal huna:k ba:'i* dschara:'id bi-l-qurb min huna:? هل هناك بائع جرائد بالقرب من هنا؟

♂ hal taḥta:dsch 'ila: musa:*adah? هل تحتاج إلى مساعدة؟ ♀ hal taḥta:dschi:n 'ila: musa:*adah? هل تحتاجين إلى مساعدة؟	Kann ich Ihnen behilflich sein?
♂ hal tabḥath *an shay' mu*ayyan? هل تبحث عن شيء معين؟ ♀ hal tabḥathi:n *an shay' mu*ayyan? هل تبحثين عن شيء معين؟	Suchen Sie etwas Bestimmtes?

018	Ich suche ...	'abḥath *an ...	أبحث عن ...
019	Ich hätte gern ...	'arghab bi	أرغب ب ...

020	Wo finde ich ...?	'ayna 'dschid ...?	أين أجد ...؟
021	Verkaufen Sie ...?	♂ hal tabiː* ...? ♀ hal tabiː*iːn ...?	هل تبيع ...؟ هل تبيعين ...؟
022	Ich nehme diesen / dieses hier.	'uriːd haːdhaː.	أريد هذا.
023	Ich nehme diese hier.	'uriːd haːdhihi.	أريد هذه.
024	Diesen / Dieses da.	haːdhaː.	هذا.
025	Diese da.	haːdhihi.	هذه.
026	Der / Die / Das da, bitte.	haːdhaː, law samaḥt.	هذا، لو سمحت.

'ayy ṭalab 'aːchar?	أي طلب آخر؟	Darf es noch etwas sein?

027	Nein danke, das wäre alles.	laː shukran, haːdhaː kull shya'. لا شكراً، هذا كل شيء.
028	Könnte ich eine Tüte bekommen?	mumkin kiːs? ممكن كيس؟
029	Könnten Sie das als Geschenk einpacken?	♂ hal yumkin 'an taluffhaː ka-hadiyyah? هل يمكن أن تلفها كهدية؟ ♀ hal yumkin 'an taluffiːhaː ka-hadiyyah? هل يمكن أن تلفيها كهدية؟

Lebensmittel — المواد الغذائية

030	Milchprodukte	mushtaqqa:t al-ḥali:b	مشتقات الحليب
031	Vollmilch	ḥali:b ka:mil ad-dasam	حليب كامل الدسم
032	fettarme Milch	ḥali:b qali:l ad-dasam	حليب قليل الدسم
033	Magermilch	ḥali:b maqshu:d	حليب مقشود
034	Joghurt	laban	لبن
035	Schlagsahne	qishṭah	قشطة
036	Käseaufschnitt	shara:'iḥ al-dschubnah	شرائح الجبنة
037	Wurstaufschnitt	shara:'iḥ as-sudschuq	شرائح السجق
038	Salami	laḥm as-sala:mi:	لحم السلامي
039	Brot und Gebäck	al-chubz wa al-mu*adschdschana:t	الخبز والمعجنات
040	Vollkornbrot	chubz ka:mil al-ḥubu:b	خبز كامل الحبوب
041	Roggenbrot	chubz al-dschawda:r	خبز الجاودار
042	Weizenbrot	chubz al-qamḥ	خبز القمح
043	Kuchen	ka:to:	كاتو
044	Sahnekuchen	ka:to: bi-l-kre:ma:	كاتو بالكريما
045	Gebäck	mu*adschdschana:t	معجنات
046	Blätterteig	raqa:'iq al-*adschi:n	رقائق العجين
047	Keks	ka*k	كعك

Arabische Pfannkuchen sind echte Leckerbissen. Es sind kleine, mit Walnüssen oder Sahne gefüllte Pfannkuchenstücke, die mit Zuckersirup übergossen werden.

qaṭa:yif	قطايف	arabischer Pfannkuchen

bara:ziq / bara:zi'	برازق	süße Teilchen, die mit Sesam und Pistazien belegt sind und gern zum Tee oder Kaffee genascht werden
ghraybeh	غريبة	süße Teilchen aus Mehl und Butterschmalz, die auf der Zunge zergehen

048	Obst	fawa:kih	فواكه
049	Birne	'adscha:ṣ	أجاص
050	Erdbeeren	fre:z	فريز
051	Ananas	'ana:na:s	أناناس
052	Melone	biṭṭi:ch 'aṣfar	بطيخ أصفر
053	Apfelsine	burtuqa:l	برتقال
054	Nektarine	durra:q 'amlas	دراق أملس
055	Pfirsich	durra:q machmaliyy	دراق مخملي

056	Pampelmuse	gre:b fru:t	غريب فروت
057	Trauben	*inab	عنب
058	Kirschen	karaz	كرز
059	Pflaume	chawch	خوخ
060	Kiwi	ki:wi:	كيوي
061	Mango	mango:	مانغو
062	Banane	mawz	موز
063	Granatapfel	rumma:n	رمان
064	Apfel	tuffa:ḥ	تفاح
065	Himbeeren	tu:t al-*ille:q	توت العليق
066	Brombeeren	tu:t sha:miyy	توت شامي
067	Datteln	tamr	تمر

Eine umfassende Auflistung der Gemüse-, Kräuter-, Käse-, Fisch- und Fleischsorten sowie der Getränke finden Sie im Kapitel *Gastronomisches und Kulinarisches*.

068	Fertiggerichte	wadschaba:t dscha:hizah	وجبات جاهزة
069	Gefrierkost	ṭa*a:m mudschammad	طعام مجمد

Wo im Supermarkt ...? أين في السوبر الماركت ...؟

01	Wo finde ich ...?	'ayna 'adschid ...?	أين أجد ...؟

fiː ath-thallaːdschah	في الثلاجة	in der Kühltruhe
fiː qism al-dschubnah	في قسم الجبنة	an der Käsetheke
fiː qism al-luḥuːm	في قسم اللحوم	an der Fleischtheke
fiː al-mamarr ath-thaːniː	في الممر الثاني	im zweiten Gang
fiː al-mamarr al-'achiːr	في الممر الأخير	im letzten Gang
fiː ar-raf al-*ullwiyy	في الرف العلوي	ganz oben im Regal
fiː ar-raf as-sufliyy	في الرف السفلي	unten im Regal

02	Könnten Sie mir bitte zeigen, wo?	♂ hal yumkin 'an tadullniː *alaː al-makaːn, law samaḥt? هل يمكن أن تدلني على المكان، لو سمحت؟ ♀ hal yumkin 'an tadulliːniː *alaː al-makaːn, law samaḥti? هل يمكن أن تدليني على المكان، لو سمحتِ؟

Wie viel darf es sein? ما الكمية؟

03	Ich hätte gern ein Kilo	'uriːd kiːloː ...	أريد كيلو...
04	Ich hätte gern ein halbes Kilo ...	'uriːd niṣf kiːloː ...	أريد نصف كيلو ...
05	Ich hätte gern hundert Gramm ...	'uriːd mi'at graːm ...	أريد مئة غرام ...
06	Ich hätte gern fünf Scheiben ...	'uriːd chams sharaː'iḥ min ...	أريد خمس شرائح ...
07	Ich hätte gern ein kleines Stück ...	'uriːd qiṭ*ah ṣaghiːrah min ...	أريد قطعة صغيرة من...

P08	Ich hätte gern ein großes Stück ...	'uri:d qiṭ*ah kabi:rah min ... أريد قطعة كبيرة من...
P09	Noch etwas mehr, bitte.	♂ 'akthar qali:lan, law samaḥt. أكثر قليلاً، لو سمحت. ♀ 'akthar qali:lan, law samaḥti. أكثر قليلاً، لو سمحتِ.
P10	Das reicht.	ha:dha: yakfi:. هذا يكفي.

Körperpflege und Gesundheit العناية بالجسد والصحة

ṣaydaliyyah	صيدلية	Apotheke

Apotheken erkennen Sie in der Regel an dem Symbol des grünen Halbmonds – dem muslimischen Pendant des roten Kreuzes.
Viele in Deutschland verschreibungspflichtige Medikamente, wie manche Antibiotika, können Sie in mehreren arabischen Ländern ohne Rezept erhalten.

P11	Ich bräuchte Zahnpflegeprodukte.	'aḥta:dsch 'ila: muntadscha:t tanẓi:f al-'asna:n. أحتاج إلى منتجات تنظيف الأسنان.
P12	Ich bräuchte eine weiche Zahnbürste.	'aḥta:dsch 'ila: fursha:t 'asna:n ṭariyyah. أحتاج إلى فرشاة أسنان طرية.
P13	Ich bräuchte eine mittelharte Zahnbürste.	'aḥta:dsch 'ila: fursha:t 'asna:n niṣf ṭariyyah. أحتاج إلى فرشاة أسنان نصف طرية.

P14	Ich bräuchte eine harte Zahnbürste.	'aḥta:dsch 'ila: fursha:t 'asna:n niṣf qa:siyah. أحتاج إلى فرشاة أسنان قاسية.
P15	Ich bräuchte Zahnpasta.	'aḥta:dsch 'ila: ma*dschu:n 'asna:n. أحتاج إلى معجون أسنان.
P16	Ich bräuchte Mundwasser.	'aḥta:dsch 'ila: muṭahhir li-l-famm. أحتاج إلى مطهر للفم.
P17	Ich bräuchte Zahnseide.	'aḥta:dsch 'ila: chayṭ tanẓi:f al-'asna:n. أحتاج إلى خيط تنظيف الأسنان.
P18	Ich bräuchte Haarpflegeprodukte.	'aḥta:dsch 'ila: muntadscha:t al-*ina:yah bi-sh-sha*r. أحتاج إلى منتجات العناية بالشعر.
P19	Ich bräuchte ein Shampoo für fettiges Haar.	'aḥta:dsch 'ila: sha:mbo: li-sh-sha*r ad-duhniyy. أحتاج إلى شامبو للشعر الدهني.
P20	Ich bräuchte ein Shampoo für trockenes Haar.	'aḥta:dsch 'ila: sha:mbo: li-sh-sha*r al-dscha:f. أحتاج إلى شامبو للشعر الجاف.
P21	Ich bräuchte eine Pflegespülung.	'aḥta:dsch 'ila: balsam li-sh-sha*r. أحتاج إلى بلسم للشعر.
P22	Ich bräuchte einen Kamm.	'aḥta:dsch 'ila: mishṭ. أحتاج إلى مشط.
P23	Ich bräuchte eine Haarbürste.	'aḥta:dsch 'ila: fursha:t sha*r. أحتاج إلى فرشاة شعر.
P24	Ich bräuchte Haargummis.	'aḥta:dsch 'ila: rabṭat sha*r. أحتاج إلى ربطة شعر.
P25	Ich bräuchte Haarspray.	'aḥta:dsch 'ila: muthabbit sha*r. أحتاج إلى مثبت شعر.
P26	Ich bräuchte Haargel.	'aḥta:dsch 'ila: dsche:l sha*r. أحتاج إلى جيل شعر.
P27	Ich bräuchte Hautpflegeprodukte.	'aḥta:dsch 'ila: muntadscha:t al-*ina:yah bi-l-bishrah. أحتاج إلى منتجات العناية بالبشرة.

P28	Ich bräuchte eine Körperlotion.	'aḥta:dsch 'ila: murattib li-l-dschism. أحتاج إلى مرطب للجسم.
P29	Ich bräuchte eine Gesichtscreme.	'aḥta:dsch 'ila: kre:m li-l-wadschh. أحتاج إلى كريم للوجه.
P30	Ich bräuchte einen Lippenschutzstift.	'aḥta:dsch 'ila: murattib shifa:h. أحتاج إلى مرطب شفاه.
P31	Ich bräuchte Rasier-schaum.	'aḥta:dsch 'ila: ma*dschu:n ḥila:qah. أحتاج إلى معجون حلاقة.
P32	Ich bräuchte Rasier-wasser.	'aḥta:dsch 'ila: ko:lo:nya:. أحتاج إلى كولونيا.
P33	Ich bräuchte einen Einwegrasierer.	'aḥta:dsch 'ila: 'aḥ:lat ḥila:qah li-marrah wa:ḥidah. أحتاج إلى آلة حلاقة لمرة واحدة.
P34	Ich bräuchte eine Sonnenschutzcreme.	'aḥta:dsch 'ila: kre:m li-l-ḥima:yah min ash-shams. أحتاج إلى كريم للحماية من الشمس.
P35	Ich bräuchte Seife.	'aḥta:dsch 'ila: ṣabu:n. أحتاج إلى صابون.
P36	Ich bräuchte Dusch-gel.	'aḥta:dsch 'ila: sha:mbo: li-l-dschism. أحتاج إلى شامبو للجسم.
P37	Ich bräuchte ein Deodorant.	'aḥta:dsch 'ila: muzi:l li-l-*araq. أحتاج إلى مزيل للعرق.
P38	Ich bräuchte einen Nagelknipser.	'aḥta:dsch 'ila: qaṣṣa:ṣat 'aẓa:fir. أحتاج إلى قصاصة أظافر.
P39	Ich bräuchte eine Schere.	'aḥta:dsch 'ila: miqaṣṣ. أحتاج إلى مقص.
P40	Ich bräuchte Kosme-tik zum Schminken.	'aḥta:dsch 'ila: mawa:d tadschmi:l. أحتاج إلى مواد تجميل.
P41	Ich bräuchte einen Lippenstift.	'aḥta:dsch 'ila: qalam 'aḥmar ash-shifa:h. أحتاج إلى قلم أحمر الشفاه.
P42	Ich bräuchte Wim-perntusche.	'aḥta:dsch 'ila: maskarah. أحتاج إلى مسكرة.
P43	Ich bräuchte Make-up.	'aḥta:dsch 'ila: makya:dsch. أحتاج إلى مكياج.

44	Verkaufen Sie Schmerzmittel?	♂ hal *indak musakkin li-l-'alam? هل عندك مسكن للألم؟ ♀ hal *indik musakkin li-l-'alam? هل عندك مسكن للألم؟
45	Verkaufen Sie Aspirin®?	♂ hal *indak 'aspiri:n? هل عندك إسبرين؟ ♀ hal *indik 'aspiri:n? هل عندك إسبرين؟
46	Verkaufen Sie Ibuprofen®?	♂ hal *indak 'ibobro:fi:n? هل عندك إيبوبروفين؟ ♀ hal *indik 'ibobro:fi:n? هل عندك إيبوبروفين؟
47	Verkaufen Sie Paracetamol®?	♂ hal *indak bara:sita:mo:l? هل عندك باراسيتامول؟ ♀ hal *indik bara:sita:mo:l? هل عندك باراسيتامول؟
48	Verkaufen Sie Pflaster?	♂ hal *indak laṣqah? هل عندك لصقة؟ ♀ hal *indik laṣqah? هل عندك لصقة؟
49	Verkaufen Sie Kondome?	♂ hal *indak waqi: dhakariyy? هل عندك واقي ذكري؟ ♀ hal *indik waqi: dhakariyy? هل عندك واقي ذكري؟
50	Verkaufen Sie Damenbinden?	♂ hal *indak maḥa:rim nisa:'iyyah? هل عندك محارم نسائية؟ ♀ hal *indik maḥa:rim nisa:'iyyah? هل عندك محارم نسائية؟
51	Verkaufen Sie Tampons?	♂ hal *indak tambo:na:t? هل عندك تامبونات؟ ♀ hal *indik tambo:na:t? هل عندك تامبونات؟

Beim Optiker — عند أخصائي النظارات

52	Können Sie das reparieren?	♂ hal yumkinak 'iṣla:ḥha:? هل يمكنكَ إصلاحها؟ ♀ hal yumkinik 'iṣla:ḥha:? هل يمكنكِ إصلاحها؟
53	Ich brauche eine Brille zum Lesen.	'aḥta:dsch 'ila: naẓẓa:rah li-l-qira:'ah. أحتاج إلى نظارة للقراءة.

P54	Ich brauche eine Sonnenbrille.	'aḥta:dsch 'ila: naẓẓa:rah shamsiyyah. أحتاج إلى نظارة شمسية.
P55	Ich brauche harte Kontaktlinsen.	'aḥta:dsch 'ila: *adasa:t la:ṣiqah qa:siyah. أحتاج إلى عدسات لاصقة قاسية.
P56	Ich brauche weiche Kontaktlinsen.	'aḥta:dsch 'ila: *adasa:t la:ṣiqah ṭariyyah. أحتاج إلى عدسات لاصقة طرية.
P57	Ich brauche Einweglinsen.	'aḥta:dsch 'ila: *adasa:t la:ṣiqah li-l-isti*ma:l al-wa:ḥid. أحتاج إلى عدسات لاصقة للأستعمال الواحد.
P58	Ich brauche Kontaktlinsenlösung.	'aḥta:dsch 'ila: sa:'il li-tanẓi:f al-*adasa:t al-la:ṣiqah. أحتاج إلى سائل لتنظيف العدسات اللاصقة.
P59	Ich brauche Augentropfen.	'aḥta:dsch 'ila: qaṭrah li-l-*uyu:n. أحتاج إلى قطرة للعيون.
P60	Ich bin kurzsichtig.	*indi: qiṣar naẓar. عندي قصر نظر.
P61	Ich bin weitsichtig.	*indi: bu*d naẓar. عندي بعد نظر.
P62	Ich möchte einen Sehtest machen.	'uri:d *amal faḥṣ li-n-naẓar. أريد عمل فحص للنظر.

Kleidung und Mode الملابس والموضة

Q01	Darf ich den / das anprobieren?	hal yusmaḥ bi-qiya:s ha:dha:? هل يسمح بقياس هذا؟
Q02	Darf ich die anprobieren?	hal yusmaḥ bi-qiya:s ha:dhihi? هل يسمح بقياس هذه؟
Q03	Wo sind die Umkleidekabinen?	'ayna ghurfat taghyi:r al-mala:bis? أين غرفة تغيير الملابس؟

hal ha:dha: muna:sib?	هل هذا مناسب؟	Passt er / Passt es?
hal ha:dhihi muna:sibah?	هل هذه مناسبة؟	Passt sie?

204	Er / Sie / Es ist zu klein.	*m.* 'innahu ṣaġi:r dschiddan. *f.* 'innaha: ṣaġi:rah dschiddan.	إنه صغير جداً. إنها صغيرة جداً.
205	Er / Sie / Es ist zu groß.	*m.* 'innahu kabi:r dschiddan. *f.* 'innaha: kabi:rah dschiddan.	إنه كبير جداً. إنها كبيرة جداً.
206	Er / Sie / Es ist zu eng.	*m.* 'innahu ḍayyiq dschiddan. *f.* 'innaha: ḍayyiqah dschiddan.	إنه ضيق جداً. إنها ضيقة جداً.
207	Er / Sie / Es ist zu weit.	*m.* 'innahu *ari:ḍ dschiddan. *f.* 'innaha: *ari:ḍah dschiddan.	إنه عريض جداً. إنها عريضة جداً.
208	Er / Sie / Es ist zu kurz.	*m.* 'innahu qaṣi:r dschiddan. *f.* 'innaha: qaṣi:rah dschiddan.	إنه قصير جداً. إنها قصيرة جداً.
209	Er / Sie / Es ist zu lang.	*m.* 'innahu ṭawi:l dschiddan. *f.* 'innaha: ṭawi:lah dschiddan.	إنه طويل جداً. إنها طويلة جداً.
210	Er / Sie / Es passt sehr gut.	*m.* 'innahu muna:sib dschiddan. إنه مناسب جداً. *f.* 'innaha: muna:sibah dschiddan. إنها مناسبة جداً.	

Q11	Ich nehme ihn / sie / es.	*m.* 'uri:d ha:dha:. *f.* 'uri:d ha:dhihi.	ريد هذا. ريد هذه.
Q12	Leider nicht.	la:, ma* al-'asaf.	لا، مع الأسف.
Q13	Ich möchte einen anderen / eine andere / ein anderes anprobieren.	'uri:d 'an 'aqi:s qiṭ*ah 'uchra:.	ريد أن أقيس قطعة أخرى.
Q14	Der Schnitt gefällt mir nicht so gut.	la tu*dschibni: al-qaṣṣah kathi:ran.	لا تعجبني القصة كثيراً.
Q15	Ich suche etwas Elegantes.	'abḥath *an shay' dschami:l.	بحث عن شيء جميل.
Q16	Ich suche etwas Schickes.	'abḥath *an shay' 'ani:q.	بحث عن شيء أنيق.
Q17	Ich suche etwas Modernes.	'abḥath *an shay' *aṣriyy.	بحث عن شيء عصري.
Q18	Haben Sie das in einer anderen Farbe?	♂ hal *indak lawn 'a:char? ♀ hal *indik lawn 'a:char?	هل عندك لون آخر؟ هل عندكِ لون آخر؟
Q19	Haben Sie das mit einem anderen Muster?	♂ hal *indak rasmah 'uchra:? ♀ hal *indik rasmah 'uchra:?	هل عندكَ رسمة أخرى؟ هل عندكِ رسمة أخرى؟
Q20	Ich überlege es mir noch.	'ana: 'ufakkir fi: al-'amr.	نا أفكر في الأمر.

♂ ma: qiya:sak? ♀ ma: qiya:sik?	ما قياسكَ؟ ما قياسكِ؟	Welche Größe haben Sie?

Q21	Ich habe Größe ...	qiya:si: huwa ...	ياسي هو ...
Q22	Haben Sie das in Größe ...?	♂ hal *indak qiya:s ...? ♀ hal *indik qiya:s ...?	هل عندك قياس ...؟ هل عندكِ قياس ...؟

In vielen Ländern gelten die internationalen Konfektionsgrößen. Allerdings kann es mancherorts vorkommen, dass amerikanische Konfektionsgrößen angezeigt werden.

Konfektionsgrößen Oberbekleidung für Herren

D	44	46	48	50	52	54	56	58	60
USA	34	36	38	40	42	44	46	48	50
international	S	S	M	M	L	L	XL	XL	XXL

Konfektionsgrößen Oberbekleidung für Damen

D	34	36	38	40	42	44	46	48	50
USA	8	10	12	14	16	18	20	22	24
international	XS	S	S	M	M	L	L	XL	XL

Q23	Ich brauche einen Mantel.	'aḥta:dsch 'ila: mi*ṭaf.	أحتاج إلى معطف.
Q24	Ich brauche eine Jacke.	'aḥta:dsch 'ila: sutrah.	أحتاج إلى سترة.
Q25	Ich brauche eine Regenjacke.	'aḥta:dsch 'ila: sutrah maṭariyyah.	أحتاج إلى سترة مطرية.
Q26	Ich brauche eine Strickjacke.	'aḥta:dsch 'ila: dscha:ke:t ṣu:f.	أحتاج إلى جاكيت صوف.
Q27	Ich brauche ein Kleid.	'aḥta:dsch 'ila: thawb.	أحتاج إلى ثوب.
Q28	Ich brauche eine Hose.	'aḥta:dsch 'ila: banṭalo:n.	أحتاج إلى بنطلون.
Q29	Ich brauche eine Jeans.	'aḥta:dsch 'ila: banṭalo:n dschi:nz.	أحتاج إلى بنطلون جينز.
Q30	Ich brauche einen Pullover.	'aḥta:dsch 'ila: kanzah.	أحتاج إلى كنزة.
Q31	Ich brauche ein Hemd.	'aḥta:dsch 'ila: qami:ṣ.	أحتاج إلى قميص.

Q32	Ich brauche eine Bluse.	'aḥta:dsch 'ila: ballu:zah.	أحتاج إلى بلوزة.
Q33	Ich brauche ein Sweatshirt.	'aḥta:dsch 'ila: swe:tshirt.	أحتاج إلى سويت شيرت.
Q34	Ich brauche einen Rock.	'aḥta:dsch 'ila: tannu:rah.	أحتاج إلى تنورة.
Q35	Ich brauche ein T-Shirt.	'aḥta:dsch 'ila: ti: shirt.	أحتاج إلى تي شيرت.
Q36	Ich brauche Unterwäsche.	'aḥta:dsch 'ila: mala:bis da:chiliyyah.	أحتاج إلى ملابس داخلية.
Q37	Ich brauche einen BH.	'aḥta:dsch 'ila: ḥamma:lat ṣadr.	أحتاج إلى حمالة صدر.
Q38	Ich brauche eine Unterhose (für Frauen).	'aḥta:dsch 'ila: kalso:n nisa:'iyy.	أحتاج إلى كلسون نسائي.
Q39	Ich brauche eine Unterhose (für Männer).	'aḥta:dsch 'ila: kalso:n ridscha:liyy.	أحتاج إلى كلسون رجالي.
Q40	Ich brauche einen Badeanzug.	'aḥta:dsch 'ila: liba:s as-siba:ḥah.	أحتاج إلى لباس السباحة.
Q41	Ich brauche eine Badehose.	'aḥta:dsch 'ila: sho:rt siba:ḥah.	أحتاج إلى شورت سباحة.
Q42	Ich brauche einen Bademantel.	'aḥta:dsch 'ila: ro:b al-ḥamma:m.	أحتاج إلى روب الحمام.
Q43	Ich brauche einen Hut.	'aḥta:dsch 'ila: qubba*ah.	أحتاج إلى قبعة.
Q44	Ich brauche einen Sonnenhut.	'aḥta:dsch 'ila: qubba*ah shamsiyyah.	أحتاج إلى قبعة شمسية.
Q45	Ich brauche eine Mütze.	'aḥta:dsch 'ila: ṭa:qiyyah.	أحتاج إلى طاقية.
Q46	Ich brauche einen Schal.	'aḥta:dsch 'ila: sha:l.	أحتاج إلى شال.

Q47	Ich brauche Handschuhe.	'aḥta:dsch 'ila: quffa:za:t. أحتاج إلى قفازات.
Q48	Ich brauche Socken.	'aḥta:dsch 'ila: dschawa:rib. أحتاج إلى جوارب.
Q49	Ich brauche Kniestrümpfe.	'aḥta:dsch 'ila: kalsa:t. أحتاج إلى كلسات.
Q50	Ich brauche eine Strumpfhose.	'aḥta:dsch 'ila: kalsa:t nisa:'iyyah. أحتاج إلى كلسات نسائية.
Q51	Ich brauche Stiefel.	'aḥta:dsch 'ila: dschazmah. أحتاج إلى جزمة.
Q52	Ich brauche Sportschuhe.	'aḥta:dsch 'ila: ḥidha:' riya:ḍiyy. أحتاج إلى حذاء رياضي.
Q53	Ich brauche Wanderschuhe.	'aḥta:dsch 'ila: ḥidha:' cha:ṣṣ li-t-tadschawwul. أحتاج إلى حذاء خاص للتجول.
Q54	Ich brauche Sandalen.	'aḥta:dsch 'ila: ṣandal. أحتاج إلى صندل.
Q55	Ich brauche Ballerinas.	'aḥta:dsch 'ila: baliri:na:. أحتاج إلى باليرينا.
Q56	Ich brauche hochhackige Pumps.	'aḥta:dsch 'ila: kundurah nisa:'iyyah ka*b *a:li:. أحتاج إلى كندرة نسائية كعب عالي.
Q57	Ich brauche Hausschuhe.	'aḥta:dsch 'ila: ḥidha:' manziliyy. أحتاج إلى حذاء بكعب عالي.

Schuhgrößen für Herren

D	39	40	41	42	43	44	45	46
GB	5	6	7	8	9	10	11	12
USA	5 ½	6½	7½	8½	9½	10½	11½	12½

Schuhgrößen für Damen

D	35	36	37	38	39	40	41	42	43
UK	2	3	4	5	6	7	8	9	10
USA	4	5	6	7	8	9	10	11	12

Q58	Aus welchem Material ist das?	ma: hiya ma:ddat aṣ-ṣun*? ما هي مادة الصنع؟
Q59	reine Baumwolle	quṭn mi'ah bi-l-mi'ah قطن مئة بالمئة
Q60	reine Wolle	ṣu:f mi'ah bi-l-mi'ah صوف مئة بالمئة
Q61	reine Seide	ḥari:r mi'ah bi-l-mi'ah حرير مئة بالمئة
Q62	Kunstfaser	min al-'alya:f aṣ-ṣina:*iyyah من الألياف الصناعية
Q63	Leinen	al-kitta:n الكتان

In der Reinigung محل الكوي والصباغة

R01	Ich möchte das reinigen lassen.	'uri:d tanẓi:f ha:dha: *ala: an-na:shif. أريد تنظيف هذا على الناشف.
R02	Bekommen Sie diese Flecken heraus?	♂ hal yumkinak 'iza:lat ha:dhihi al-buqa*? هل يمكنكَ إزالة هذه البقع؟ ♀ hal yumkinik 'iza:lat ha:dhihi al-buqa*? هل يمكنكِ إزالة هذه البقع؟
R03	Reinigen Sie auch Leder?	hal tunaẓẓifu:n al-dschild 'ayḍan? هل تنظفون الجلد أيضاً؟
R04	Das ist nicht richtig sauber.	ha:dha: laysa naẓi:f tama:man. هذا ليس نظيف تماماً.
R05	Der Fleck ist nicht herausgegangen.	ma: za:lat al-buq*ah mawdschu:dah. ما زالت البقعة موجودة.

Beim Friseur عند الحلاق

R06	Ich hätte gern die Haare geschnitten.	'uri:d qaṣṣ sha*ri:. أريد قص شعري.
R07	Ich hätte gern eine neue Frisur.	'uri:d tasri:ḥah dschadi:dah. أريد تسريحة جديدة.

R08	Ich hätte gern einen Kurzhaarschnitt.	'uri:d qaṣṣat sha*r qaṣi:rah. أريد قصة شعر قصيرة.
R09	Ich hätte gern eine Dauerwelle.	'uri:d tamwi:dsch ash-sha*r bi-shakl da:'im. أريد تمويج الشعر بشكل دائم.
R10	Ich hätte gern helle Strähnchen.	'uri:d chaṣla:t sh*r fa:tiḥah. أريد خصلات شعر فاتحة.
R11	Ich hätte gern dunkle Strähnchen.	'uri:d chaṣla:t sh*r gha:miqah. أريد خصلات شعر غامقة.
R12	Ich hätte gern die Spitzen geschnitten.	'uri:d qaṣṣ 'aṭra:f ash-sha*r. أريد قص أطراف الشعر.
R13	Ich hätte gern eine Maniküre.	'uri:d al-*ina:yah bi-'aẓa:fir al-yad. أريد العناية بأظافر اليد.
R14	Ich hätte gern eine Pediküre.	'uri:d al-*ina:yah bi-'aẓa:fir al-qadam. أريد العناية بأظافر القدم.

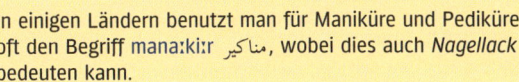

In einigen Ländern benutzt man für Maniküre und Pediküre oft den Begriff mana:ki:r مناكير, wobei dies auch *Nagellack* bedeuten kann.

R15	Ich hätte gern die Wimpern gefärbt.	'uri:d ṣabgh ar-rumu:sh. أريد صبغ الرموش.
R16	Ich hätte gern die Augenbrauen gefärbt.	'uri:d ṣabgh al-ḥawa:dschib. أريد صبغ الحواجب.
R17	Bitte etwas kürzer.	♂ 'aqṣar qali:lan, law samaḥt. أقصر قليلاً، لو سمحت. ♀ 'aqṣar qali:lan, law samaḥti. أقصر قليلاً، لو سمحت.
R18	Bitte nicht ganz so kurz.	♂ la: tuqaṣṣiruh kathi:ran, law samaḥt. لا تقصره كثيراً، لو سمحت. ♀ la: tuqaṣṣiri:h kathi:ran, law samaḥti. لا تقصريه كثيراً، لو سمحت.

R19	die Ohren frei	♂ quṣṣ ash-sha*r ḥawl al-'udhnayn	قص الشعر حول الأذنين
		♀ quṣṣi: ash-sha*r ḥawl al-'udhnayn	قصي الشعر حول الأذنين
R20	Ich habe Spliss.	sha*ri: muqaṣṣaf.	شعري مقصف.
R21	mit Waschen und Fönen	ma* ghasi:l wa tadschfi:f	مع غسيل وتجفيف
R22	Tönen	tamyi:sh	تمييش
R23	Färben	ṣabgh	صبغ

Im Fotogeschäft في محل التصوير

R24	Könnten Sie diese Bilder ausdrucken?	♂ hal yumkin 'an taṭba* ha:dhihi aṣ-ṣuwar?	هل يمكن أن تطبع هذه الصور؟
		♀ hal yumkin 'an taṭba*i: ha:dhihi aṣ-ṣuwar?	هل يمكن أن تطبعي هذه الصور؟
R25	Ich möchte diese Aufnahmen entwickeln lassen.	'uri:d taḥmi:ḍ ha:dhihi aṣ-ṣuwar.	أريد تحميض هذا الصور.
R26	in matter Qualität	bi-naw*iyyah ghayr lamma:*ah	بنوعية غير لماعة
R27	in Hochglanzqualität	bi-naw*iyyah lamma:*ah	بنوعية لماعة
	in Größe ... mal ...	qiya:s ... bi ...	قياس ... ب ...
R28	Ich möchte einen Akku kaufen.	'uri:d shira:' baṭṭa:riyat sha:ḥin.	أريد شراء بطارية شاحن.
R29	Ich möchte eine Batterie kaufen.	'uri:d shira:' baṭṭa:riyah.	أريد شراء بطارية.
R30	Ich möchte eine Speicherkarte kaufen.	'uri:d shira:' biṭa:qat dha:kirah.	أريد شراء بطاقة ذاكرة.
R31	Ich möchte ein Ladegerät kaufen.	'uri:d shira:' dschiha:z sha:ḥin.	أريد شراء جهاز شاحن.

R32	Ich möchte ein USB-Kabel kaufen.	'uri:d shira:' ka:bel yu: 'es bi:. أريد شراء كابل يو إس بي.
R33	Ich möchte eine Digitalkamera kaufen.	'uri:d shira:' kamira: raqmiyyah. أريد شراء كاميرا رقمية.
R34	Ich möchte eine Spiegelreflexkamera kaufen.	'uri:d shira:' kamira: refleks. أريد شراء كاميرا ريفلكس.
R35	Ich möchte eine Einwegkamera kaufen.	'uri:d shira:' kamira: li-l-istichda:m marrah wa:ḥidah. أريد شراء كاميرا للإستخدام مرة واحدة.
R36	Ich möchte ein Objektiv kaufen.	'uri:d shira:' *adasah. أريد شراء عدسة.
R37	Ich möchte einen Filter kaufen.	'uri:d shira:' filtar. أريد شراء فلتر.
R38	Ich möchte ein Stativ kaufen.	'uri:d shira:' ḥa:mil thula:thiyy. أريد شراء حامل ثلاثي.
R39	Ich möchte eine Kameratasche kaufen.	'uri:d shira:' miḥfaẓat kamira:. أريد شراء محفظة كاميرا.
R40	Ich möchte ein Fernglas kaufen.	'uri:d shira:' minẓa:r. أريد شراء منظار.

Musik موسيقا

R41	Ich suche eine CD von ...	'abḥath *an si: di: li- ... أبحث عن سي دي ل ...
R42	Ich suche das neue Album von ...	'abḥath *an al-'albo:m al-dschadi:d li- ... أبحث عن الألبوم الجديد ...
R43	Gibt es dieses Lied auf CD?	hal tu:dschad ha:dhihi al-'ughniyah *ala: si: di:? هل توجد هذه الأغنية على سي دي؟
R44	Kann ich mir das mal anhören?	hal yumkin 'an 'asma* ha:dhihi al-'ughniyah? هل يمكن أن أسمع هذه الأغنية؟

Elektrische und elektronische Produkte

المنتجات الكهربائية و الإلكترونية

R45	Ich möchte einen PC kaufen.	'uri:d shira:' kumbyu:tar. أريد شراء كومبيوتر.
R46	Ich möchte einen Laptop kaufen.	'uri:d shira:' kumbyu:tar maḥmu:l. أريد شراء كومبيوتر محمول.
R47	Ich möchte ein Notebook kaufen.	'uri:d shira:' no:tbuk. أريد شراء نوت بوك.
R48	Ich möchte ein Netbook kaufen.	'uri:d shira:' netbuk. أريد شراء نت بوك.
R49	Ich möchte ein Tablet kaufen.	'uri:d 'an ashtari: tablet. أريد أن أشتري تابليت.
R50	Ich möchte eine Maus kaufen.	'uri:d shira:' fa'rat kumbyu:tar. أريد شراء فارة كمبيوتر.
R51	Ich möchte einen MP3-Spieler kaufen.	'uri:d shira:' dschiha:z tashghi:l 'im bi: thri:. أريد شراء جهاز تشغيل إم بي ثري.
R52	Ich bräuchte einen Adapter.	'aḥta:dsch 'ila: muḥawwil kahraba:'iyy. أحتاج إلى محول كهربائي.
R53	Ich bräuchte einen Kopfhörer.	'aḥta:dsch 'ila: samma:*at ra's. أحتاج إلى سماعة رأس.
R54	Ich bräuchte einen Fön®.	'aḥta:dsch 'ila: mudschaffif li-sh-sha*r. أحتاج إلى مجفف للشعر.
R55	Ich bräuchte einen Rasierapparat.	'aḥta:dsch 'ila: dschiha:z li-ḥila:qat adh-dhaqn. أحتاج إلى جهاز لحلاقة الذقن.
R56	Ich bräuchte ein Verlängerungskabel.	'aḥta:dsch 'ila: waṣlat tamdi:d. أحتاج إلى وصلة تمديد.
R57	Ich bräuchte eine Tastatur.	'aḥta:dsch 'ila: ki:bo:rd. أحتاج إلى كيبورد.
R58	Ich bräuchte einen neuen Akku.	'aḥta:dsch 'ila: baṭṭa:riyyat sha:ḥin dschadi:dah. أحتاج إلى شاحن بطارية جديد.

R59	Die passenden Batterien dafür, bitte.	♂ al-baṭṭa:riyya:t al-muna:sibah, law samaḥt. البطاريات المناسبة، لو سمحت. ♀ al-baṭṭa:riyya:t al-muna:sibah, law samaḥti. البطاريات المناسبة، لو سمحتِ.

Etwas zum Lesen شيء للقراءة

R60	Ich suche einen Buchladen.	'abḥath *an maḥall li-bya* al-kutub. أبحث عن محل لبيع الكتب.
R61	Verkaufen Sie Zeitungen in deutscher Sprache?	♂ hal *indak dschara:'id bi-l-lughah al-'alma:niyyah? هل عندك جرائد باللغة الألمانية؟ ♀ hal *indik dschara:'id bi-l-lughah al-'alma:niyyah? هل عندك جرائد باللغة الألمانية؟
R62	Verkaufen Sie Zeitschriften in deutscher Sprache?	♂ hal *indak madschalla:t bi-l-lughah al-'alma:niyyah? هل عندك مجلات باللغة الألمانية؟ ♀ hal *indik madschalla:t bi-l-lughah al-'alma:niyyah? هل عندك مجلات باللغة الألمانية؟
R63	Verkaufen Sie Bücher in deutscher Sprache?	♂ hal *indak kutub bi-l-lughah al-'alma:niyyah? هل عندك كتب باللغة الألمانية؟ ♀ hal *indik kutub bi-l-lughah al-'alma:niyyah? هل عندك كتب باللغة الألمانية؟

Etwas zum Schreiben الكتابة

R64	Gibt es hier ein Schreibwarengeschäft?	hal yu:dschad huna: maḥall li-bay* 'adawa:t al-kita:bah? هل يوجد هنا محل لبيع أدوات الكتابة؟
R65	Ich bräuchte einen Bleistift, bitte.	♂ 'aḥta:dsch 'ila: qalam raṣa:ṣ law samaḥt. أحتاج إلى قلم رصاص، لو سمحت. ♀ 'aḥta:dsch 'ila: qalam raṣa:ṣ law samaḥti. أحتاج إلى قلم رصاص، لو سمحتِ.

R66	Ich bräuchte einen Kugelschreiber, bitte.	♂ 'aḥta:dsch 'ila: qalam ḥibr na:shif law samaḥt. أحتاج إلى قلم حبر ناشف، لو سمحت. ♀ 'aḥta:dsch 'ila: qalam ḥibr na:shif law samaḥti. أحتاج إلى قلم حبر ناشف، لو سمحتِ.
R67	Ich bräuchte einen Füller, bitte.	♂ 'aḥta:dsch 'ila: qalam ḥibr law samaḥt. أحتاج إلى قلم حبر، لو سمحت. ♀ 'aḥta:dsch 'ila: qalam ḥibr law samaḥti. أحتاج إلى قلم حبر، لو سمحت.
R68	Ich bräuchte Tinte, bitte.	♂ 'aḥta:dsch 'ila: ḥibr law samaḥt. أحتاج إلى حبر، لو سمحت. ♀ 'aḥta:dsch 'ila: ḥibr law samaḥti. أحتاج إلى حبر، لو سمحت.
R69	Ich bräuchte Tintenpatronen, bitte.	♂ 'aḥta:dsch 'ila: chara:ṭi:sh ḥibr law samaḥt. أحتاج إلى خراطيش حبر، لو سمحت. ♀ 'aḥta:dsch 'ila: chara:ṭi:sh ḥibr law samaḥti. أحتاج إلى خراطيش حبر، لو سمحت.
R70	Ich bräuchte eine Ersatzmine, bitte. *(für Kugelschreiber)*	♂ 'aḥta:dsch 'ila: lubb qalam law samaḥt. أحتاج إلى لب قلم، لو سمحت. ♀ 'aḥta:dsch 'ila: lubb qalam law samaḥti. أحتاج إلى لب قلم، لو سمحت.
R71	Ich bräuchte einen Radiergummi, bitte.	♂ 'aḥta:dsch 'ila: mimḥa:t law samaḥt. أحتاج إلى ممحاة، لو سمحت. ♀ 'aḥta:dsch 'ila: mimḥa:t law samaḥti. أحتاج إلى ممحاة، لو سمحت.
R72	Ich bräuchte einen Anspitzer, bitte.	♂ 'aḥta:dsch 'ila: mibra:t law samaḥt. أحتاج إلى مبراة، لو سمحت. ♀ 'aḥta:dsch 'ila: mibra:t law samaḥti. أحتاج إلى مبراة، لو سمحت.
R73	Ich bräuchte einen linierten Block, bitte.	♂ 'aḥta:dsch 'ila: daftar musaṭṭar law samaḥt. أحتاج إلى دفتر مسطر، لو سمحت. ♀ 'aḥta:dsch 'ila: daftar musaṭṭar law samaḥti. أحتاج إلى دفتر مسطر، لو سمحتِ.

R74	Ich bräuchte einen karierten Block, bitte.	♂ 'aḥta:dsch 'ila: daftar muchaṭṭaṭ law samaḥt. أحتاج إلى دفتر مخطط، لو سمحت. ♀ 'aḥta:dsch 'ila: daftar muchaṭṭaṭ law samaḥti. أحتاج إلى دفتر مخطط، لو سمحت.

Souvenirs und Geschenke التذكارات والهدايا

R75	Ich suche ein Geschenk für meine Frau.	'abḥath *an hadiyyah li-zawdschati:. أبحث عن هدية لزوجتي.
R76	Ich suche ein Geschenk für meinen Mann.	'abḥath *an hadiyyah li-zawdschi:. أبحث عن هدية لزوجي.
R77	Ich suche ein Geschenk für meine Mutter.	'abḥath *an hadiyyah li-'ummi:. أبحث عن هدية لأمي.

R78	Ich suche ein Geschenk für meinen Vater.	'abḥath *an hadiyyah li-'abi:. أبحث عن هدية لأبي.
R79	Ich suche ein Geschenk für ein Kind.	'abḥath *an hadiyyah li-ṭifl. أبحث عن هدية لطفل.
R80	Ich suche ein Geschenk für einen Jungen.	'abḥath *an hadiyyah li-sha:bb. أبحث عن هدية لشاب.
R81	Ich suche ein Geschenk für ein Mädchen.	'abḥath *an hadiyyah li-ṣabiyyah. أبحث عن هدية لصبية.
R82	Haben Sie etwas Landestypisches?	♂ hal *indak shay' maḥalliyy mumayyaz? هل عندك شيء محلي مميز؟ ♀ hal *indik shay' maḥalliyy mumayyaz? هل عندكِ شيء محلي مميز؟
R83	Ist das Handarbeit?	hal ha:dha: shughl yad? هل هذا شغل يد؟
R84	Haben Künstler aus der Region das gemacht?	hal ha:dha: min *amal fanna:ni:n maḥalliyyi:n? هل هذا من عمل فنانين محليين؟
R85	Ist das echtes Silber?	hal ha:dha: fiḍḍah ḥaqi:qiyyah? هل هذا فضة حقيقية؟
R86	Ist das echtes Gold?	hal ha:dha: dhahab ḥaqi:qiyy? هل هذا ذهب حقيقي؟
R87	Wo ist der Stempel?	'ayna al-chatm? أين الختم؟
R88	Gibt es ein Echtheitszertifikat dafür?	hal tu:dschad shaha:dat mansha' wa 'aṣa:lah? هل يوجد شهادة منشأ وأصالة؟

Etwas bezahlen تسديد الثمن

S01	Ich zahle in bar.	'adfa* naqdan.	أدفع نقداً.
S02	Ich zahle mit Kreditkarte.	'adfa* bi-l-biṭa:qah.	أدفع بالبطاقة.
S03	Akzeptieren Sie diese Debitkarte?	♂ hal taqbal bi-ṭa:qat aṣ-ṣarra:f al-'a:liyy? هل تقبل بطاقة الصراف الآلي؟ ♀ hal taqbali:n bi-ṭa:qat aṣ-ṣarra:f al-'a:liyy? هل تقبلين بطاقة الصراف الآلي؟	

In den größten Hotels, Restaurants und Geschäften werden Kreditkarten akzeptiert. In kleineren Geschäften, auf dem Land und auf Basaren eher nicht. Fragen Sie lieber vorher nach, bevor Sie eine unangenehme Überraschung erleben. Bei Zahlungen mit der Kreditkarte müssen Sie, wenn Ihre Kreditkartenrechnung kommt, mit Währungsumrechnungsprovisionen rechnen. Fragen Sie Ihre Bank, wie hoch die zu erwartenden Gebühren sind.

Ein Tipp: Schreiben Sie vor dem Reiseantritt die Nummer Ihrer Karte und die Telefonnummer Ihrer Bank auf, damit Sie bei Verlust sofort die Karte sperren lassen können.

♂ waqqi* huna:, law samaḥt. وقع هنا، لو سمحت. ♀ waqqi*i: huna:, law samaḥti. وقعي هنا، لو سمحتي.	Bitte hier unterschreiben.
♂ tawqi:*ak, law samaḥt. توقيعكَ، لو سمحت. ♀ tawqi:*ik, law samaḥti. توقيعكِ، لو سمحتِ.	Ihre Unterschrift, bitte.
♂ ar-raqm as-sirriyy, law samaḥt. الرقم السري، لو سمحت. ♀ ar-raqm as-sirriyy, law samaḥti. الرقم السري، لو سمحتِ.	Ihre PIN, bitte.

S04	Ich sollte noch Wechselgeld bekommen.	'ayna baqiyyat al-mablagh? أين بقية المبلغ؟
S05	Das Wechselgeld stimmt nicht.	baqiyyat al-mablagh ghayr ṣaḥi:ḥah. بقية المبلغ غير صحيحة.
S06	Es fehlt / fehlen ...	yanquṣ al-mablagh ... ينقص المبلغ ...
S07	Kann ich bitte den Kassenbon haben?	♂ waṣl ad-daf*, law samaḥt. وصل الدفع، لو سمحت؟ ♀ waṣl ad-daf*, law samaḥti. وصل الدفع، لو سمحتِ؟
S08	Mit der Rechnung stimmt etwas nicht.	huna:k chaṭa' fi: al-ḥisa:b. هناك خطأ في الحساب.
S09	Diesen Artikel habe ich nicht gekauft.	'ana: lam 'ashtari ha:dhihi as-sil*ah. أنا لم أشتر هذه السلعة.

Um den Preis handeln المفاصلة

Während das Handeln in den modernen Einkaufszentren unüblich ist, gehört es in kleineren Geschäften und auf den orientalischen Märkten zum Einkaufen. Es wäre für die Händler befremdlich bis beleidigend, den Einkauf ohne Feilschen zu tätigen.

S10	Wie viel kostet das?	ma: ath-thaman? ما الثمن؟
S11	Es tut mir leid, aber das ist zu teuer.	ma* al-'asaf, ha:dha: gha:li: dschiddan. مع الأسف، هذا غالي جدا.
S12	Könnte ich eine Ermäßigung bekommen?	mumkin chaṣm fi: as-si*r? ممكن خصم في السعر؟

♂ maː ra'yak bi- ...? ♀ maː ra'yik bi- ...?	ما رأيكَ ب ...؟ ما رأيكِ ب ...؟	Wie wäre es mit ...?

513	Für ... nehme ich es.	'adfa* ... أدفع ...
514	Das ist mein letztes Angebot.	haːdhaː *arḍiː al-'achiːr. هذا عرضي الأخير.

515	Ich muss es mir noch einmal überlegen.	yadschib 'an 'ufakkir fiː al-'amr marrah 'uchraː. يجب أن أفكر في الأمر مرة أخرى.
516	Abgemacht!	'ittafaqnaː! إتفقنا!

Gekauftes umtauschen oder zurückgeben

التبديل والإرجاع

S17	Dieser Artikel ist beschädigt.	ha:dhihi as-sil*ah ma*ṭu:bah. هذه السلعة معطوبة.
S18	Dieser Artikel funktioniert nicht richtig.	ha:dhihi as-sil*ah la: ta*mal bi-shakl ṣaḥi:ḥ. هذه السلعة لاتعمل بشكل صحيح.
S19	Dieser Artikel ist nicht, was ich wollte.	ha:dhihi as-sil*ah laysat ma: 'uri:d. هذه السلعة ليست ما أريد.
S20	Ich möchte das umtauschen.	'uri:d 'ibda:lha:. أريد إبدالها.
S21	Ich möchte das zurückgeben.	'uri:d 'irdscha:*ha:. أريد إرجاعها.
S22	Ich möchte mein Geld erstattet bekommen.	'uri:d 'istirda:d nuqu:di:. أريد استرداد نقودي.
S23	Ein Gutschein wäre auch in Ordnung.	'aqbal ko:bo:n. أقبل كوبون.

البنك والبريد

Bank und Post

Die Währung

العملة

Unter www.finanzen.net/waehrungsrechner können Sie nach Ihrem Urlaubsort suchen und so die richtige Währung finden, in die Sie umrechnen möchten. Hier sind einige arabische Länder mit der jeweiligen Währung aufgelistet:

Ägypten	Ägyptisches Pfund = 100 Piaster
Irak	Irakischer Dinar
Iran	Iranischer Rial = 100 Dinars
Jemen	Jemen-Rial = 100 Fils
Jordanien	Dinar = 100 Piaster
Katar	Katar-Rial = 100 Dirham
Königreich Bahrain	Bahrain-Dinar = 1000 Fils
Libanon	Libanesisches Pfund = 100 Piaster
Marokko	Dirham = 100 Centimes
Oman	Omanischer Rial = 1000 Baisa
Saudi-Arabien	Saudi-Rial = 100 Halala
Syrien	Syrische Lira = 100 Piaster
Tunesien	Dinar = 1000 Millimes
Vereinigte Arabische Emirate	VAE Dirham = 100 Fils

T01	Ich möchte das gern in Dinar umtauschen.	'uri:d tabdi:l ha:dha: bi-d-di:na:r. أريد تبديل هذا بالدينار.
T02	Ich möchte das gern in Dirham umtauschen.	'uri:d tabdi:l ha:dha: bi-d-dirham. أريد تبديل هذا بالدرهم.
T03	Ich möchte das gern in Rial umtauschen.	'uri:d tabdi:l ha:dha: bi-r-riya:l. أريد تبديل هذا بالريال.
T04	Ich möchte das gern in ägyptische Pfund umtauschen.	'uri:d tabdi:l ha:dha: bi-l-dschine:h al-miṣriyy. أريد تبديل هذا بالجنيه المصري.
T05	Ich möchte das gern in syrische Pfund umtauschen.	'uri:d tabdi:l ha:dha: bi-l-le:rah as-su:riyyah. أريد تبديل هذا بالليرة السورية.

T06	Wie ist der Wechsel-kurs heute?	ma: si*r aṣ-ṣarf al-yawm? ما سعر الصرف اليوم؟
T07	Wie hoch ist die Um-rechnungsgebühr?	kam *umu:lat aṣ-ṣarf? كم عمولة الصرف؟
T08	Ich hätte das Geld gern in kleinen Scheinen.	'uri:d an-nuqu:d bi-'awra:q naqdiyyah ṣaghi:rah أريد النقود بأوراق نقدية صغيرة.
T09	Ich hätte das Geld gern in Fünfern. *(Scheinen)*	'uri:d an-nuqu:d bi-'awra:q naqdiyyah min fi'at al-chamsah. أريد النقود بأوراق نقدية من فئة الخمسة.
T10	Ich hätte das Geld gern in Zehnern. *(Scheinen)*	'uri:d an-nuqu:d bi-'awra:q naqdiyyah min fi'at al-*asharah. أريد النقود بأوراق نقدية من فئة العشرة.
T11	Ich hätte das Geld gern in Zwanzigern. *(Scheinen)*	'uri:d an-nuqu:d bi-'awra:q naqdiyyah min fi'at al-*ishri:n. أريد النقود بأوراق نقدية من فئة العشرين.
T12	Ich hätte das Geld gern in Fünfzigern. *(Scheinen)*	'uri:d an-nuqu:d bi-'awra:q naqdiyyah min fi'at al-chamsi:n. أريد النقود بأوراق نقدية من فئة الخمسين.

Geld besorgen الحصول على النقود

Mit EC-Karte oder Kreditkarte abheben? Mit EC-Karte und PIN kann man mittlerweile in vielen Ländern an Automaten Geld abheben. Möglicherweise müssen Sie mit Währungsumrechnungsprovisionen rechnen. Hinzu kommen die Abhebungsgebühren, die auch in Deutschland an institutsfremden Automaten anfallen würden. Ähnliches gilt für die Kreditkarte, doch mit ihr kann man an fast allen Automaten Geld bekommen. Am besten erkundigen Sie sich bei Ihrer Bank nach der Höhe der Gebühren.

T13	Gibt es einen Geldautomaten in der Nähe?	hal yu:dschad ṣarra:f 'a:liyy qari:b? هل يوجد صراف آلي قريب؟
T14	Wo ist die nächste Bank?	'ayna 'aqrab bank? أين أقرب بنك؟
T15	Ich möchte diesen Reisescheck einlösen.	'uri:d ṣarf ha:dha: ash-shi:k as-siya:ḥiyy. أريد صرف هذا الشيك السياحي.

In der Post

في مكتب البريد

Briefe aus den arabischen Ländern verschickt man per Airmail (Luftpost) bari:d dschawwiyy بريد جوي.

T16	Ich möchte diese Postkarte per Luftpost verschicken.	'uri:d 'irsa:l ha:dhihi al-biṭa:qah al-bari:diyyah bi-l-bari:d al-dschawwiyy. أريد إرسال هذه البطاقة البريدية بالبريد الجوي.

T17	Ich bräuchte einen Briefumschlag.	'aḥta:dsch 'ila: mughallaf risa:lah. أحتاج إلى مغلف رسالة.
T18	Ich bräuchte eine Briefmarke.	'aḥta:dsch 'ila: ṭa:bi* bari:diyy. أحتاج إلى طابع بريدي.
T19	Ich bräuchte die passende Briefmarke.	'aḥta:dsch 'ila: aṭ-ṭa:bi* al-muna:sib. أحتاج إلى الطابع المناسب.
T20	Ich möchte diese Postkarte aufgeben.	'uri:ḍ 'irsa:l ha:dhihi al-biṭa:qah al-bari:diyyah. أريد إرسال هذه البطاقة البريدية.
T21	Ich möchte diesen Brief aufgeben.	'uri:ḍ 'irsa:l ha:dhihi ar-risa:lah. أريد إرسال هذه الرسالة.
T22	Ich möchte dieses Päckchen aufgeben.	'uri:ḍ 'irsa:l ha:dha: aṭ-ṭard. أريد إرسال هذا الطرد.
T23	nach Deutschland	'ila: 'alma:nya: إلى ألمانيا
T24	nach Österreich	'ila: an-nimsa: إلى النمسا
T25	in die Schweiz	'ila: swi:sra: إلى سويسرا
T26	Welche Briefmarke brauche ich dafür?	ma: aṭ-ṭawa:bi* al-lati: 'aḥta:dsch 'ilayha:? ما الطوابع التي أحتاج إليها؟

نشاطات أوقات الفراغ
Freizeitaktivitäten

Ganz allgemein — أمور عامة

T27	Wie viel kostet der Eintritt für Kinder?	kam rasm ad-duchu:l li-l-'aṭfa:l? كم رسم الدخول للأطفال؟
T28	Wie viel kostet der Eintritt für Schüler?	kam rasm ad-duchu:l li-t-tala:mi:dh? كم رسم الدخول للتلاميذ؟
T29	Wie viel kostet der Eintritt für Studenten?	kam rasm ad-duchu:l li-ṭ-ṭulla:b? كم رسم الدخول للطلاب؟
T30	Wie viel kostet der Eintritt für Erwachsene?	kam rasm ad-duchu:l li-l-ba:lighi:n? كم رسم الدخول للبالغين؟
T31	Wie viel kostet der Eintritt für Senioren?	kam rasm ad-duchu:l li-kiba:r as-sinn? كم رسم الدخول لكبار السن؟
T32	Wie viel kostet der Eintritt für Gruppen?	kam rasm ad-duchu:l li-l-madschmu:*a:t? كم رسم الدخول للمجموعات؟
T33	Gibt es eine Ermäßigung?	hal yu:dschad biṭa:qah muchaffaḍah? هل يوجد بطاقة مخفضة؟
T34	Zwei Erwachsene und ein Kind, bitte.	♂ biṭa:qat duchu:l li-shachṣayn ba:lighayn wa ṭifl, law samaḥt. بطاقة دخول لشخصين بالغين وطفل، لو سمحت. ♀ biṭa:qat duchu:l li-shachṣayn ba:lighayn wa ṭifl, law samaḥti. بطاقة دخول لشخصين بالغين وطفل، لو سمحت.
T35	Wann öffnet das Museum?	mata: yaftaḥ al-matḥaf? متى يفتح المتحف؟
T36	Wann schließt das Museum?	mata: yughliq al-matḥaf? متى يغلق المتحف؟
T37	Wann öffnet die Ausstellung?	mata: yaftaḥ al-ma*riḍ (bzw. al-ma*raḍ)? متى يفتح المعرض؟
T38	Wann schließt die Ausstellung?	mata: yughliq al-ma*riḍ (bzw. al-ma*raḍ)? متى يغلق المعرض؟

T39	Wann öffnet der Themenpark?	mata: yaftaḥ al-muntazah? متى يفتح المنتزه؟
T40	Wann schließt der Themenpark?	mata: yughliq al-muntazah? متى يغلق المنتزه؟
T41	Wann öffnet der Vergnügungspark?	mata: taftaḥ ḥadi:qat al-mala:hi:? متى تفتح حديقة الملاهي؟
T42	Wann schließt der Vergnügungspark?	mata: tughliq ḥadi:qat al-mala:hi:? متى تغلق حديقة الملاهي؟
T43	Gibt es einen Geschenkladen?	hal huna:k maḥall li-bay* al-hada:ya:? هل هناك محل لبيع الهدايا؟
T44	Gibt es ein Café?	hal huna:k maqha:? هل هناك مقهى؟
T45	Gibt es ein Restaurant?	hal huna:k maṭ*am? هل هناك مطعم؟
T46	Gibt es eine Garderobe?	hal tu:dschad chiza:nah li-l-mala:bis? هل توجد خزانة للملابس؟

mamnu:* duchu:l al-'aṭfa:l. ممنوع دخول الأطفال.	Kinder haben keinen Zutritt.
faqaṭ bi-rifqat shachṣ ba:ligh فقط برفقة شخص بالغ	nur in Begleitung eines Erwachsenen
faqaṭ bi-rifqat 'aḥad al-wa:lidayn فقط برفقة أحد الوالدين	nur in Begleitung eines Elternteils
bi-rifqat al-waṣiyy برفقة الوصي	in Begleitung des Erziehungsberechtigten

T47	Was kostet der Kurs?	kam tukallif ad-dawrah ad-dira:siyyah? كم تكلف الدورة الدراسية؟
T48	Was kostet eine Unterrichtsstunde?	kam tukallif as-sa:*ah at-tadri:siyyah? كم تكلف الساعة التدريسية؟
T49	Was kostet die Teilnahme?	kam rasm al-ishtira:k? كم رسم الاشتراك؟

T50	Ich möchte eine Stadtrundfahrt machen.	'uri:d al-qiya:m bi-dschawlah bi-s-sayya:rah ḥawl al-madi:nah? أريد القيام بجولة بالسيارة حول المدينة.

Sport
الرياضة

U01	Wo können wir Volleyball spielen?	'ayna yumkin 'an nal*ab kurat aṭ-ṭa:'irah? أين يمكن أن نلعب الكرة الطائرة؟
U02	Wo können wir Beach-Volleyball spielen?	'ayna yumkin 'an nal*ab kurat aṭ-ṭa:'irah ash-sha:ṭi'iyyah? أين يمكن أن نلعب كرة الطائرة الشاطئية؟
U03	Wo können wir Fußball spielen?	'ayna yumkin 'an nal*ab kurat al-qadam? أين يمكن أن نلعب كرة القدم؟
U04	Wo können wir Golf spielen?	'ayna yumkin 'an nal*ab al-go:lf? أين يمكن أن نلعب الغولف؟
U05	Wo können wir Minigolf spielen?	'ayna yumkin 'an nal*ab al-go:lf aṣ-ṣaghi:r? أين يمكن أن نلعب الغولف الصغير؟
U06	Wo können wir Tennis spielen?	'ayna yumkin 'an nal*ab at-tennis? أين يمكن أن نلعب التنس؟
U07	Darf ich mit Ihnen spielen?	mumkin 'an 'al*ab ma*akum? ممكن أن ألعب معكم؟
U08	Ich würde gern eine Bergtour machen.	'uḥibb al-qiya:m bi-riḥlah dschabaliyyah. أحب القيام برحلة جبلية.
U09	Können Sie uns einen Wanderweg empfehlen?	♂ mumkin 'an tanṣaḥna: bi-ṭari:q tadschawwul? ممكن أن تنصحنا بطريق تجول؟ ♀ mumkin 'an tanṣaḥi:na: bi-ṭari:q tadschawwul? ممكن أن تنصحينا بطريق تجول؟
U10	Wo kann man eine Wanderkarte bekommen?	'ayna yumkin al-ḥuṣu:l *ala: chari:ṭah li-mawa:qi* at-tadschawwul? أين يمكن الحصول على خريطة لمواقع التجول؟
U11	Wo kann man angeln?	'ayna yumkin 'iṣṭiya:d as-samak? أين يمكن اصطياد السمك؟

U12	Wo kann man ein Fahrrad mieten?	'ayna yumkin 'isti'dscha:r darra:dschah? أين يمكن استئجار دراجة؟
U13	Wo kann man ein Mountainbike mieten?	'ayna yumkin 'isti'dscha:r darra:dschah dschabaliyyah? أين يمكن استئجار دراجة جبلية؟
U14	Wo kann man joggen?	'ayna yumkin muma:rasat riya:ḍat al-dschary? أين يمكن ممارسة رياضة الجري؟
U15	Wo kann man reiten?	'ayna yumkin muma:rasat ruku:b al-chayl? أين يمكن ممارسة ركوب الخيل؟
U16	Gibt es in der Nähe eine Reitschule?	hal yu:dschad madrasah li-ruku:b al-chayl bi-l-qurb min huna:? هل يوجد مدرسة لركوب الخيل بالقرب من هنا؟
U17	Gibt es ein Fitnessstudio für Frauen?	hal yu:dschad nadi: riya:ḍiyy li-n-nisa:'? هل يوجد نادي رياضي للنساء؟

Wassersport الرياضة المائية

U18	Ich würde gern Kajak fahren.	'uḥibb qiya:dat zawa:riq al-ka:ya:k. أحب قيادة زوارق الكاياك.

U19	Ich würde gern segeln.	'uḥibb qiya:dat al-qawa:rib ash-shira:*iyyah. أحب قيادة القوارب الشراعية.
U20	Ich würde gern kitesurfen.	'uḥibb at-tazalludsch ash-shira:*iyy *ala: al-ma:'. أحب التزلج الشراعي على الأمواج.
U21	Ich würde gern tauchen.	'uḥibb al-ghaṭs. أحب الغطس.
U22	Ich würde gern Wasserski fahren.	'uḥibb at-tazalludsch *ala: al-ma:'. أحب التزلج على الماء.
U23	Ich würde gern wellenreiten.	'uḥibb ruku:b al-'amwa:dsch. أحب ركوب الأمواج.
U24	Ich würde gern windsurfen.	'uḥibb ruku:b al-'alwa:ḥ ash-shira:*iyyah. أحب ركوب الألواح الشراعية.
U25	Ich möchte ein Motorboot mieten.	'uri:d isti'dscha:r qa:rib sari:*. أريد استئجار قارب سريع.
U26	Ich möchte einen Katamaran mieten.	'uri:d isti'dscha:r ka:ta:ma:ra:n. أريد استئجار كاتاماران.
U27	Ich möchte ein Segelboot mieten.	'uri:d isti'dscha:r qa:rib shira:*iyy. أريد استئجار قارب شراعي.
U28	Ich möchte ein Ruderboot mieten.	'uri:d isti'dscha:r qa:rib tadschdi:f. أريد استئجار قارب تجديف.
U29	Ich möchte ein Tretboot mieten.	'uri:d isti'dscha:r qa:rib bi-dawwa:sa:t. أريد استئجار قارب بدواسات.
U30	Ich möchte ein Kajak mieten.	'uri:d isti'dscha:r zawraq ka:ya:k. أريد استئجار زورق كاياك.
U31	Ich möchte ein Surfbrett mieten.	'uri:d isti'dscha:r lawḥ tazalludsch. أريد استئجار لوح تزلج.
U32	Ich möchte eine Taucherausrüstung mieten.	'uri:d isti'dscha:r mu*adda:t ghaṭs. أريد استئجار معدات غطس.
U33	Wie ist der Wellengang?	kayf ḥa:lat al-'amwa:dsch? كيف حالة الأمواج؟

U34	Ich möchte schwimmen gehen.	'uri:d 'an 'asbaḥ. أريد أن أسبح.
U35	Gibt es ein Freibad in der Nähe?	hal yu:dschad masbaḥ qari:b? هل يوجد مسبح قريب؟
U36	Gibt es ein Hallenbad in der Nähe?	hal yu:dschad masbaḥ mughaṭṭa: qari:b? هل يوجد مسبح مغطى قريب؟
U37	Ist dies das Nichtschwimmerbecken?	hal ha:dha: al-ḥawḍ li-ghayr as-sa:biḥi:n? هل هذا الحوض لغير السابحين؟
U38	Gibt es Schwimmzeiten für Frauen?	hal yu:dschad 'awqa:t muchaṣṣaṣah li-n-nisa:'? هل يوجد أوقات مخصصة للنساء؟
U39	Wann?	mata:? متى

min as-sa:*ah ... 'ila: s-sa:*ah ... من الساعة ... إلى الساعة ...	Von ... bis ...

U40	Wo sind die Duschen?	'ayna ad-du:sh? أين الدوش؟
U41	Wo sind die die Umkleideräume?	'ayna ghuraf taghyi:r al-mala:bis? أين غرف تغيير الملابس؟
U42	Wo sind die Schließfächer?	'ayna chaza:'in al-'ama:na:t? أين خزائن الأمانات؟
U43	Wo kann ich die passende Münze bekommen?	'ayna yumkin 'an 'aḥṣul *ala: qiṭ*at an-nuqu:d al-muna:sibah? أين يمكن أن أحصل على قطعة النقود المناسبة؟
U44	Wo kann ich den Chip bekommen?	'ayna yumkin 'an 'aḥṣul *ala: ash-shari:ḥah al-muna:sibah? أين يمكن أن أحصل على الشريحة المناسبة؟

Am Strand

على الشاطئ

U45	Wie komme ich zum Strand?	kayfa 'aṣil 'ila: sh-sha:ṭi'? كيف أصل إلى الشاطئ؟
U46	Darf man hier schwimmen?	hal yusmaḥ bi-s-siba:ḥah huna:? هل يسمح بالسباحة هنا؟

'innahu al-madd.	إنه المد.	Es ist Flut.
'innahu al-dschazr.	إنه الجزر.	Es ist Ebbe.

U47	Gibt es gefährliche Quallen?	hal tu:dschad qana:di:l baḥr chaṭirah? هل توجد قناديل بحر خطرة؟
U48	Gibt es starke Strömungen?	hal tu:dschad tayya:ra:t ma:'iyyah qawiyyah? هل توجد تيارات مائية قوية؟
U49	Ich möchte einen Sonnenschirm mieten.	'uri:d isti'dscha:r miẓallah shamsiyyah? أريد استئجار مظلة شمسية؟
U50	Ich möchte einen Sonnenschirm kaufen.	'uri:d shira:' miẓallah shamsiyyah. أريد شراء مظلة شمسية.

U51	Ich möchte einen Strandstuhl mieten.	'uri:d isti'dscha:r kursiyy li-l-istilqa:'. أريد استئجار كرسي للاستلقاء.
U52	Ich möchte einen Strandstuhl kaufen.	'uri:d shira:' kursiyy li-l-istilqa:'. أريد شراء كرسي للاستلقاء.
U53	Ich möchte einen Windschutz mieten.	'uri:d isti'dscha:r ha:dschiz riya:ḥ. أريد استئجار حاجز رياح.
U54	Ich möchte einen Windschutz kaufen.	'uri:d shira:' ha:dschiz riya:ḥ. أريد شراء حاجز رياح.

Wellness الاستجمام

Ein arabisches Badehaus – das Hammam ḥamma:m حمام – ist einen Besuch wert. Genießen Sie, streng nach Geschlecht getrennt, diverse Schwitzphasen und ein gründliches Einseifen. Nach dem Betreten des Eingangsbereiches werden die Wertsachen abgegeben. Man gelangt danach in einen sogenannten Ruheraum, wo man sich auszieht und ein Badetuch um die Hüfte gewickelt bekommt. Danach geht es in einen warmen Raum und anschließend zum Schwitzen in einen heißen Raum. In der Mitte des Hammams befindet sich der Nabelstein, auf den man sich legt und eingeseift, geknetet und geschrubbt wird. Im Hammam gilt übrigens die ungeschriebene Regel der Stille.

U55	Ich möchte ein Dampfbad nehmen.	'uri:d 'an 'a:chudh ḥamma:m bucha:r. أريد أن آخذ حمام بخار.
U56	Ich möchte eine Massage buchen.	'uri:d 'an 'aḥdschiz massa:dsch. أريد أن أحجز مساج.
U57	Ich möchte ein Handtuch leihen.	'uri:d 'an 'asta*i:r minshafah. أريد أن أستعير منشفة.

J58	Ich möchte einen Bademantel leihen.	'uri:d 'an 'asta*i:r ro:b ḥamma:m. أريد أن أستعير روب حمام.
J59	Ich möchte die Sauna benutzen.	'uri:d 'an 'astachdim as-sawna:. أريد أن أستخدم الساونا.
J60	Ich möchte in die Therme gehen.	'uri:d 'an 'adhhab 'ila: al-ḥamma:ma:t as-sa:chinah. أريد أن أذهب إلى الحمامات الساخنة.
J61	Ich hätte gern ein Gesichtspeeling.	'uri:d taqshi:r al-wadschh. أريد تقشير الوجه.
J62	Ich hätte gern ein Körperpeeling.	'uri:d taqshi:r al-dschism. أريد تقشير الجسم.
J63	Ich hätte gern eine Maniküre.	'uri:d al-*ina:yah bi-'aṣa:bi* al-yad. أريد العناية بأصابع اليد.
J64	Ich hätte gern eine Pediküre.	'uri:d al-*ina:yah bi-'aṣa:bi* al-qadam. أريد العناية بأصابع القدم.
J65	Bieten Sie Ayurveda-Anwendungen an?	hal *indakum ṭuruq *ila:dsch al-'i:ro:fi:da? هل عندكم طرق علاج الإيروفيدا؟

U66	Bieten Sie Anwendungen mit Naturkosmetik an?	hal *indakum ṭuruq at-tadschmi:l bi-l-'a*sha:b? هل عندكم طرق التجميل بالأعشاب؟
U67	Ich würde gern am Yogaunterricht teilnehmen.	'awadd al-musha:rakah fi: dars al-yo:ga:. أود المشاركة في درس اليوغا.
U68	Ich würde gern an der Meditation teilnehmen.	'awadd al-musha:rakah fi: t-ta'ammul. أود المشاركة في التأمل.

Museen und Ausstellungen المتاحف والمعارض

U69	Ich möchte mir diese Ausstellung ansehen.	'uri:d musha:hadat ha:dha: al-ma*raḍ. أريد مشاهدة هذا المعرض.
U70	Muss man für die Sonderausstellung Eintritt bezahlen?	hal huna:k rasm duchu:l li-ha:dha: al-ma*raḍ al-cha:ṣṣ? هل هناك رسم دخول لهذا المعرض الخاص؟

In der Regel muss man Eintritt bezahlen, um Museen und Ruinenanlagen besuchen zu dürfen. Seien Sie nicht verwundert, wenn es manchmal unterschiedliche Gebühren für die Einheimischen und für die Gäste aus dem Ausland gibt. Ausländische Studenten können gelegentlich mit einem internationalen Studentenausweis ermäßigte Eintrittskarten bekommen. Der Eintritt zu Moscheen ist frei.

U71	Gibt es zu dieser Ausstellung einen Katalog?	hal yu:dschad ka:ta:lo:g li-ha:dha: al-ma*raḍ? هل يوجد كاتالوج لهذا المعرض؟
U72	Ich möchte einen Ausstellungskatalog kaufen.	'uri:d shira:' ka:ta:lo:g al-ma*raḍ. أريد شراء كاتالوج المعرض.

73	Ich interessiere mich für Gemälde.	'ana: *indi: ihtima:m bi-l-lawḥa:t. أنا عندي اهتمام باللوحات.
74	Ich interessiere mich für Skulpturen.	'ana: *indi: ihtima:m bi-l-manḥu:ta:t. أنا عندي اهتمام بالمنحوتات.
75	Ich interessiere mich für Geschichte.	'ana: *indi: ihtima:m bi-t-ta:ri:ch. أنا عندي اهتمام بالتاريخ.
76	Ich interessiere mich für naturwissenschaftliche Ausstellungen.	'ana: *indi: ihtima:m bi-l-ma*a:riḍ al-*ilmiyyah. أنا عندي اهتمام بالمعارض العلمية.
77	Ich interessiere mich für Technik.	'ana: *indi: ihtima:m bi-t-tekno:lo:dschya:. أنا عندي اهتمام بالتكنولوجيا.

Nachtleben السهر

01	Wir möchten tanzen gehen.	nuri:d 'an narquṣ. نريد أن نرقص.
02	Welche Musik wird in diesem Club gespielt?	ma: naw* al-mu:si:qa: al-muqaddamah fi: ha:dha: an-na:di:? ما نوع الموسيقى المقدمة في هذا النادي؟
03	Was für Leute gehen dorthin?	ma: naw*iyyat al-'ashcha:ṣ al-ladhi:na yadhhabu:n 'ila: huna:k? ما نوعية الأشخاص الذين يذهبون إلى هناك؟
04	Was zieht man da an?	ma: hiya al-mala:bis al-muna:sibah? ما هي الملابس المناسبة؟
05	Wann macht der Club auf?	mata: yaftaḥ an-na:di: 'abwa:buh? متى يفتح النادي أبوابه؟
06	Das ist ein Schwulentreffpunkt.	ha:dha: multaqa: al-mithliyyi:n. هذا ملتقى المثليين.
07	Das ist ein Lesbentreffpunkt.	ha:dha: multaqa: al-mithliyya:t. هذا ملتقى المثليات.

V08	Hier ist nichts los.	ha:dha: maka:n mumill. هذا مكان ممل.
V09	Können wir woanders hingehen?	hal yumkinuna: adh-dhaha:b 'ila: maka:n 'a:char? هل يمكننا الذهاب إلى مكان آخر؟
V10	Lass uns einen trinken gehen!	da*na: nadhhab li-tana:wul mashru:b! دعنا نذهب لتناول مشروب!
V11	Kennen Sie / Kennst du eine nette Kneipe?	♂ hal ta*rif ḥa:nah dschayyidah? هل تعرف حانة جيدة؟ ♀ hal ta*rifi:n ḥa:nah dschayyidah? هل تعرفين حانة جيدة؟
V12	Hier gefällt's mir.	'uḥibb ha:dha: al-maka:n. أحب هذا المكان.

Kino, Theater, Konzert سينما ، مسرح ، حفلة موسيقية

V13	Ich würde gern ins Theater gehen.	'awadd 'an 'adhhab 'ila: al-masraḥ. أود أن أذهب إلى المسرح.
V14	Ich würde gern ins Kino gehen.	'awadd 'an 'adhhab 'ila: as-si:nima:. أود أن أذهب إلى السينما.
V15	Ich würde gern ins Konzert gehen.	'awadd 'an 'adhhab 'ila: al-ḥaflah al-mu:si:qiyyah. أود أن أذهب إلى الحفلة الموسيقية.
V16	Ich würde gern in die Oper gehen.	'awadd 'an 'adhhab 'ila: al-o:bera:. أود أن أذهب إلى الأوبرا.
V17	Was läuft gerade?	ma:dha: yu*raḍ ḥa:liyyan? ماذا يعرض حالياً؟
V18	Ich möchte einen Abenteuerfilm sehen.	'uri:d 'an 'usha:hid fi:lm mugha:mara:t. أريد أن أشاهد فيلم مغامرات.
V19	Ich möchte einen Horrorfilm sehen.	'uri:d 'an 'usha:hid fi:lm ru*b. أريد أن أشاهد فيلم رعب.
V20	Ich möchte eine Komödie sehen.	'uri:d 'an 'usha:hid ko:mi:dya:. أريد أن أشاهد كوميديا.
V21	Ich möchte eine Liebesgeschichte sehen.	'uri:d 'an 'usha:hid qiṣṣat ḥubb. أريد أن أشاهد قصة حب.

22	Ich möchte einen Science-Fiction-Film sehen.	'uri:d 'an 'usha:hid fi:lm chaya:l *ilmiyy. أريد أن أشاهد فيلم خيال علمي.
23	Ich möchte einen Trickfilm sehen.	'uri:d 'an 'usha:hid fi:lm kartu:n. أريد أن أشاهد فيلم كرتون.
24	Wann fängt der Film an?	mata: yabda' al-fi:lm? متى يبدأ الفيلم؟
	yabda' al-fi:lm fi: s-sa:*ah … يبدأ الفيلم في الساعة …	Der Film fängt um … an.
25	Wann ist der Film zu Ende?	mata: yantahi: al-fi:lm? متى ينتهي الفيلم؟
26	Wann fängt das Konzert an?	mata: tabda' al-ḥaflah al-mu:si:qiyyah? متى تبدأ الحفلة الموسيقية؟
	tabda' al-ḥaflah al-mu:si:qiyyah fi: as-sa:*ah … تبدأ الحفلة الموسيقية في الساعة …	Es fängt um … an.
27	Wann ist das Konzert zu Ende?	mata: tantahi: al-ḥaflah al-mu:si:qiyyah? متى تنتهي الحفلة الموسيقية؟
28	Wir könnten in die Oper gehen.	yumkin 'an nadhhab 'ila: al-o:bera:. يمكن أن نذهب إلى الأوبرا.
29	Ich möchte ins Theater gehen.	'uri:d 'an adhhab 'ila: al-masraḥ. أريد أن أذهب إلى المسرح.
30	Gibt es noch Karten für die Abendvorstellung?	hal tu:dschad biṭa:qa:t li-ḥaflat al-masa:'? هل توجد بطاقات لحفلة المساء؟
31	Gibt es noch Karten für die Matinée?	hal tu:dschad biṭa:qa:t li-ḥaflat ba*d aẓ-ẓuhr? هل توجد بطاقات لحفلة بعد الظهر؟
32	Wie viel kosten Plätze in den vorderen Reihen?	ma: thaman at-tadha:kir fi: aṣ-ṣufu:f al-'ama:miyyah? ما ثمن التذاكر في الصفوف الأمامية؟

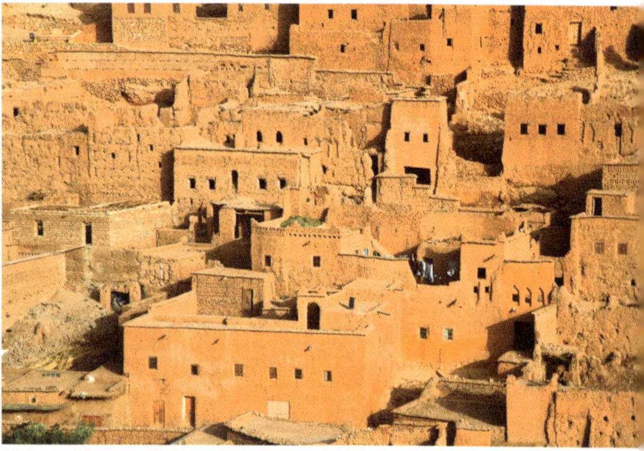

Ait Benhaddou nahe Ouarzate, Marokko

V33	Wie viel kosten Plätze in der Loge?	ma: thaman at-tadha:kir fi: al-lo:dsch? ما ثمن التذاكر في اللوج؟
V34	Wie viel kosten Plätze in der Mitte?	ma: thaman at-tadha:kir fi: al-wasaṭ? ما ثمن التذاكر في الوسط؟
V35	Wie viel kosten Plätze im Parkett?	ma: thaman at-tadha:kir fi: aṣ-ṣufu:f al-'ama:miyyah? ما ثمن التذاكر في الصفوف الأمامية؟
V36	Wie viel kosten Plätze im ersten Rang?	ma: thaman at-tadha:kir fi: aṣ-ṣaff al-'awwal? ما ثمن التذاكر في الصف الأول؟
V37	Gibt es auch Stehplätze?	hal tu:dschad 'ayḍan 'ama:kin *ala: al-wa:qif? هل توجد أيضاً أماكن على الواقف؟
V38	Ich hätte gern ein Programm.	'uri:d 'an 'ashtari: barna:madsch. أريد أن أشتري برنامج.

الطوارئ

Notfälle

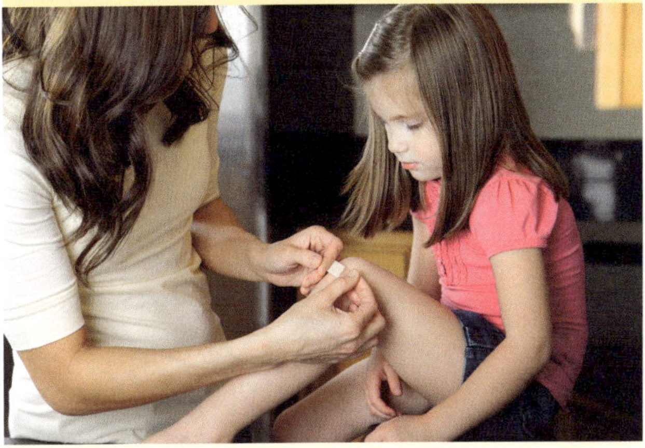

Notruf

إتصال عاجل

Notrufnummern

	Rettungsdienst	Polizei	Feuerwehr
Ägypten	123	122	125
Emirate	999	999	997
Marokko	15	19 in der Stadt, 177 unterwegs	15
Syrien	110	112	113
Jordanien	193	191 oder 192	193
Tunesien	190	197	198

W01	Verbinden Sie mich mit dem Rettungsdienst!	♂ 'awṣilni: bi-l-'is*a:f! ♀ 'awṣili:ni: bi-l-'is*a:f!	أوصلني بالإسعاف! أوصليني بالإسعاف!
W02	Verbinden Sie mich mit der Polizei!	♂ 'awṣilni: bi-sh-shurṭah! ♀ 'awṣili:ni: bi-sh-shurṭah!	أوصلني بالشرطة! أوصليني بالشرطة!
W03	Verbinden Sie mich mit der Feuerwehr!	♂ 'awṣilni: bi-l-maṭa:fi'! ♀ 'awṣili:ni: bi-l-maṭa:fi'!	أوصلني بالمطافىء! أوصليني بالمطافىء!
W04	Kommen Sie schnell zu ...	yurdscha: al-'isra:* 'ila: ...	يرجى الإسراع إلى ...
W05	Es hat einen Unfall gegeben.	ḥaṣal ḥa:dith.	حصل حادث .
W06	Es hat eine Schlägerei gegeben.	ḥaṣalat musha:dscharah.	حصلت مشاجرة.
W07	Es brennt!	huna:k ḥari:q!	هناك حريق!
W08	Hilfe!	an-nadschdah!	النجدة!

Auf der Polizeiwache في مخفر الشرطة

W09	Ich möchte jemanden anzeigen.	'uri:d 'an 'ashtaki: *ala: shachṣ. أريد أن أشتكي على شخص.
W10	Ich möchte eine Aussage machen.	'uri:d 'an 'udli: bi-'ifa:dah. أريد أن أدلي بإفادة.
W11	Ich möchte eine Schlägerei melden.	'uri:d 'an 'ubligh *an shidscha:r. أريد أن أبلغ عن شجار.
W12	Ich möchte einen Diebstahl melden.	'uri:d al-'ibla:gh *an sariqah. أريد الإبلاغ عن سرقة.
W13	Ich möchte eine Vermisstenanzeige machen.	'uri:d al-'ibla:gh *an mafqu:d. أريد الإبلاغ عن مفقود.
W14	Ich möchte einen Anwalt.	'uri:d muḥa:mi:. أريد محامي.
W15	Ich möchte einen Telefonanruf tätigen.	'uri:d al-ittiṣa:l bi-l-ha:tif. أريد الإتصال بالهاتف.

W16	Mir wurde mein Auto gestohlen.	suriqat minni: sayya:rati:.	سرقت مني سيارتي.
W17	Mir wurde meine Brieftasche gestohlen.	suriqat minni: ḥaqi:bati:.	سرقت مني حقيبتي.
W18	Mir wurde mein Geldbeutel gestohlen.	suriqat minni: miḥfaẓat nuqu:di:.	سرقت مني محفظة نقودي.
W19	Mir wurde meine Handtasche gestohlen.	suriqat minni: ḥaqi:bati: al-yadawiyyah.	سرقت مني حقيبتي اليدوية.
W20	Mir wurde mein Handy gestohlen.	suriqa minni: ha:tifi: al-maḥmu:l.	سرق مني هاتفي المحمول.
W21	Mir wurde mein Pass gestohlen.	suriqa minni: dschawa:z safari:.	سرق مني جواز سفري.
W22	Ich wurde ausgeraubt.	ta*arraḍḍtu li-s-salb.	تعرضت للسلب.
W23	Ich wurde verprügelt.	ta*arraḍḍtu li-ḍ-ḍarb.	تعرضت للضرب.
W24	Ich wurde vergewaltigt.	ta*arraḍḍtu li-l-ightiṣa:b.	تعرضت للإغتصاب.
W25	Es gibt einen Zeugen.	yu:dschad sha:hid.	يوجد شاهد.
W26	Es gibt keinen Zeugen.	laysa huna:k sha:hid.	ليس هناك شاهد.

Beim Arzt und im Krankenhaus عند الطبيب وفي المشفى

Vor einem Besuch in einem arabischen Land sollten Sie unbedingt eine Auslandskrankenversicherung abschließen, die auch den Transport in die Heimat miteinschließt. Sie können direkt bei Ihrer Krankenkasse oder bei anderen Anbietern nachfragen, wie viel es kostet.
Bei www.auswaertiges-amt.de können Sie sich unter dem Menüpunkt *Reise & Sicherheit, Übersicht* über gesundheitliche Vorsorge und andere wichtige Themen, die Ihr Urlaubsland betreffen, informieren.

X01	Ich brauche einen Arzt.	'aḥta:dsch 'ila: ṭabi:b. أحتاج إلى طبيب.

Deutsch- oder englischsprachige Ärzte gibt es mittlerweile in vielen Ländern, besonders in den großen Städten. Die Entscheidung ist Ihnen überlassen, ob Sie im Krankheitsfall einen Allgemeinarzt bzw. einen Facharzt besuchen oder staatliche Krankenhäuser aufsuchen wollen.

X02	Wo ist die nächste Arztpraxis?	'ayna 'aqrab *iya:dah? أين أقرب عيادة؟
X03	Wo ist das nächste Krankenhaus?	'ayna 'aqrab mashfa:? أين أقرب مشفى؟
X04	Wo ist die nächste Unfallchirurgie?	'ayna 'aqrab qism li-l-'is*a:f? أين أقرب قسم للإسعاف؟
X05	Wo ist der nächste Allgemeinmediziner?	'ayna 'aqrab ṭabi:b *a:mm? أين أقرب طبيب؟
X06	Wo ist der nächste Augenarzt?	'ayna 'aqrab ṭabi:b *uyu:n? أين أقرب طبيب عيون؟
X07	Wo ist der nächste Hautarzt?	'ayna 'aqrab ṭabi:b dschildiyyah? أين أقرب طبيب جلدية؟
X08	Das ist meine Versichertenkarte.	ha:dhihi hiya biṭa:qat at-ta'mi:n aṣ-ṣiḥḥiyy. هذه هي بطاقة التأمين الصحي.
X09	Das ist meine Krankenversicherung.	ha:dha: huwa at-ta'mi:n aṣ-ṣiḥḥiyy. هذا هو التأمين الصحي.

yurdscha: al-dschulu:s fi: ghurfat al-intiẓa:r. يرجى الجلوس في غرفة الانتظار.	Bitte nehmen Sie im Wartezimmer Platz.

X10	Ich würde lieber mit einer Ärztin sprechen.	'ufaḍḍil at-takallum ma* ṭabi:bah. أفضل التكلم مع طبيبة.

X11	Ich hatte einen Unfall.	ḥaṣal li: ḥa:dith.	حصل لي حادث.
X12	Ich habe starke Schmerzen.	ladayya 'a:la:m shadi:dah.	لدي آلام شديدة.
X13	Es ist ein andauernder / ständiger Schmerz.	'innahu 'alam mutawa:ṣil.	إنه ألم متواصل.
X14	Es ist ein brennender Schmerz.	'innahu 'alam ḥa:riq.	إنه ألم حارق.
X15	Es ist ein dumpfer Schmerz.	'innahu 'alam cha:fit.	إنه ألم خافت.
X16	Es ist ein stechender Schmerz.	'innahu 'alam qa:riṣ.	إنه ألم قارص.

hal ha:dha: yu'lim?	هل هذا يؤلم؟	Tut das weh?

X17	Hier tut es weh.	ha:dha: huwa al-maka:n al-ladhi: yu'limni:. هذا هو المكان الذي يؤلمني.
X18	Das tut weh!	ha:dha: yu'lim. هذا يؤلم!

X19	Ich habe mir den rechten Arm gebrochen.	kusira dhira:*i: al-'ayman.	كسر ذراعي الأيمن.
X20	Ich habe mir den linken Arm gebrochen.	kusira dhira:*i: al-'aysar.	كسر ذراعي الأيسر.
X21	Ich habe mir die Hand verstaucht.	luwiyat yadi:.	لويت يدي.
X22	Ich habe mir den Finger gebrochen.	kusira 'iṣba*i:.	كسر إصبعي.
X23	Ich habe mir den Daumen verstaucht.	kusira 'ibha:mi:.	كسر إبهامي.
X24	Ich habe mir das Bein gebrochen.	kusirat ridschli:.	كسرت رجلي.
X25	Ich habe mir den Fuß verstaucht.	luwiyat qadami:.	لويت قدمي.
X26	Ich habe mir den Zeh gebrochen.	kusira 'iṣba* qadami:.	كسر إصبع قدمي.
X27	Ich habe mir eine Rippe gebrochen.	kusira ḍil*i:.	كسر ضلعي.
X28	Ich habe mir das Schlüsselbein gebrochen.	kusira *aẓm turquwati:.	كسر عظم ترقوتي.
X29	Ich habe mir die Schulter ausgekugelt.	'inchala* katifi:.	انخلع كتفي.
X30	Ich möchte, dass das geröntgt wird.	'uri:d ṣu:rah bi-l-'ashi**ah li-ha:dha:.	أريد صورة بالأشعة لهذا.

hal 'anti ḥa:mil?	هل أنتِ حامل؟	Sind Sie schwanger?

X31	Ich fühle mich schwach.	'ash*ur bi-l-wahan.	أشعر بالوهن.

X32	Mir ist schwindelig.	'ash*ur bi-d-dawchah.	أشعر بالدوخة.
X33	Mir ist übel.	'ash*ur bi-l-ghathaya:n.	أشعر بالغثيان.
X34	Ich musste mich übergeben.	laqad taqayya'tu.	لقد تقيأت.
X35	Ich war ohnmächtig.	faqadtu al-wa*y.	فقدت الوعي.
X36	Mein Bauch tut weh.	baṭni: tu'limni:.	بطني تؤلمني.
X37	Mein Rücken tut weh.	ẓahri: yu'limni:.	ظهري يؤلمني.
X38	Ich habe Kopfschmerzen.	*indi: wadscha* ra's.	عندي وجع رأس.
X39	Er hat Fieber.	*induh 'irtifa:* fi: l-ḥara:rah.	عنده ارتفاع في الحرارة.
X40	Sie hat Fieber.	*indaha: 'irtifa:* fi: l-ḥara:rah.	عندها ارتفاع في الحرارة.
X41	Könnten Sie mir Antibiotika verschreiben?	♂ hal yumkin 'an taṣif li: muḍa:dd hayawiyy? ♀ hal yumkin 'an taṣifi: li: muḍa:dd hayawiyy?	هل يمكن أن تصف لي مضاد حيوي؟ هل يمكن تصفي لي مضاد حيوي؟
X42	Könnten Sie mir Antibiotika geben?	♂ hal yumkin 'an tu*ṭiyani: muḍa:dd hayawiyy? ♀ hal yumkin 'an tu*ṭi:ni: muḍa:dd hayawiyy?	هل يمكن أن تعطيني مضاد حيوي؟ هل يمكن تعطيني مضاد حيوي؟
X43	Könnten Sie mir etwas gegen ... verschreiben?	♂ hal yumkin 'an taṣif li: shay' ḍidd ...? ♀ hal yumkin 'an taṣifi: li: shay' ḍidd ...?	هل يمكن أن تصف لي شيء ضد ...؟ هل يمكن أن تصفي لي شيء ضد ...؟
X44	Könnten Sie mir etwas gegen ... geben?	♂ hal yumkin 'an tu*ṭiyani: shay' ḍidd ...? ♀ hal yumkin 'an tu*ṭi:ni: shay' ḍidd ... ?	هل يمكن أن تعطيني شيء ضد ...؟ هل يمكن أن تعطيني شيء ضد ...؟

X45	Könnten Sie mir Schmerzmittel verschreiben?	♂ hal yumkin 'an taṣif li: musakkin li-l-'alam? هل يمكن أن تصف لي مسكن للألم؟ ♀ hal yumkin 'an taṣifi: li: musakkin li-l-'alam? هل يمكن أن تصفي لي مسكن للألم؟
X46	Könnten Sie mir Schmerzmittel geben?	♂ hal yumkin 'an tu*ṭiyani: musakkin li-l-'alam? هل يمكن أن تعطيني مسكن للألم؟ ♀ hal yumkin 'an tu*ṭi:ni: musakkin li-l-'alam? هل يمكن أن تعطيني مسكن للألم؟
X47	Ich habe Angst vor Spritzen.	'acha:f min al-ḥuqnah. أخاف من الحقنة.
X48	Ich möchte eine ungebrauchte Spritze.	'uri:d 'ibrah ghayr musta*malah. أريد إبرة غير مستعملة.
X49	Bitte waschen Sie sich die Hände.	'ar-radscha:' ghasl al-'aydi:. الرجاء غسل الأيدي.
X50	Ich bin Diabetiker.	'ana: mari:ḍ bi-s-sukkariyy. أنا مريض بالسكري.
X51	Ich bin Diabetikerin.	'ana: mari:ḍah bi-s-sukkariyy. أنا مريضة بالسكري.
X52	Ich bin Epileptiker.	'ana: mari:ḍ bi-ṣ-ṣara*. أنا مريض بالصرع.
X53	Ich bin Epileptikerin.	'ana: mari:ḍah bi-ṣ-ṣara*. أنا مريضة بالصرع.
X54	Er braucht dringend Insulin.	yaḥta:dsch 'ila: 'insu:li:n bi-shakl *a:dschil. يحتاج إلى أنسولين بشكل عاجل.
X55	Sie braucht dringend Insulin.	taḥta:dsch 'ila: 'insu:li: bi-shakl *a:dschil. تحتاج إلى إنسولين بشكل عاجل.
X56	Er braucht dringend Medikamente.	yaḥta:dsch 'ila: dawa:' bi-shakl *a:dschil. يحتاج إلى دواء بشكل عاجل.
X57	Sie braucht dringend Medikamente.	taḥta:dsch 'ila: dawa:' bi-shakl *a:dschil. تحتاج إلى دواء بشكل عاجل.

♂ hal tatana:wal 'ayyat 'adwiyah? هل تتناول أية أدوية؟ ♀ hal tatana:wali:n 'ayyat 'adwiyah? هل تتناولين أية أدوية؟	Nehmen Sie irgendwelche Medikamente ein?

X58 Ja, ich nehme ...	na*am 'atana:wal ...	نعم، أتناول ...

♂ hal ladayka 'ayyat ḥasa:siyyah? هل لديكَ أية حساسية؟ ♀ hal ladayki 'ayyat ḥasa:siyyah? هل لديكِ أية حساسية؟	Haben Sie / Hast du irgendwelche Allergien?

X59	Ich bin allergisch gegen Insektenstiche.	ladayya ḥasa:siyyah tudscha:h las* al-ḥashara:t. لدي حساسية تجاه لسع الحشرات.
X60	Ich bin allergisch gegen Penizillin.	ladayya ḥasa:siyyah tudscha:h al-binsili:n. لدي حساسية تجاه البنسلين.
Y01	Ich habe Asthma.	*indi: rabw. عندي ربو.
Y02	Ich habe Atembeschwerden.	*indi: ṣu*u:bah bi-t-tanaffus. عندي صعوبة بالتنفس.
Y03	Ich habe Durchfall.	*indi: 'is-ha:l. عندي إسهال.
Y04	Ich habe eine Entzündung.	*indi: 'iltiha:b. عندي التهاب.
Y05	Ich habe eine Erkältung.	*indi: rashḥ. عندي رشح.
Y06	Ich habe Grippe.	*indi: gri:b. عندي كريب.
Y07	Ich habe einen schmerzhaften Hautausschlag.	*indi: ṭafaḥ dschildiyy mu'lim. عندي طفح جلدي مؤلم.
Y08	Ich habe einen brennenden Hautausschlag.	*indi: ṭafaḥ dschildiyy ḥa:riq. عندي طفح جلدي حارق.

Y09	Ich habe Heuschnupfen.	*indi: ḥasa:siyyah tudscha:h ghuba:r aṭ-ṭal*. لدي حساسية تجاه غبار الطلع.
Y10	Ich habe Husten.	*indi: su*a:l. عندي سعال.
Y11	Ich habe einen tiefen Schnitt.	*indi: dschurḥ *ami:q. عندي جرح عميق.
Y12	Ich habe einen Sonnenbrand.	*indi: ḥurq shmsiyy. عندي حرق شمس.
Y13	Ich habe eine Verbrennung.	*indi: ḥurq. عندي حرق.
Y14	Ich habe eine Wunde.	*indi: dschurḥ. عندي جرح.
Y15	Ich habe mich verbrannt.	'uṣibtu bi-ḥuru:q. أصبت بحروق.
Y16	Vielleicht habe ich einen Sonnenstich.	rubbama: 'uṣibtu bi-ḍarbat shams. ربما أصبت بضربة شمس.
Y17	Ich bin erkältet.	*indi: rashḥ. عندي رشح.

♂ yadschib 'an 'uḥi:lak 'ila: al-mashfa:. يجب أن أحيلَك إلى المشفى. ♀ yadschib 'an 'uḥi:lik 'ila: al-mashfa:. يجب أن أحيلَكِ إلى المشفى.	Ich muss Sie / dich ins Krankenhaus einweisen.
♂ 'anta bi-ḥa:dschah 'ila: *amaliyyah dschira:ḥiyyah. أنت بحاجة إلى عملية جراحية. ♀ 'anti bi-ḥa:dschah 'ila: *amaliyyah dschira:ḥiyyah. أنتِ بحاجة إلى عملية جراحية.	Sie müssen operiert werden.

Y18	Wann werde ich operiert?	mata: sa-yatimm 'idschra:' al-*amaliyyah li:? متى سيتم إجراء العملية لي؟

♂ ma: hiya zumrat damak? ما هي زمرة دمك؟ ♀ ma: hiya zumrat damik? ما هي زمرة دمك؟	Welche Blutgruppe haben Sie?

Y19	Meine Blutgruppe ist A / B / AB / 0 positiv.	faṣi:lat dami: hiya 'e:h / bi: / 'e:h bi: / 'o: 'i:dscha:biyy. فصيلة دمي هي أيه / بي / أيه بي / أو إيجابي.
Y20	Meine Blutgruppe ist A / B / AB / 0 negativ.	zumrat dami: hiya 'e:h / bi: / 'e:h bi: / 'o: silbiyy. زمرة دمي هي أيه / بي / أيه بي / أو سلبي.
Y21	Ich will keine Bluttransfusion.	la: 'uri:d *amaliyyat naql dam. لا أريد عملية نقل دم.
Y22	Wann darf ich aufstehen?	mata: yusmaḥ li: bi-n-nuhu:ḍ? متى يسمح لي بالنهوض؟
Y23	Schwester, ich brauche Hilfe!	ya: mumarriḍah, 'ana: bi-ḥa:dschah 'ila: musa:*adah! يا ممرضة، أنا بحاجة إلى مساعدة!
Y24	Wann werde ich entlassen?	mata: 'achrudsch min al-mashfa:? متى أخرج من المشفى؟
Y25	Ich bin gegen Polio geimpft.	'ana: mulaqqaḥ ḍidd shalal al-'aṭfa:l. أنا ملقح ضد شلل الأطفال.
Y26	Ich bin gegen Tetanus geimpft.	'ana: mulaqqaḥ ḍidd al-kuza:z. أنا ملقح الكزاز.
Y27	Ich bin gegen Keuchhusten geimpft.	'ana: mulaqqaḥ ḍidd as-su*a:l ad-di:kiyy. أنا ملقح ضد السعال الديكي.
Y28	Ich bin gegen Tollwut geimpft.	'ana: mulaqqaḥ ḍidd al-kalab أنا ملقح ضد الكلب.
Y29	Ich bin gegen Hepatitis geimpft.	'ana: mulaqqaḥ ḍidd 'iltiha:b al-kabid. أنا ملقح ضد التهاب الكبد.
Y30	Ich bin gegen Tuberkulose geimpft.	'ana: mulaqqaḥ ḍidd as-sull. أنا ملقح ضد السل.
Y31	Ich bin gegen Malaria geimpft.	'ana: mulaqqaḥ ḍidd al-mala:rya:. أنا ملقح ضد الملاريا.

Beim Zahnarzt

عند طبيب الأسنان

Y32	Kennen Sie einen guten Zahnarzt?	♂ hal ta*rif ṭabi:b 'asna:n dschayyid? هل تعرف طبيب أسنان جيد؟ ♀ hal ta*rifi:n ṭabi:b 'asna:n dschayyid? هل تعرفين طبيب أسنان جيد؟
Y33	Ich habe Zahnschmerzen.	*indi: 'alam 'asna:n. عندي ألم أسنان.
Y34	Das Zahnfleisch ist entzündet.	lathat 'asna:ni: multahibah. لثة أسناني ملتهبة.
Y35	Mir ist eine Füllung herausgefallen.	saqaṭat ḥashwat sinni:. سقطت حشوة سني.
Y36	Mir ist ein Stück vom Zahn abgebrochen.	inkasarat qiṭ*ah min sinni:. انكسرت قطعة من سني.
Y37	Mir ist ein Stück von der Krone abgebrochen.	inkasarat qiṭ*ah min at-ta:dsch. انكسرت قطعة من التاج.
Y38	Könnten Sie das provisiorisch behandeln?	♂ hal yumkinak *ila:dschuh bi-shakl mu'aqqat? هل يمكنكَ علاجه بشكل مؤقت؟ ♀ hal yumkinik *ila:dschuh bi-shakl mu'aqqat? هل يمكنكِ علاجه بشكل مؤقت؟
Y39	Ich möchte eine Betäubung.	'uri:d tachdi:r mawḍi*iyy. أريد تخدير موضعي.

قليلاً من النحو

Ein wenig Grammatik

Die arabische Sprache

Hochsprache, Umgangssprache und Dialekte

Arabisch gehört zu den semitischen Sprachen, doch Arabisch ist nicht gleich Arabisch: Es gibt drei Arten, die sich zum Teil erheblich voneinander unterscheiden:

Das **klassische Hocharabisch** ist die Sprache des qur'aːn, eine Schriftsprache, die sich seit dem siebten Jahrhundert, der Zeit des Propheten Mohammed nicht verändert hat. Nur in der Religion hat das klassische Arabisch heute noch Bedeutung.

Das **moderne Hocharabisch** al-fuṣhaː (das sprachlich Reine) hat eine im Vergleich vereinfachte Grammatik und einen zeitgemäßen Wortschatz. Es ist zugleich die gemeinsame Schriftsprache aller Araber und wird in Medien, in Literatur, in Handel und Politik gebraucht.

Das im vorliegenden Buch vermittelte gesprochene **Medium Arabic** hat sich der Umgangssprache angenähert und vereinfacht das moderne Hocharabisch. Es besitzt aber keine festen Normen und variiert von Land zu Land, von Dialekt zu Dialekt.

Regionaldialekte, d.h. die Sprachen des Alltags, unterscheiden sich zum Teil stark in Wortschatz, Aussprache und Grammatik, etwa wie norddeutsches Platt vom Kölsch. Daher spricht man auch beispielsweise von Ägyptisch-Arabisch, Syrisch-Arabisch oder Jemenitisch-Arabisch.

Das Alphabet

Das arabische Alphabet besteht aus 28 Buchstaben, die von rechts nach links aneinandergefügt werden.

Es gibt nur drei Selbstlaute (a, i, u), die gedehnt oder kurz gesprochen werden. Achtung: Lange Selbstlaute aː, iː, uː bestimmen die Bedeutung des Wortes, kurze sind weniger wichtig und werden beim Schreiben weggelassen.

Einen O-Laut gibt es im Hocharabischen nicht.

Die Wortstruktur

Wortbildung

Basis für die Wortbildung ist der oft unaussprechbare Wortstamm, der in der Regel aus drei Konsonanten besteht. Durch Zwischenschalten von Vokalen und Hinzufügen von Vor- und Nachsilben werden aus diesem Stamm die einzelnen Wörter gebildet. Die Wurzel **k-t-b** beinhaltet beispielsweise alles, was mit Schreiben zu tun hat:

kitaːb	Buch
maktabah	Buchhandlung, Bibliothek
maktab	Ort, an dem Geschrieben wird; Büro

Nomen

Artikel und Geschlecht

Es gibt nur ein maskulines *(m.)* und ein feminines *(f.)* grammatikalisches Geschlecht, aber kein neutrales. Im Allgemeinen gilt die Regel, dass alle Nomen und Adjektive, die auf einen Konsonanten enden, maskulin sind, wohingegen Wörter mit Auslaut **-ah** feminin sind:

m.		f.	
fallaːḥ	Bauer	hadiːqah	Garten, Park
maktab	Büro	madiːnah	Stadt
walad	Sohn, Junge	mushkilah	Problem
dschamiːl	schön, hübsch	dschamiːlah	schön, hübsch

Unbestimmter Artikel

Es gibt keinen unbestimmten Artikel *(ein, eine)*. Steht ein Wort ohne Artikel, so ist es unbestimmt:

bayt	(ein) Haus
dschari:dah	(eine) Zeitung

Bestimmter Artikel

Für maskulin/feminin und Singular/Plural gibt es nur einen bestimmten Artikel **al-**:

al-'ibn	der Sohn	**al-**bint	die Tochter
al-'abna:'	die Söhne	**al-**bana:t	die Töchter

Beim Sprechen verschmilzt der bestimmte Artikel mit dem nachfolgenden Wort:

ma*a l-'asaf	mit dem Bedauern

Vor den sogenannten *Sonnenbuchstaben* verändert sich die Aussprache des **al-**. Statt des **l** wird der nachfolgende Anfangsbuchstabe des Wortes verdoppelt:

ad-daqi:qah	die Minute	aṭ-ṭa:lib	der Student
ash-sha:ri*	die Straße	ar-raqm	die Nummer
al-laḥm	das Fleisch	aẓ-ẓuhr	der Mittag
ath-thawm	der Knoblauch	aḍ-ḍayf	der Gast
as-su:q	der Markt	at-ta:ksiyy	das Taxi
aṣ-ṣaba:ḥ	der Morgen	an-na:fidhah	das Fenster
adh-dhahab	das Gold	az-ziya:rah	der Besuch

Die 14 Sonnenbuchstaben lauten: d, ḍ, dh, l, n, r, s, ṣ, sh, t, ṭ, th, z, ẓ.

Singular und Plural

Bei den meisten Gegenständen, Tieren oder Pflanzen (aber nicht bei Personen!) ist die Form Singular/feminin gleichzeitig auch der Plural. Hier ein Beispiel:

aṭ-ṭawa:bi* dschami:lah.	Die Briefmarken sind schön.

REGELMÄSSIGER PLURAL

Viele Nomen (vor allem Berufsbezeichnungen) und Adjektive, die sich auf Menschen und Tiere beziehen, bilden mittels angehängter Endungen (Suffixe) einen regelmäßigen Plural: An maskuline Wörter wird **-iːn** angehängt und an feminine Wörter **-aːt**.

Nomen und Adjektive müssen bei allen Personen dieselbe Form haben:

kull al-'awlaːd mabsuːṭiːn.	Alle Kinder sind zufrieden.
Oliver mabsuːṭ.	Oliver ist zufrieden.
mu*allimiːn	Lehrer
mu*allimaːt	Lehrerinnen
al-mu*allimaːt at-ta*baːnaːt	die müden Lehrerinnen

UNREGELMÄSSIGER PLURAL

Die meisten Nomen haben eine unregelmäßige Pluralform. Als Orientierung helfen die drei Wurzelkonsonanten, die immer in derselben Reihenfolge stehen, z. B.:

funduq	Hotel	fanaːdiq	Hotels
ghurfah	Zimmer *(Sg.)*	ghuraf	Zimmer *(Pl.)*

DUAL

Die arabische Sprache kennt zudem eine spezielle Pluralform für zwei Dinge, zwei Menschen, zwei Tiere, Augen usw., z. B.:

shachṣayn	zwei Personen	mi'atayn	zweihundert

ZUSAMMENGESETZTE NOMEN

Im Arabischen gibt es keine zusammengesetzten Nomen wie im Deutschen (z. B. *Passnummer*), sondern Verbindungen nach dem Schema *Nummer des Passes*.

raqm dschawaːz	Nummer eines Passes
raqm al-dschawaːz	Nummer des Passes
raqm dschawaːz-iː	Nummer meines Passes

Auch Besitzverhältnisse werden so angezeigt:

dschawa:z 'ucht-i:	der Pass meiner Schwester

Adjektive

STELLUNG UND GESCHLECHT VON ADJEKTIVEN

Adjektive stehen hinter dem Bezugswort. Das Geschlecht *(m./f.)* muss mit dem des Bezugswortes übereinstimmen:

al-funduq ar-rachi:s	das billige Hotel
aṭ-ṭa:libah al-dschami:lah	die hübsche Studentin

Wie bei den Nomen gilt:

Endung auf Konsonant = maskulin

Endung auf **-ah** = feminin

Endet ein maskulines Adjektiv auf **-i:** oder **-y**, so wird die feminine Form mit **-iyah** gebildet:

m.	**f.**
*a:li:	*a:**liyah**

SATZFUNKTIONEN VON ADJEKTIVEN

Adjektive können zwei Funktionen haben:

1. satzbildend:

al-bank qari:b.	Die Bank ist nahe.
al-bint dschami:lah.	Das Mädchen ist hübsch.

2. das Hauptwort beschreibend:

bank qari:b	eine nahe Bank	**al**-bank **al**-qari:b	die nahe Bank
bint dschami:lah	ein hübsches Mädchen	**al**-bint **al**-dschami:lah	das hübsche Mädchen

Das Adjektiv erhält auch dann den Artikel, wenn das Nomen bestimmt ist.

Kombiniert man beide Satzfunktionen, entstehen auch ohne Verb aussagekräftige Sätze:

al-bank al-qa:rib dschami:l.	Die nahe Bank ist hübsch.
al-bint al-dschami:lah qari:bah.	Das hübsche Mädchen ist nahe.

Wichtige Adjektive (m./f.)

kabi:r/-ah	groß	gha:li:/gha:liyah	teuer
mari:d/-ah	krank	mabsu:t/-ah	zufrieden
qari:b/-ah	nahe	rachi:ṣ/-ah	billig
dschauw*a:n/ -ah	hungrig	ta*ba:n/-ah	müde
dschami:l/-ah	schön	ba*i:d/-ah	fern

FARBEN

Einige Farbwörter haben eine besondere feminine Form:

'aswad/sawda:'	schwarz	'aṣfar/ṣafra:'	gelb
'aḥmar/ḥamra:'	rot	'achḍar/chaḍra:'	grün
'abyaḍ/bayḍa:'	weiß	'azraq/zarqa:'	blau

STEIGERUNG UND VERGLEICH VON ADJEKTIVEN

Beim Steigern der Adjektive ändert sich die Abfolge ihrer Laute, z. B.:

Grundform		Steigerung/Vergleich	
kabi:r	groß	'akbar	größer, am größten
dschami:l	schön	'adschmal	schöner, am schönsten

Bei einem Superlativ wird das Nomen nachgestellt:

'akbar dscha:mi*	die größte Moschee
'adschmal dscha:mi*	die schönste Moschee

Bei Vergleichen steht **min** hinter der Steigerung:

'akbar min	größer als
'adschmal min	schöner als

Verben

Sätze ohne Verb

Das Hilfsverb *sein* wird in der Gegenwartsform nicht benutzt. So kann man mit Nomen und Adjektiven ganze Sätze bilden:

Klaus 'alma:niyy.	Klaus ist Deutscher.
huwa ṭa:lib fi: al-dschami*ah.	Er ist Student an der Universität.

Mit **wa** (= *und*) kann man verblose Sätze verbinden:

Klaus 'alma:niyy wa huwa ṭa:lib.	Klaus ist Deutscher und er ist Student.

Verbform ohne Personalpronomen

Im Arabischen genügt die Verbform zur Bezeichnung der Person, z. B.:

nadhhab	wir gehen

Nur bei besonderer Betonung wird das Personalpronomen hinzugefügt.

Zeiten

Bei der Zeitenbildung ist entscheidend, ob eine Handlung abgeschlossen ist oder nicht.

Man unterscheidet im Wesentlichen nur zwei Zeitformen:

Gegenwart	**Vergangenheit**
Präsensform: 'aktub = ich schreibe	Perfektform: katabtu = ich habe geschrieben, ich schrieb

Die Zukunft wird mit dem Präfix **sa-**, das der Präsensform des Verbs mit einem Bindestrich angeschlossen wird, ausgedrückt: sa-'aktub = ich werde schreiben.

Entsprechende Zeitangaben (*gerade, morgen, gestern* usw.) stellen den Zusammenhang her. Grundform zur Bildung aller Formen bzw. Zeiten ist die 3. Person Singular Maskulinum Perfekt. Hiervon werden alle gebräuchlichen Personen- und Zeitformen abgeleitet.

Verben in der Vergangenheit

Verben vollendeter Handlungen oder Vorgänge werden durch Nachsilben (Suffixe) konjugiert. Dabei gilt im verbalen Sprachgebrauch folgendes Muster:

Endung	Beispiel	Übersetzung
-t	katabt	ich schrieb / habe geschrieben
-t	katabt	du *(m.)* schriebst / hast geschrieben
-ti	katabti	du *(f.)* schriebst / hast geschrieben
-	katab	er schrieb / hat geschrieben
-at	katabat	sie schrieb / hat geschrieben
-naː	katabnaː	wir schrieben / haben geschrieben
-tum	katabtum	ihr schriebt / habt geschrieben
-uː	katabuː	sie schrieben / haben geschrieben

HILFSVERB *SEIN*

In der Vergangenheit muss immer die Form von *sein* stehen. Wie bei allen Verben bildet die Grundform auch hier die 3. Person Singular Maskulinum:

kaːn	er war / er ist gewesen / er war gewesen

Personalpronomen	Verbform von *war*	Übersetzung
'aːna	kunt	ich war / bin gewesen
'ant	kunt	du *(m.)* warst / bist gewesen
'anti	kunti	du *(f.)* warst / bist gewesen
huwa	kaːn	er war / ist gewesen
hiya	kaːnat	sie war / ist gewesen
naḥn	kunnaː	wir waren / sind gewesen
'antum	kuntum	ihr wart / seid gewesen
hum	kaːnuː	sie waren / sind gewesen

VERBEN IN DER GEGENWART

Vorsilbe	Endung	Beispiel	Übersetzung
'a-/'u-	-	'azuːr	ich besuche
ta-/tu-	-	tazuːr	du *(m.)* besuchst
ta-/tu-	-iː	tazuːriː	du *(f.)* besuchst

ya-/yu-	-	yazuːr	er besucht
ta-/tu-	-	tazuːr	sie besucht
na-/nu-	-	nazuːr	wir besuchen
ta-/tu-	-uː	tazuːruː	ihr besucht
ya-/yu-	-uː	yazuːruː	sie besuchen

Hier die Konjugationen einiger wichtiger Verben:

sprechen	
'atakallam	ich spreche
tatakallam	du *(m.)* sprichst
tatakallamiː	du *(f.)* sprichst
yatakallam	er spricht
tatakallam	sie spricht
natakallam	wir sprechen
tatakallamuː	ihr sprecht
yatakallamuː	sie sprechen

lieben, mögen	
'uḥibb	ich mag
tuḥibb	du *(m.)* magst
tuḥibbiː	du *(f.)* magst
yuḥibb	er mag
tuḥibb	sie mag
nuḥibb	wir mögen
tuḥibbuː	ihr mögt
yuḥibbuː	sie mögen

mögen, wollen	
'uri:d	ich möchte
turi:d	du *(m.)* möchtest
turi:di:	du *(f.)* möchtest
yuri:d	er möchte
turi:d	sie möchte
nuri:d	wir möchten
turi:du:	ihr möchtet
yuri:du:	sie möchten

essen	
'a:kul	ich esse
ta'kul	du *(m.)* isst
ta'kuli:	du *(f.)* isst
ya'kul	er isst
ta'kul	sie isst
na'kul	wir essen
ta'kulu:	ihr esst
ya'kulu:	sie essen

trinken	
'ashrab	ich trinke
tashrab	du *(m.)* trinkst
tashrabi:	du *(f.)* trinkst
yashrab	er trinkt
tashrab	sie trinkt
nashrab	wir trinken
tashrabu:	ihr trinkt
yashrabu:	sie trinken

bekommen	
aḥṣul *a:la	ich bekomme
taḥṣul *a:la	du *(m.)* bekommst
taḥṣuli: *a:la	du *(f.)* bekommst
yaḥṣul *a:la	er bekommt
taḥṣul *a:la	sie bekommt
naḥṣul *a:la	wir bekommen
taḥṣulu: *a:la	ihr bekommt
yaḥṣulu: *a:la	sie bekommen

reisen	
'usa:fir	ich reise
tusa:fir	du *(m.)* reist
tusa:firi:	du *(f.)* reist
yusa:fir	er reist
tusa:fir	sie reist
nusa:fir	wir reisen
tusa:firu:	ihr reist
yusa:firu:	sie reisen

vergessen	
'ansa:	ich vergesse
tansa:	du *(m.)* vergisst
tansai:	du *(f.)* vergisst
yansa:	er vergisst
tansa:	sie vergisst
nansa:	wir vergessen
tansaw:	ihr vergesst
yansaw:	sie vergessen

Verben in der Zukunft

Durch die Vorsilbe **sa-** wird aus allen Gegenwartsformen Zukunft:

nusa:fir	wir reisen	sa-nusa:fir	wir werden reisen

Wenn es aus dem Zusammenhang erkennbar ist, dass es sich um Zukünftiges handelt, muss die Vorsilbe **sa-** nicht unbedingt benutzt werden.

Scheinverben

Es gibt einige Ausdrücke, die zwar eine Tätigkeit beschreiben, ihrer grammatikalischen Form nach aber keine Verben sind, wie z. B. das **Scheinverb *haben***.

Besitztümer werden mit einer besitzanzeigenden Form der Präposition ***ind** = *bei* benannt:

Personalpronomen	*ind: *(bei)* + Suffix	
'ana:	*ind-i:	bei mir / ich habe
'ant	*ind-ak	bei dir / du hast *(m.)*
'anti	*ind-ik	bei dir / du hast *(f.)*
huwa	*ind-uh	bei ihm / er hat
hiya	*ind-ha:	bei ihr / sie hat
naḥn	*ind-na:	bei uns / wir haben
'antum	*ind-kum	bei euch / ihr habt
hum	*ind-hum	bei ihnen / sie haben

Ähnlich die Scheinverben für *mögen*, *können* und *müssen*:

mögen

yuri:d	mögen, wollen
'uri:d 'an nashrab shay' fi: ha:dha: al-maqha:.	Ich möchte, dass wir etwas in diesem Café trinken.

können

mumkin + Verb	können
hal mumkin 'an 'azu:r al-dscha:mi*?	Kann ich die Moschee besichtigen? (Möglich, dass ich ...?)

müssen

la:zim	notwendig, müssen / brauchen
la:zim 'ashtari: ṭawa:bi*	Ich muss Briefmarken kaufen.

Pronomen

Personalpronomen

Singular		Plural	
'ana:	ich	naḥn	wir
'ant	du *(m.)*	'antum	ihr
'anti	du *(f.)*		
huwa	er	hum	sie
hiya	sie		

In der Anrede wird nicht zwischen dem persönlichen *du* und dem höflich-formellen *Sie* unterschieden.

Possessivendungen

Statt Possessivpronomen werden an Nomen, Verben und Präpositionen besitzanzeigende Endungen angehängt. In der gesprochenen Sprache sind das meist:

Endung	Beispiel	
	bayt	ein Haus
-i:	bayt-i:	mein Haus
-ak	bayt-ak	dein Haus *(m.)*
-ik	bayt-ik	dein Haus *(f.)*
-hu	bayt-hu	sein Haus

-haː	bayt-haː	ihr Haus
-naː	bayt-naː	unser Haus
-kum	bayt-kum	euer Haus
-hum	bayt-hum	ihr Haus

Achtung bei Verben der 2. Person Singular: **-niː**:

tuːqiẓ-niː	du weckst mich

Bei femininen Nomen wird ein **-t** angehängt (wallaː*at-haː = *ihr Feuerzeug*). Enden Nomen auf ein langes **-iː/-y**, verändert sich die Aussprache der besitzanzeigenden Endung: as-salaːm *alay-kum, baːraka 'allaːh fiː-k.

Die Satzstellung

Reihenfolge der Satzglieder

Normalerweise gilt **Verb + Subjekt + Objekt**. Verben und Adjektive richten sich nach dem Bezugswort, Zahlen nicht. Weitere Satzteile (Zeit-, Ortsangaben etc.) können sich anschließen.

Konjunktionen und Präpositionen

Konjunktionen

Konjunktionen verbinden Hauptsätze miteinander oder leiten Nebensätze ein.

Wichtige Konjunktionen

'aw	oder	mithl	wie
law	wenn	wa	und / als
laːkin	aber, hingegen, jedoch	'an	dass
faqaṭ / bass	nur	'ayḍan	auch, ebenfalls

PRÄPOSITIONEN

Wichtige Präpositionen

*ala:	auf, über, an, gemäß, gegen, nach	ba*d	nach *(Zeit)*
ma*a	mit, dazu	mundhu	seit
bi-	mit, in *(Ort, Art und Weise, Mittel)*	*ind	bei
min	von, aus	fi:	in *(Ort)*
'ila:	zu, für, an	bidu:n	ohne
li-	für, zu, nach		

Fragesätze

ERGÄNZUNGSFRAGEN

Ergänzungsfragen werden von Fragewörtern eingeleitet. Wichtige Fragewörter:

'ayn?	wo?	min 'ayn?	woher?
'ila: 'ayn?	nach wo, wohin?	ma:dha:?	was? *(vor Nomen verkürzt zu ma:)*
'ayy?	welche, -r, -s?	li ma:dha:?	für was, warum?
mata:?	wann?	kayf?	wie?
man?	wer?	kam?	wie viel?

ENTSCHEIDUNGSFRAGEN

Entscheidungsfragen beginnen mit der Fragepartikel **hal** und werden mit *ja* oder *nein* beantwortet:

hal 'ant ta*ba:n?	Bist du müde?

Normale Aussagesätze können auch ohne Fragepartikel/-wort, nur durch das Anheben der Stimme, zu Fragen werden:

turiːd dschariːdah *arabiyyah?	Möchtest du eine arabische Zeitung? (= Du möchtest eine arabische Zeitung?)

Die Verneinung

VERNEINUNG MIT LAː

Die Partikel **laː** (= *nicht, nein/kein*) verneint Verben (unabgeschlossene Handlungen) und Nomen (Ereignisse) sowie Befehle. **laː** steht vor dem Verb / Nomen:

laː yaskun ba*iːd min hunaː.	Er wohnt nicht weit von hier.
laː shay'.	Kein Ding.

VERNEINUNG MIT MAː

Die Partikel **maː** (= *was/nicht*) verneint Sätze ohne Verb, Verbindungen mit ***ind**, Verben in der Vergangenheit. Im Alltag wird mit fast alles mit **maː** verneint; es steht vor dem Verb:

maː *ind-iː 'ibn.	Ich habe keinen Sohn.
as-safar maː kaːn tawiːl.	Die Reise war nicht lang.

VERNEINUNG MIT MUSH

Die Partikel **mush** (= *kein/nicht*) verneint in der gesprochenen Sprache Nomen und Adjektive und wird vorangestellt:

'anaː mush saː'ih.	Ich bin kein Tourist.
aṭ-ṭaːwilah mush kabiːra.	Der Tisch ist nicht groß.

VERNEINUNG MIT LAN

Das Wort **lan** (= *nicht werden*) verneint zukünftige Handlungen und Ereignisse und steht vor der Gegenwartsform des Verbs:

lan 'ansaː haːdhihi az-ziyaːrah.	Ich werde diesen Besuch nicht vergessen.

Bildtafeln zum Zeigen

Von A bis Z

Deutsch-Arabisch

Dem blauen Stichwort folgen die vereinfachte Lautschrift und das arabische Wort. Im Arabischen wird bei Verben und Verbphrasen die 3. Person Singular maskulin Perfekt als Grundform verwendet. In diesem Wörterbuch geben wir an zweiter Stelle auch die feminine Form an. Zusätzlich bietet es in Spitzklammern die erste Person Singular Präsens; hier gibt es keine Unterscheidung zwischen maskulin und feminin. Bei Adjektiveinträgen werden die maskulinen und die femininen Formen angegeben. Vor den weiblichen Formen bei Verben und Adjektiven steht das Symbol ♀. Bei Nomeneinträgen wird das Genus mit *m.* beziehungsweise *f.* nach der arabischen Schrift angegeben.

A

ab *(zeitlich)* 'i*tiba:ran min اعتباراً من, *(räumlich)* min من

Abend masa:' مساء *m.*, Guten Abend! masa:' al-chayr! مساء الخير, heute Abend masa:' al-yawm مساء اليوم, zu Abend essen tana:wal al-*asha:' تناول العشاء, ♀ tana:walat al-*asha:' تناولت العشاء <'atana:wal al-*asha:' أتناول العشاء>

Abendessen *asha:' عشاء *m.*

abends fi: al-masa:' في المساء

aber la:kin لكن

abfahren gha:dar غادر, gha:darat غادرت <'ugha:dir أغادر>, *(losfahren)* 'inṭalaq انطلق, ♀ 'inṭalaqat انطلقت <'anṭaliq أنطلق>

Abfahrt 'inṭila:q انطلاق *m.*, mugha:darah مغادرة *f.*

Abfall zuba:lah زبالة *f.*, quma:mah قمامة *f.*

abfliegen *(Flugzeug etc.)* 'aqla* أقلع, 'aqla*at أقلعت <'uqli* أقلع>, *(Fluggast)* sa:far *ala: aṭ-ṭa:'irah. سافر على الطائرة, ♀ sa:farat *ala: aṭ-ṭa:'irah. سافرت على الطائرة <'usa:fir *ala: aṭ-ṭa:'irah. أسافر على الطائرة>

Abflug *(eines Flugzeugs)* 'iqla:* إقلاع *m.*, *(des Fluggastes)* safar سفر *m.*

abheben *(Geld vom Konto)* saḥab سحب, ♀ saḥabat سحبت <'asḥab أسحب>, *(Flugzeug vom Boden)* 'aqla* أقلع, ♀ 'aqla*at أقلعت <'uqli* أقلع>

abholen *(beim Sprecher abholen)* 'aḥḍar أحضر, ♀ 'aḥḍarat

أحضرت <'uḥḍir أحضر>, Holen Sie bitte Ihr Paket bei uns ab. yurdscha: al-ḥudu:r li-'achdh aṭ-ṭard! يرجى الحضور لأخذ الطرد!, *(hingehen und abholen)* dhahab li-yuḥḍir ذهب ليحضر, ♀ dhahabat li-tuḥḍir ذهبت لتحضر <'adh.hab li-'uḥḍir أذهب لأحضر>, Ich hole dich ab. sa-'a:ti: li-'a:chudhak ma*i:. سآتي لآخذك معي.

abreisen gha:dar غادر, ♀ gha:darat غادرت <'ugha:dir أغادر>

Absender, Absenderin mursil مرسل *m.*, mursilah مرسلة *f.*

absolut *ala: al-'iṭla:q على الإطلاق, 'iṭla:qan إطلاقاً

Achtung! *(Vorsicht)* 'iḥtaris! احترس!, ♀ 'iḥtarisi:! احترسي!, *(aufgepasst)* 'intabih! انتبه!, ♀ 'intabihi:! انتبهي!

Adapter muḥawwil kahraba:'iyy محول كهربائي *m.*

addieren dschama* جمع, ♀ dschama*at جمعت <'adschma* أجمع>, etw. zu etw. addieren dschama* shay' ma*a shay' جمع شيء مع شيء, ♀ dschama*at shay' ma*a shay' جمعت شيء مع شيء <'adschma* shay' ma*a shay' أجمع شيء مع شيء>

Adresse *unwa:n عنوان *m.*

Ägypten miṣr مصر *f.*

Ägypter, Ägypterin miṣriyy مصري *m.*, miṣriyyah مصرية *f.*

ägyptisch miṣriyy مصري, ♀ miṣriyyah مصرية

Aids al-'e:ds الإيدز *m.*

Akku baṭṭa:riyyah بطارية *f.*

Algerien al-dschaza:'ir الجزائر

Algerier, Algerierin dschaza:'iriyy جزائري *m.*, dschaza:'iriyyah جزائرية *f.*

algerisch dschaza:'iriyy جزائري, ♀ dschaza:'iriyyah جزائرية

Alkohol al-kuḥu:l الكحول *m.*

alkoholfrei bi-du:n kuḥu:l بدون كحول

alle *(ohne Ausnahme)* kull كل, *(jeder einzelne)* kull wa:ḥid كل واحد

allein *(Adjektiv)* waḥi:d وحيد, ♀ waḥi:dah وحيدة, *(Adverb)* li-waḥdoh لوحده, ♀ li-waḥdaha: لوحدها

Allergie ḥasa:siyyah حساسية *f.*

Allgemeinmediziner, Allgemeinmedizinerin ṭabi:b *a:mm طبيب عام *m.*, ṭabi:bah *a:mmah طبيبة عامة *f.*

als *(zeitlich)* *indama: عندما, *(nach einem Komparativ)* *(in einem Vergleich)* min من

also *(drückt die Folge aus)* min thamma من ثم, kadha:lik كذلك, *(leitet eine Zusammenfassung ein)* 'idhan إذاً

alt *(nicht neu)* qadi:m قديم, ♀ qadi:mah قديمة, *(gebraucht)* musta*mal مستعمل, ♀ musta*malah مستعملة, *(Mensch)* musinn مسن, ♀ musinnah مسنة

Alter *umr عمر *m.*, sinn سن *m.*

Alufolie waraq 'aluminiyum ورق ألمنيوم *m.*

Ameise naml نمل *Pl.*

Ampel 'isha:rah ḍaw'iyyah إشارة ضوئية *f.*

Amphitheater masraḥ ru:ma:niyy مسرح روماني *m.*

an *(Angabe einer Lage oder Position)* fi: في, *(zur Angabe der Richtung auf ein Ziel zu)* bi-ittidscha:h باتجاه, **an der Wand** *ala: al-ḥa:'iṭ على الحائط, **an der Kreuzung links abbiegen** 'in*aṭaf *ind at-taqa:ṭu* 'ila: al-yasa:r انعطف عند التقاطع إلى اليسار, ♀ 'in*aṭafat *ind at-taqa:ṭu* 'ila: al-yasa:r انعطفت عند التقاطع إلى اليسار <'an*aṭif *ind at-taqa:ṭu* 'ila: al-yasa:r أنعطف عند التقاطع إلى اليسار>, **am Strand** *ala: ash-sha:ṭi' على الشاطيء

anbieten qaddam li- قدم ل, ♀ qaddamat li- قدمت ل <'uqaddim li-أقدم ل>, *araḍ *ala: عرض على, ♀ *araḍat *ala: عرضت على <'a*riḍ *ala: أعرض على>

anderer, andere, anderes 'a:char آخر, ♀ 'uchra: أخرى

anders *(Adjektiv)* muchtalif مختلف, ♀ muchtalifah مختلفة, **anders als** muchtalif *an مختلف عن, ♀ muchtalifah *an مختلفة عن, *(Adverb)* bi-ṭari:qah 'uchra: بطريقة أخرى

Anfahrtsbeschreibung waṣf aṭ-ṭari:q وصف الطريق *m.*

Anfang bida:yah بداية *f.*, 'inṭila:q انطلاق *m.*, **am Anfang** fi: al-bida:yah في البداية, **Anfang Mai** fi: bida:yat ma:yo: في بداية مايو

anfangen bada' بدأ, ♀ bada'at بدأت <'abda' أبدأ>

Angebot *(Auswahl)* tashki:lah تشكيلة *f.*, *(Sonderangebot)* *arḍ cha:ṣṣ عرض خاص *m.*

ankommen waṣal وصل, ♀ waṣalat وصلت <'aṣil أصل>

Ankunft *(das Ankommen an einem Ort etc.)* wuṣu:l وصول *m.*, *(Geburt)* wila:dah ولادة *f.*

anmelden **sich anmelden** sadschdschal nafsoh سجل نفسه, ♀ sadschdschalat nafsaha: سجلت نفسها <'usadschdschil nafsi: أسجل نفسي>

Anruf 'ittiṣa:l ha:tifiyy اتصال هاتفي *m.*

anrufen 'ittaṣal bi- اتصل ب, ♀ 'ittaṣalat bi- اتصلت ب <'attaṣil bi- أتصل ب,>

Anschluss *(auf Reisen)* muwa:ṣalah مواصلة *f.*

Anschlussflug muwa:ṣalat aṭ-ṭayara:n مواصلة الطيران *f.*

Anspitzer mibra:t مبراة *f.*

Antibiotikum muḍa:dd ḥayawiyy مضاد حيوي *m.*

antik qadi:m قديم, ♀ qadi:mah

قديمة, *ati:q عتيق, ♀ *ati:qah عتيقة

Antike al-ḥaḍa:rah al-'ighri:qiyyah الحضارة الإغريقية *f.*

Antrag ṭalab طلب *m.*

Antwort dschawa:b جواب *m.* *(schriftlich)* radd رد *m.*

antworten 'adscha:b أجاب, ♀ 'adscha:bat أجابت <'udschi:b أجيب>, *(erwidern)* radd رد, ♀ raddat ردت <'arudd أرد>

anzahlen dafa* دفع, ♀ dafa*at دفعت <'adfa* أدفع>, etw. anzahlen dafa* daf*ah *ala: al-ḥisa:b دفع دفعة على الحساب, ♀ dafa*at daf*ah *ala: al-ḥisa:b دفعت دفعة على الحساب <'adfa* daf*ah *ala: al-ḥisa:b أدفع دفعة على الحساب>

Anzahlung daf*ah *ala: al-ḥisa:b دفعة على الحساب *f.*, eine Anzahlung leisten dafa* daf*ah *ala: al-ḥisa:b دفع دفعة على الحساب, dafa*at daf*ah *ala: al-ḥisa:b دفعت دفعة على الحساب, <'adfa* daf*ah *ala: al-ḥisa:b أدفع دفعة على الحساب>

Anzeige *(Annonce)* 'i*la:n إعلان *m.*, *(Strafanzeige)* bala:gh بلاغ *m.*, Anzeige gegen jdn erstatten qaddam shakwa: ḍidd قدم شكوى ضد, qaddamat shakwa: ḍidd قدمت شكوى ضد <'uqaddim shakwa: ḍidd أقدم شكوى ضد>

Anzug ṭaqm rasmiyy طقم رسمي *m.*

Apfel tuffa:ḥ تفاح

Apotheke ṣaydaliyyah صيدلية *f.*

April naysa:n نيسان *m.*, 'abri:l أبريل *m.*

Araber, Araberin *arabiyy عربي *m.*, *arabiyyah عربية *f.*

Arabisch al-lughah al-*arabiyyah اللغة العربية *f.*

Arbeit *(Tätigkeit)* *amal عمل *m.*, *(Stelle)* waẓi:fah وظيفة *f.*

arbeiten *amil عمل, ♀ *amilat عملت <'a*mal أعمل>, 'ishtaghal اشتغل, ♀ 'ishtaghalat اشتغلت <'ashtaghil أشتغل>

Arbeitserlaubnis taṣri:ḥ *amal تصريح عمل *m.*

Architektur al-handasah al-mi*ma:riyyah الهندسة المعمارية *f.*

arm faqi:r فقير, ♀ faqi:rah فقيرة

Arm dhira:* ذراع *m.*

Armband 'iswa:rah إسوارة *f.*

Armbanduhr sa:*at yad ساعة يد *f.*

Arzt, Ärztin ṭabi:b طبيب *m.*, ṭabi:bah طبيبة *f.*

Aschenbecher minfaḍah منفضة *f.*

auch *(ebenfalls)* 'ayḍan أيضاً, *(genauso)* bi-l-mithl بالمثل, Er spricht auch kein Englisch. huwa 'ayḍan la: yatakallam al-'ingili:ziyyah. هو أيضاً لا يتكلم الإنكليزية.

auf *ala: على, *(in einem Gebäude/einer Institution) (auf dem Meer)* fi: في, *(oberhalb)* fawq فوق, Die Zeitung liegt auf dem Tisch. aṣ-ṣaḥi:fah *ala: aṭ-ṭa:wilah. الصحيفة على الطاولة.

Aufenthalt 'iqa:mah إقامة *f.*,

(Zwischenstopp) 'istira:ḥah استراحة *f.*

aufhören tawaqqaf توقف, ♀ tawaqqafat توقفت <'atawaqqaf أتوقف>, mit etw. aufhören tawaqqaf *an توقف عن, ♀ tawaqqafat *an توقفت عن <'atawaqqaf *an أتوقف عن>

aufstehen qa:m قام, ♀ qa:mat قامت <'aqu:m أقوم>, *(sich aus dem Bett erheben)* nahaḍ min al-fira:sh نهض من الفراش, ♀ nahaḍat min al-fira:sh نهضت من الفراش <'anhaḍ min al-fira:sh أنهض من الفراش>

Auge *ayn عين *f.*

Augenarzt, Augenärztin ṭabi:b *uyu:n طبيب عيون *m.*, ṭabi:bat *uyu:n طبيبة عيون *f.*

August 'a:b آب *m.*, aghusṭus أغسطس, im August fi: 'a:b / 'aghusṭus في آب/ أغسطس

aus *(von einem Ort)* min من, Ich bin aus Leipzig. 'ana: min la:ybzig. أنا من لايبزيغ., Das Spiel ist aus. 'intahat al-lu*bah. انتهت اللعبة.

Ausdruck *(auf Papier Gedrucktes)* maṭbu:* مطبوع *m.*

ausdrucken ṭaba* طبع, ♀ ṭaba*at طبعت <'aṭba* أطبع>

Ausfahrt *(von einem Grundstück)* machradsch مخرج *m.*, *(von der Autobahn)* mun*aṭaf منعطف *m.*

Ausflug riḥlah رحلة *f.*

ausfüllen *abba' عبأ, ♀ *abba'at عبأت <'u*abbi' أعبئ>

Ausgang machradsch مخرج *m.*, *(Ende)* niha:yah نهاية *f.*

ausgebucht la: yu:dschad 'ama:kin. لا يوجد أماكن.

Auskunft *(Information)* ma*lu:ma:t معلومات *f. Pl.* *(Telefonauskunft)* 'isti*la:ma:t استعلامات *f. Pl.*

Ausländer, Ausländerin 'adschnabiyy أجنبي *m.*, 'adschnabiyyah أجنبية *f.*

ausmachen *(ausschalten)* 'aṭfa' أطفأ, ♀ 'aṭfa'at أطفأت <'uṭfi' أطفئ>

Ausschlag ṭafḥ dschildiyy طفح جلدي *m.*

aussehen bada: بدا, ♀ badat بدت <'abdu: أبدو>

aussteigen *(aus dem Auto, Bus, Flugzeug, Straßenbahn, U-Bahn)* nazal min نزل من, ♀ nazalat min نزلت من, 'anzil min أنزل من

Ausweis biṭa:qah shachṣiyyah بطاقة شخصية *f.*, *(um eine Mitgliedschaft nachzuweisen)* biṭa:qat intisa:b بطاقة انتساب *f.*

Auto sayya:rah سيارة *f.*

Autobahn 'o:to:stra:d أتوستراد *m.*

Autobahnauffahrt ṭari:q mu'addi: 'ila: al-'o:to:stra:d طريق مؤدي إلى الأتوستراد *m.*

Automat ḥaṣṣa:lah حصالة *f.*, *(Geldautomat)* ṣarra:f صراف *m.*

automatisch 'a:liyy آلي

B

Baby raḍi:* رضيع *m.*

Babyfläschchen raḍḍa:*ah رضاعة *f.*
Babynahrung ghidha:' ruḍḍa* غذاء رضع *m.*
Babypuder bawdarat 'aṭfa:l بودرة أطفال *f.*
Bach dschadwal جدول *m.*
Bäcker, Bäckerin chabba:z خباز *m.*, chabba:zah خبازة *f.*, beim Bäcker *ind al-chabba:z عند الخباز
Bäckerei machbaz مخبز *m.*
Bad ḥamma:m حمام *m.*
baden 'istaḥamm استحم, ♀ 'istaḥammat استحمت <'astaḥimm أستحم>
Badewanne ba:nyo: بانيو *m.*
Bahn *(Zug)* qiṭa:r قطار *m.*, *(Institution)* as-sikkah al-ḥadi:d السكة الحديد *f.*
Bahnhof maḥaṭat al-qiṭa:r محطة القطار *f.*
Bahnsteig raṣi:f al-maḥaṭṭah رصيف المحطة *m.*
Bahrain al-baḥre:n البحرين
bald *(in kurzer Zeit)* qari:ban قريباً
Balkon balko:n بلكون *m.*
Ball kurah كرة *f.*
Banane mawz موز *Pl.*
Bank *(Finanzinstitut)* bank بنك *m.*, *(Sitzmöbel)* maq*ad مقعد *m.*
Bankleitzahl raqm al-bank رقم البنك *m.*
bar naqd نقد *m.*, in bar naqdan نقداً
Bargeld *(mit Bargeld)* naqdan نقداً
Basar su:q سوق *m.*, baza:r بازار *m.*
Batterie baṭṭa:riyyah بطارية *f.*
Bauch baṭn بطن *f.*, *(die Verdauungsorgane, besonders der Magen)* ma*idah معدة *f.*
Bauchtanz raqṣ sharqiyy رقص شرقي *m.*
Bauer, Bäuerin falla:ḥ فلاح *m.*, falla:ḥah فلاحة *f.*
Baum shadscharah شجرة *f.*
Becher ka's blasti:kiyy كأس بلاستيكي *m.*, ka's waraqiyy كأس ورقي *m.*
bedeuten *(mit etw. gleichzusetzen sein)* *ana: عنى, ♀ *anat عنت <'a*ni: أعني>
Beduine, Beduinin badawiyy بدوي *m.*, badawiyyah بدوية *f.*
beginnen bada' بدأ, ♀ bada'at بدأت <'abda' أبدأ>
behalten *(nicht weggeben)* 'iḥtafaẓ احتفظ, ♀ 'iḥtafaẓat احتفظت <'aḥtafiẓ أحتفظ>, *(nicht vergessen)* ḥafiẓ حفظ, ♀ ḥafiẓat حفظت <'aḥfaẓ أحفظ>
behindert mu*a:q معاق, ♀ mu*a:qah معاقة
Behinderter, Behinderte mu*a:q معاق *m.*, mu*a:qah معاقة *f.*
Behindertenausweis biṭa:qat mu*a:q بطاقة معاق *f.*
behindertengerecht muna:sib li-l-mu*a:qi:n مناسب للمعاقين, ♀ muna:sibah li-l-mu*a:qi:n مناسبة للمعاقين
bei *(in der Nähe von)* bi-l-qurb min بالقرب من, *(gleich daneben)* bi-dschiwa:r بجوار
beide *(beide männlich)* kila: كلا, *(beide weiblich)* kilta: كلتا

Bein ridschl رجل *f.*
bekommen ḥaṣal *ala: حصل على, ♀ ḥaṣalat *ala: حصلت على <'aḥṣul *ala: أحصل على>
benutzen *(Werkzeug, Verkehrsmittel)* 'istachdam استخدم, ♀ 'istachdamat استخدمت <'astachdim أستخدم>
Berg dschabal جبل *m.*
Bergschuhe ḥidha:' dschabaliyy حذاء جبلي *m.*
Beruf mihnah مهنة *f.*
Beschwerde shakwa: شكوى *f.*
beschweren sich beschweren 'ishtaka: اشتكى, ♀ 'ishtakat اشتكت <'ashtaki: أشتكي>
besetzt *(Telefonleitung) (Toilette) (Umziehkabine)* mashghu:l مشغول, ♀ mashghu:lah مشغولة, *(Platz)* maḥdschu:z محجوز, ♀ maḥdschu:zah محجوزة
besser *(Adjektiv)* 'afḍal أفضل, *(Adverb)* bi-shakl 'afḍal بشكل أفضل
bestätigen 'akkad أكد, ♀ 'akkadat أكدت <'u'akkid أؤكد>
Bestätigung ta'ki:d تأكيد *m.* *(Quittung)* waṣl وصل *m.*
bestellen ṭalab طلب, ♀ ṭalabat طلبت <'aṭlub أطلب>
besuchen za:r زار, ♀ za:rat زارت <'azu:r أزور>
Bett sari:r سرير *m.*, ins Bett gehen dhahab 'ila: an-nawm ذهب إلى النوم, dhahabat 'ila: an-nawm ذهبت إلى النوم <'adh. hab 'ila: an-nawm أذهب إلى النوم>
Bettbezug ghiṭa:' li-ḥa:f غطاء لحاف *m.*
Bettdecke liḥa:f لحاف *m.*
Bettlaken sharshaf شرشف *m.*
Bettzeug baya:ḍa:t بياضات
Bewässerung rayy ري *m.*
bezahlen dafa* دفع, ♀ dafa*at دفعت <'adfa* أدفع>
Bier bi:rah بيرة *f.*
Bild ṣu:rah صورة *f.*, *(gemalt)* lawḥah لوحة *f.*
billig rachi:ṣ رخيص, ♀ rachi:ṣah رخيصة
bio... ṭabi:*iyy طبيعي, ♀ ṭabi:*iyyah طبيعية, *uḍwiyy عضوي, ♀ *uḍwiyyah عضوية
Birne 'adscha:ṣ أجاص *Pl.*, *(Baum)* shadscharat al-'adscha:ṣ شجرة الأجاص *f.*
bis *(zeitlich)* ḥatta: حتى, *(zeitlich)* 'ila: إلى, bis Bremen ḥatta: bre:men حتى بريمن
Biss *aḍḍah عضة *f.*
bisschen ein bisschen qali:lan قليلاً, kein bisschen wa la: dharrah ولا ذرة
bitte law samaḥt لوسمحت, min faḍlak من فضلك
Bitte radscha:'an رجاء *m.*
bitten radscha: رجا, ♀ radschat رجت <'ardschu: أرجو>, jdn um etw. bitten sa'al shachṣ(an) shay'(an). سأل شخصاً شيئاً, ♀ sa'alat shachṣ(an) shay'(an) سألت شخصاً شيئاً <'as'al shachṣ(an) shay'(an) أسأل شخصاً شيئاً>
bitter murr مر, ♀ murrah مرة

Blase *(Organ)* matha:nah مثانة *f.*, *(am Fuß)* baqbu:qah بقبوقة *f.*, *(Lufteinschluss)* fuqa:*ah فقاعة *f.*

blau 'azraq أزرق, ♀ zarqa:' زرقاء

bleiben baqi: بقي, ♀ baqiyat بقيت <'abqa: أبقى>

bleifrei cha:li: min ar-raṣa:ṣ خالي من الرصاص, ♀ cha:liyah min ar-raṣa:ṣ خالية من الرصاص

Bleistift qalam raṣa:ṣ قلم رصاص *m.*

blind 'a*ma: أعمى, ♀ *amya:' عمياء

Blindenhund kalb murshid li-l-*umya:n كلب مرشد للعميان, ♀ kalbah murshidah li-l-*umya:n كلبة مرشدة للعميان

Blitz barq برق *m.*

Blume zahrah زهرة *f.*

Blumenladen maḥall li-bay* az-zuhu:r محل لبيع الزهور *m.*

Bluse blu:zah بلوزة *f.*

Blut dam دم *m.*

Botschaft *(diplomatische Vertretung)* safa:rah سفارة *f.* *(Nachricht)* chabar خبر *m.*

brauchen 'iḥta:dsch احتاج, ♀ 'iḥta:dschat احتاجت <'aḥta:dsch أحتاج>

braun bunniyy بني, ♀ bunniyyah بنية

breit *ari:ḍ عريض, ♀ *ari:ḍah عريضة

Breite *arḍ عرض *m.*

Bremse *(eines Fahrzeugs)* fara:mil فرامل *m.*, *(Stechfliege)* dhuba:bat al-chayl ذبابة الخيل *f.*

bremsen farmal فرمل, ♀ farmalat فرملت <'ufarmil أفرمل>

Brief risa:lah رسالة *f.*, maktu:b مكتوب *m.*

Briefmarke ṭa:bi* طابع *m.*

Brille naẓẓa:rah نظارة *f.*

bringen 'aḥḍar أحضر, ♀ 'aḥḍarat أحضرت <'uḥḍir أحضر>, *(hinbringen)* irgendwohin bringen 'awṣal 'ila: أوصل إلى, ♀ 'awṣalat 'ila: أوصلت إلى <'u:ṣil 'ila: أوصل إلى>, Können Sie mich zum Bahnhof bringen? hal yumkin 'an tu:ṣil(a)ni: 'ila: maḥaṭṭat al-qiṭa:r? هل يمكن أن توصلني إلى محطة القطار؟ *(herbringen)* 'aḥḍar أحضر, ♀ 'aḥḍarat أحضرت <'uḥḍir أحضر>

britisch bri:ṭa:niyy بريطاني, ♀ bri:ṭa:niyyah بريطانية

Bronchitis 'iltiha:b qaṣaba:t التهاب قصبات *m.*

Bronze bro:nz برونز *m.*

Brosche brosh بروش,

Brot chubz خبز *m.*, *(Brotleib)* raghi:f chubz رغيف خبز *m.*

Brücke dschisr جسر *m.*

Bruder 'ach أخ *m.*

Brunnen bi'r بئر *m.*

Brust ṣadr صدر *m.*, *(Busen)* thady ثدي *m.*

Buch kita:b كتاب *m.*, *(eines mehrer Bände)* dschuz' جزء *m.*

buchen ḥadschaz حجز, ♀ ḥadschazat حجزت <'aḥdschiz أحجز>

Buchstabe ḥarf حرف *m.*

buchstabieren hadschdscha:

هجى, ♀ hadschdschat هجت <'uhadschdschi: أهجي>
Buchung ḥadschz حجز *m.*
bügeln kawa: كوى, ♀ kawat كوت <'akwi: أكوي>
bunt mulawwan ملون, ♀ mulawwanah ملونة
Büro maktab مكتب *m.*
Bus ba:ṣ باص *m.*, ḥa:filah حافلة *f.*
Bushaltestelle mawqif al-ba:ṣ موقف الباص *m.*
Bußgeld ghara:mah غرامة *f.*
Butter zubdah زبدة *f.*

C

Café qahwah قهوة *f.*
campen chayyam خيم, ♀ chayyamat خيمت <'uchayyim أخيم>
Campingplatz muchayyam مخيم *m.*
CD si: di: سي دي *m.*
Cent sent سنت *m.*
Chance furṣah فرصة *f.*
Chef, Chefin ra'i:s رئيس *m.* ra'i:sah رئيسة *f.*
christlich masi:ḥiyy مسيحي, ♀ masi:ḥiyyah مسيحية
Cocktail kokte:l كوكتيل *m.*
Cola ko:la: كولا *f.*
Computer kombyu:tar كمبيوتر *m.*
Cousin *(väterlicherseits)* 'ibn al-*amm ابن العم *m.*, *(mütterlicherseits)* 'ibn al-cha:l ابن الخال *m.*
Cousine *(Tochter des Onkels väterlicherseits)* 'ibnat al-*amm ابنة العم *f.*, *(Tochter der Tante väterlicherseits)* 'ibnat al-*ammah ابنة العمة *f.*, *(Tochter des Onkels mütterlicherseits)* 'ibnat al-cha:l ابنة الخال *f.*, *(Tochter der Tante mütterlicherseits)* 'ibnat al-cha:lah ابنة الخالة *f.*
Creme kre:m كريم *m.*

D

da *(weil)* li-'anna لأن, *(in dem Moment)* fi: ha:dhihi al-laḥẓah في هذه اللحظة, *(dort)* huna:k هناك
Dach saqf سقف *m.*
Dame sayyidah سيدة *f.*, mada:m مدام *f.*
Damenbinde fu:ṭah nisa:'iyyah فوطة نسائية *f.*
Damentoilette tuwa:le:t li-n-nisa:' تواليت للنساء *m.*
Dampfbad ḥamma:m bucha:r حمام بخار *m.*
daneben *(neben einer Sache oder Person)* bi-dscha:nib بجانب, *(angrenzend)* mula:ṣiq ملاصق
Dank shukr شكر *m.*, **Vielen Dank!** shukran dschazi:lan! شكراً جزيلاً!
danke shukran شكراً
danken shakar شكر, ♀ shakarat شكرت <'ashkur أشكر>
dann *(hinter etw., in einer Reihenfolge)* thumma ثم, *(zeitlich)* ba*d dha:lik بعد ذلك, *(eine Konsequenz ausdrückend)* nati:dschatan li-dha:lik نتيجة لذلك
dass 'anna/'an أن
Dattel tamr تمر
Datum ta:ri:ch تاريخ *m.*
Daumen 'ibha:m إبهام *m.*
Decke *(zum Zudecken)* li-ḥa:f

لحاف *m.*, *(eines Zimmers, Gebäudes)* saqf سقف *m.*

defekt *aṭla:n عطلان, ♀ *aṭla:nah عطلانة

dein, deine ak / ka كَ..., ♀ ik / ki كِ...

denken *(überlegen, denken)* fakkar bi- فكر ب, ♀ fakkarat bi- فكرت ب <'ufakkir bi- أفكر ب>, *(annehmen, glauben)* 'i*taqad اعتقد, ♀ 'i*taqadat اعتقدت <'a*taqid أعتقد>, *(eine bestimmte Meinung haben)* ra'a: رأى, ♀ ra'at رأت <'ara: أرى>

denn *(weil)* li-'anna لأن

der al- ال

Desinfektionsmittel ma:ddah mu*aqqimah مادة معقمة *f.*

deutsch 'alma:niyy ألماني, ♀ 'alma:niyyah ألمانية

Deutsche 'alma:niyy ألماني, ♀ 'alma:niyyah ألمانية

Deutschland 'alma:niya: ألمانيا *f.*

Dezember ka:nu:n al-'awwal كانون الأول *m.*, di:sambar ديسمبر *m.*

Diät ḥimyah ghidha:'iyyah حمية غذائية *f.*

dich *(reflexiv)* nafsak نفسك, ♀ nafsik نفسك

dick *(Person)* sami:n سمين, ♀ sami:nah سمينة, *(Schicht) (Brett etc.)* sami:k سميك, ♀ sami:kah سميكة

Dienstag ath-thula:tha:' الثلاثاء *m.*

dies ha:dha: هذا, ha:dhihi هذه

dieser, diese, dieses ha:dha: هذا, ♀ ha:dhihi هذه, *(wenn das Objekt vom Sprecher weiter entfernt ist)* dha:lik(a) ذلك, ♀ tilk(a) تلك

Digitalkamera kamira: raqmiy-yah كاميرا رقمية *f.*

Ding *(Gegenstand) (Objekt)* shay' شيء *m.*, *(Ereignis)* wa:qi*ah واقعة *f.*, *(Vorgang)* *amaliyyah عملية *f.*, *(Angelegenheit)* sha'n شأن *m.*

Diphtherie difti:riya: دفتريا *f.*

direkt muba:shir مباشر, ♀ muba:shirah مباشرة, *(Adverb)* bi-shakl muba:shir بشكل مباشر

Direktflug ṭayara:n muba:shir طيران مباشر *m.*

Donnerstag al-chami:s الخميس *m.*

doppelt muzdawadsch مزدوج, dobel دبل

Doppelzimmer ghurfah muzdawadschah غرفة مزدوجة *f.*

Dorf qaryah قرية *f.*

dort huna:k هناك, **dort drüben** huna:k fi: al-dschihah al-'uchra: هناك في الجهة الأخرى

Dose *ulbah علبة *f.*

draußen fi: al-cha:ridsch في الخارج, *(im Freien)* fi: al-hawa:' aṭ-ṭalq في الهواء الطلق

drinnen fi: ad-da:chil في الداخل

Drittel thulth ثلث *m.*

drücken ḍaghaṭ ضغط, ♀ ḍaghaṭat ضغطت <'aḍghaṭ أضغط>

Drucker ṭa:bi*ah طابعة *f.*

du 'anta أنتَ, ♀ 'anti أنتِ

dunkel muẓlim مظلم, ♀ muẓlimah

مظلمة, *(in Bezug auf Farben)* gha:miq غامق, ♀ gha:miqah غامقة

durch *(räumlich)* chila:l خلال, *abr عبر, eine Reise mit dem Zug durch Syrien riḥlah bi-l-qiṭa:r fi: su:riya: رحلة بالقطار في سورية, durch den Fluss schwimmen sabaḥ *abr an-nahr سبح عبر النهر, ♀ sabaḥat *abr an-nahr سبحت عبر النهر <'asbaḥ *abr an-nahr أسبح عبر النهر>

Durchfall 'is.ha:l إسهال *m.*

Durchsage 'i*la:n إعلان *m.*

dürfen *(im Passiv)* sumiḥ(a) l-oh/la-hu سمح له, ♀ sumiḥ(a) la-ha: سمح لها <yusmaḥ l-i: يسمح لي>

Durst *aṭash عطش *m.*, ẓama' ظمأ *m.*, Durst haben *aṭish(a) عطش, *aṭishat عطشت <'a*ṭash أعطش>

Dusche du:sh دوش *m.*

duschen 'achadh(a) du:sh(an) أخذ دوشاً, ♀ 'achadhat du:sh(an) أخذت دوشاً <'a:chudh du:sh(an) آخذ دوشاً>

E

echt ḥaqi:qiyy حقيقي, ♀ ḥaqi:qiyyah حقيقية

EC-Karte biṭa:qat aṣ-ṣarra:f بطاقة الصراف *f.*

Ehe zawa:dsch زواج *m.*

Ehefrau zawdschah زوجة *f.*

Ehemann zawdsch زوج *m.*

Ehepaar zawdscha:n زوجان

Ei bayḍah بيضة *f.*

eigener, eigene, eigenes cha:ṣṣ خاص, ♀ cha:ṣṣah خاصة

eilig *a:dschil عاجل, ♀ *a:dschilah عاجلة

Eimer dalw دلو *m.*

ein, eine wa:ḥid واحد, ♀ wa:ḥidah واحدة

einfach *(Adjektiv)* sahl سهل, ♀ sahlah سهلة, *(Adverb)* bi-suhu:lah بسهولة

einfarbig bi-lawn wa:ḥid بلون واحد

Eingang madchal مدخل *m.*

einkaufen tasawwaq تسوق, ♀ tasawwaqat تسوقت <'atasawwaq أتسوق>, *(kaufen)* 'ishtara: اشترى, ♀ 'ishtarat اشترت <'ashtari: أشتري>

Einkaufszentrum markaz tasawwuq مركز تسوق *m.*

einladen da*a: 'ila: دعا إلى, ♀ da*at 'ila: دعت إلى <'ad*u: 'ila: أدعو إلى>

Einladung da*wah دعوة *f.*

einlösen *(Scheck) (Gutschein)* ṣaraf صرف, ♀ ṣarafat صرفت <'aṣrif أصرف>

einmal *(zu einer Gelegenheit)* dha:t(a) marrah ذات مرة, *(ein einziges Mal)* marrah wa:ḥidah مرة واحدة

einpacken *(in Papier)* laff لف, ♀ laffat لفت <'aluff ألف>, *(in eine Tasche)* ḥazam حزم, ♀ ḥazamat حزمت <'aḥzim أحزم>

einschalten *(Licht)* 'ash*al أشعل, ♀ 'ash*alat أشعلت <'ush*il أشعل>, *(Maschine, Klimaanlage, Motor* *etc.)* shaghghal شغل, ♀ shaghghalat شغلت <'ushaghghil أشغل>

einsteigen *(in das Auto, den Bus, das Flugzeug etc.)* rakib ركب, ♀ rakibat ركبت <'arkab أركب>

Einweg... li-marrah wa:ḥidah ... لمرة واحدة

Einzelzimmer ghurfah li-shachṣ wa:ḥid غرفة لشخص واحد *f.*

Eis thaldsch ثلج *m.*, dschali:d جليد *m.*, *(Speiseeis)* bu:ẓah بوظة *f.*

Eiswürfel thaldsch ثلج *m.*

Eltern al-wa:lida:n الوالدان

E-Mail bari:d 'iliktru:niyy بريد إلكتروني *m.*

Empfänger *(Person, die etw. bekommt)* mustalim مستلم *m.*, mursal 'ilayh(i) مرسل إليه *m.*

empfehlen naṣaḥ bi- نصح ب, ♀ naṣaḥat bi- نصحت ب <'anṣaḥ bi- أنصح ب>

Ende niha:yah نهاية *f.*

Endstation 'a:chir al-cha:ṭṭ آخر الخط *m.*

England 'ingiltra: إنكلترا *f.*

Engländer, Engländerin 'ingli:ziyy إنكليزي, 'ingli:ziyyah إنكليزية

englisch 'ingli:ziyy إنكليزي, ♀ 'ingli:ziyyah إنكليزية

entgräten 'aza:l al-ḥasak أزال الحسك, ♀ 'aza:lat al-ḥasak أزالت الحسك <'uzi:l al-ḥasak أزيل الحسك>

entschuldigen jdn entschuldigen 'a*dhar أعذر, ♀ 'a*dharat أعذرت <'a*dhur أعذر>, sich entschuldigen 'i*tadhar *an اعتذر عن, ♀ 'i*tadharat *an اعتذرت عن <'a*tadhir *an أعتذر عن>

Entschuldigung 'i*tidha:r اعتذار *m.*, Entschuldigung! al-ma*dhirah المعذرة!

entspannen sich entspannen 'istarcha: استرخى, ♀ 'istarchat استرخت <'astarchi: أسترخي>, *(ausruhen)* 'istara:ḥ استراح, ♀ 'istara:ḥat استراحت <'astari:ḥ استريح>

entwickeln *(Land, Plan, Machine)* ṭawwar طور, ♀ ṭawwarat طورت <'uṭawwir أطور>, *(Foto, Film)* ḥammaḍ حمض, ♀ ḥammaḍat حمضت <'uḥammiḍ أحمض>

Entwicklung taṭawwur تطور *m.*, *(von Fotos)* taḥmi:ḍ تحميض *m.*

Entzündung 'iltiha:b التهاب *m.*

er huwa هو

Erdbeere fara:wlah فراولة *f.*, *(in Syrien)* fre:z فريز *m.*

Erdgeschoss ṭa:biq 'arḍiyy طابق أرضي *m.*

Erkältung rashḥ رشح *m.*

erklären sharaḥ شرح, ♀ sharaḥat شرحت <'ashraḥ أشرح>, *(der Grund für etw. sein)* bayyan بين, ♀ bayyanat بينت <'ubayyin أبين>

erlauben samaḥ bi- سمح ب, ♀ samaḥat bi- سمحت ب <'asmaḥ bi- أسمح ب>

Ermäßigung chaṣm خصم *m.*

erwachsen ba:ligh بالغ, ♀ ba:lighah بالغة

Erwachsener, Erwachsene 'insa:n ba:ligh إنسان بالغ *m.*, 'insa:nah ba:lighah إنسانة بالغة *f.*

erzählen *(mitteilen)* 'achbar أخبر, ♀ 'achbarat أخبرت <'uchbir أخبر>, *(von etw. berichten)* ḥaddath bi- حدث ب, ♀ ḥaddathat bi- حدثت ب <'uḥaddith bi- أحدث ب>

es *(nur für Personen)* huwa هو, hiya هي, *(Personen und Gegenstände)* ha:dha: هذا *m.*, ha:dhihi هذه *f.*

essen 'akal أكل, ♀ 'akalat أكلت <'a:kul آكل>, **zum Essen ausgehen** charadsch 'ila: al-maṭ*am خرج إلى المطعم, ♀ charadschat 'ila: al-maṭ*am خرجت إلى المطعم <'achrudsch 'ila: al-maṭ*am أخرج إلى المطعم>

Essig chall خل *m.*

Etage ṭa:biq طابق *m.*

Etikett mulṣaqah ملصقة *f.*

euch *(reflexiv)* 'anfus-kum أنفسكم

euer, eure *(von euch)* minkum منكم, *(für euch)* lakum لكم

Euro yu:rô يورو *m.*

Europa 'o:ro:bba:/'awru:bba: أوروبا *f.*

Europäer, Europäerin 'o:ro:bbiyy أوروبي *m.*, 'o:ro:bbiyyah أوروبية *f.*

europäisch 'o:ro:bbiyy أوروبي, ♀ 'o:ro:bbiyyah أوروبية

F

Fabrik ma*mal معمل *m.*, maṣna* مصنع *m.*

Fahne *alam علم *m.*, ra:yah راية *f.*

Fähre *abba:rah عبارة *f.*, *(kleines Boot)* qa:rib قارب *m.*

fahren *(intransitiv)* sa:far سافر, ♀ sa:farat سافرت <'usa:fir أسافر> *(transitiv: selber am Steuer, ein Fahrrad, ein Motorrad)* qa:d قاد, ♀ qa:dat قادت <'aqu:d أقود>

Fahrer, Fahrerin sa:'iq سائق *m.*, sa:'iqah سائقة *f.*

Fahrkarte tadhkirah تذكرة *f.*

Fahrkartenautomat 'a:lat bay* tadha:kir ar-ruku:b آلة بيع تذاكر الركوب *f.*

Fahrplan dschadwal safar جدول سفر *m.*

Fahrpreis 'udschrat ar-ruku:b أجرة الركوب *f.*

Fahrrad darra:dschah دراجة *f.*

Fahrt safrah سفرة *f.*

Fahrzeugschein daftar as-sayya:rah دفتر السيارة *m.*

fallen saqaṭ سقط, ♀ saqaṭat سقطت <'asquṭ أسقط>, waqa* وقع, ♀ waqa*at وقعت <'aqa* أقع>, **etw. fallen lassen** 'awqa* أوقع, ♀ 'awqa*at أوقعت <'u:qi* أوقع>

falsch ghayr ṣaḥi:ḥ غير صحيح, ghayr ṣaḥi:ḥah غير صحيحة, **Das ist falsch.** ha:dha: chaṭa'. هذا خطأ.

Falschgeld *umlah muzawwarah عملة مزورة *f.*

Familie 'usrah أسرة *f.*

familienfreundlich mushadschdschi* li-l-*a:'ilah مشجع للعائلة, ♀ mushadschdschi*ah li-l-*a:'ilah مشجعة للعائلة

Familienname ism al-*aː'ilah اسم العائلة *m.*
Familienstand al-waḍ* al-*aː'iliyy الوضع العائلي *m.*
Farbe lawn لون *m.*
färben *(Haar)* ṣabagh صبغ, ♀ ṣabaghat صبغت <'aṣbigh أصبغ>, lawwan لون, ♀ lawwanat لونت <'ulawwin ألون>
Fass birmiːl برميل *m.*, vom Fass min al-birmiːl من البرميل
fast taqriːban تقريباً
Fax faːks فاكس *m.*
faxen 'arsal faːks أرسل فاكساً, ♀ 'arsalat faːks أرسلت فاكساً <'ursil faːks أرسل فاكساً>
Faxnummer raqm al-faːks رقم الفاكس *m.*
Februar shubaːṭ / fibraːyir شباط / فبراير *m.*
fehlen *(Personen: nicht anwesend sein)* ghaːb غاب, ♀ ghaːbat غابت <'aghːb أغيب> Eine Person fehlt noch. hunaːk(a) shchṣ ghaː'ib. هناك شخص غائب., *(Gegenstände: nicht existieren, nicht da sein)* naqaṣ نقص, ♀ naqaṣat نقصت <'anquṣ أنقص>
Fehler chaṭa' خطأ *m.*
Feier 'iḥtifaːl احتفال *m.*, *(Hochzeit)* zifaːf زفاف *m.*, *(Party, Konzert)* ḥaflah حفلة *f.*
Feiertag *uṭlah rasmiyyah عطلة رسمية *f.*
Feld ḥaql حقل *m.*
Fels ṣachr صخر *m.*
Fenster naːfidhah نافذة *f.*, shubbaːk شباك *m.*
Ferien *uṭlah عطلة *f.*, *(Urlaub)* *(Betriebsurlaub)* 'idschaːzah إجازة *f.*
Ferienhaus bayt li-qaḍaː' al-*uṭlah بيت لقضاء العطلة *m.*
Fernglas minẓaːr منظار *m.*
fernsehen shaːhad at-telefizyoːn شاهد التلفزيون, shaːhadat at-telefizyoːn شاهدت التلفزيون <'ushaːhid at-telefizyoːn أشاهد التلفزيون>
Fernsehen *(Fernsehanstalt)* at-telefizyoːn التلفزيون *m.*, *(Fernsehsendungen)* baraːmidsch at-telefizyoːn برامج التلفزيون *m.*
fertig dschaːhiz جاهز, ♀ dschaːhizah جاهزة, *(Person: bereit)* musta*idd مستعد, ♀ musta*iddah مستعدة
Fertiggericht wadschbah dschaːhizah وجبة جاهزة *f.*
Festland *(Landmasse)* al-barr البر *m.*, *(Kontinent)* qaːrrah قارة *f.*, das europäische Festland al-qaːrrah al-oːroːbiyyah القارة الأوروبية
Feuer ḥariːq حريق *m.*
Feuerlöscher 'usṭuwaːnat 'iṭfaː' al-ḥariːq اسطوانة إطفاء الحريق *f.*
Feuerzeug qaddaːḥah قداحة *f.*, wallaː*ah ولاعة *f.*
Fieber *(Körpertemperatur)* 'irtifaː* daradschat al-ḥaraːrah ارتفاع درجة الحرارة *m.*
Fieberthermometer mizaːn al-ḥaraːrah ميزان الحرارة *m.*
Film film فيلم *m.*

filmen ṣawwar film صور فيلماً, ♀ ṣawwarat film صورت فيلماً <'uṣawwir film أصور فيلماً>

finden *(etw. Gesuchtes auffinden)* wadschad وجد, ♀ wadschadat وجدت <'adschid أجد>, *(beurteilen)* gut finden 'istaḥsan استحسن, ♀ 'istaḥsanat استحسنت <'astaḥsin أستحسن>, Wie findest du ...? maː ra'yak bi- ...? ما رأيك ب ...؟, ♀ maː ra'yik bi- ...? ما رأيك ب ...؟

Finger 'iṣba* إصبع *m.*

Firma sharikah / shirkah شركة *f.*

Fisch samak سمك *Pl.*

fischen 'iṣṭaːd as-samak اصطاد السمك, ♀ 'iṣṭaːdat as-samak اصطادت السمك <'aṣṭaːd as-samak أصطاد السمك>

Fischstäbchen sharaː'iḥ samak mughaṭṭasah شرائح سمك مغطسة *Pl.*

flach musaṭṭaḥ مسطح, ♀ musaṭṭaḥah مسطحة

Flasche qinniːnah قنينة *f.*

Flaschenöffner miftaːḥ qanaːniː مفتاح قناني *m.*

Fleisch laḥm لحم *m.*

Fleischer, Fleischerin laḥḥaːm لحام *m.*, laḥḥaːmah لحامة *f.*

Fleischerei malḥamah ملحمة *f.*

fliegen ṭaːr طار, ♀ ṭaːrat طارت <'aṭiːr أطير>

Flug *(Vorgang des Fliegens)* ṭayaraːn طيران *m.*, *(Flugreise)* riḥlah dschawwiyyah رحلة جوية *f.*

Flughafen maṭaːr مطار *m.*

Flughafengebühr rusuːm al-maṭaːr رسوم المطار *m.*

Flugzeug ṭaː'irah طائرة *f.*

Fluss nahr نهر *m.*

Formular 'istimaːrah إستمارة *f.*, ein Formular ausfüllen *abba' 'istimaːrah عبأ إستمارة, ♀ *abba'at 'istimaːrah عبأت إستمارة <'u*abbi' 'istimaːrah أعبأ إستمارة>

Foto ṣuːrah صورة *f.*

fotografieren ṣawwar صور, ♀ ṣawwarat صورت <'uṣawwir أصور>

Foyer bahw بهو *m.*

Frage su'aːl سؤال *m.*

fragen sa'al سأل, ♀ sa'alat سألت <'as'al أسأل>

französisch faransiyy فرنسي, ♀ faransiyyah فرنسية

Frau 'imra'ah امرأة *f.*, *(Anrede für verheiratete Frau)* madaːm مدام *f.*, *(Anrede für ledige Frau)* 'aːnisah آنسة *f.*

frei hurr حر, ♀ hurrah حرة

Freitag al-dschum*ah الجمعة *m.*

Freizeit waqt al-faraːgh وقت الفراغ *m.*

fremd *(ausländisch: Sprache, Volk)* 'adschnabiyy أجنبي, ♀ 'adschnabiyyah أجنبية, *(unbekannt)* ghayr ma*ruːf غير معروف, ♀ ghayr ma*ruːfah غير معروفة, hier fremd sein huwa ghariːb hunaː. هو غريب هنا, ♀ hiya ghariːbah hunaː. هي غريبة هنا, *(Präsensform, männlich)* 'anaː ghariːb hunaː.

أنا غريب هنا, *(Präsensform, weiblich)* 'ana: ghari:bah huna:. أنا غريبة هنا

Fremdenverkehrsbüro maktab al-isti*la:ma:t as-siya:ḥiyyah مكتب الاستعلامات السياحية *m.*

Fresko rasm dschida:riyy رسم جداري *m.*

freuen sich freuen fariḥ فرح, ♀ fariḥat فرحت <'afraḥ أفرح> sich über etw. freuen fariḥ bi- فرح ب, ♀ fariḥat bi- فرحت ب <'afraḥ bi- أفرح ب>

Freund, Freundin ṣadi:q صديق *m.*, ṣadi:qah صديقة *f.*, *(Person, die auf der gleichen Seite steht)* mu'ayyid مؤيد *m.*, mu'ayyidah مؤيدة *f.*, *(Verbündeter)* ḥali:f حليف *m.*, ḥali:fah حليفة *f.*, *(Förderer)* mushadschdschi* مشجع *m.*, mushadschdschi*ah مشجعة *f.*

freundlich laṭi:f لطيف, ♀ laṭi:fah لطيفة

Friedhof maqbarah مقبرة *f.*

frisch *(Nahrungsmittel)* ṭa:zadsch طازج, ♀ ṭa:zadschah طازجة, *(Wind)* *ali:l عليل, ♀ *ali:lah عليلة

Friseur, Friseurin ḥalla:q حلاق *m.*, ḥalla:qah حلاقة *f.*

Frisur qaṣṣat sha*r قصة الشعر *f.*

früh mubakkir مبكر, ♀ mubakkirah مبكرة

früher *(Komparativ)* 'abkar أبكر, Gibt es einen früheren Flug? hal yu:dschad qiṭa:r 'abkar? هل يوجد قطار أبكر؟, *(in der Vergangenheit)* fi: al-ma:ḍi: في الماضي, *(einst)* sa:biqan سابقاً

Frühling ar-rabi:* الربيع *m.*

Frühstück fuṭu:r فطور *m.*

frühstücken tana:wal al-fuṭu:r تناول الفطور, ♀ tana:walat al-fuṭu:r تناولت الفطور <'atana:wal al-fuṭu:r أتناول الفطور>

führen qa:d قاد, ♀ qa:dat قادت <'aqu:d أقود>, *(zeigen)* dall *ala: دل على, ♀ dallat *ala: دلت على <'adull *ala: أدل على>, *(den Weg zeigen)* 'arshad أرشد, ♀ 'arshadat أرشدت <'urshid أرشد>

Führerschein shaha:dat siwa:qah شهادة سواقة *f.*

für li- ل, *(zum Zweck)* li-'adschl لأجل, *(zum Preis)* muqa:bil مقابل, *(anstelle von)* badalan *an بدلاً عن

Fuß qadam قدم *f.*

Fußball kurat al-qadam كرة القدم *f.*

Fußballspiel muba:ra:t kurat al-qadam مباراة كرة قدم *f.*

Fußgängerzone minṭaqah muchaṣṣaṣah li-l-musha:t منطقة مخصصة للمشاة *f.*

G

Gabel shawkah شوكة *f.*

Galerie *(Ausstellung)* ma*riḍ معرض *m.*, *(balkonartiger Gang)* shurfah شرفة *f.*

Garage kara:dsch كراج *m.*

Garderobe *(im Flur)* mishdschab مشجب *m.*, *(im Theater)* ghurfat al-mala:bis غرفة الملابس *f.*, *(gesamte Kleidung)* mala:bis ملابس *Pl.*

Garten ḥadi:qah حديقة *f.*

Gärtner, Gärtnerin dschana:'iniyy جنائني *m.*, dschana:'iniyyah جنائنية *f.*

Gast ḍayf ضيف *m.*, ḍayfah ضيفة *f.*, *(Teilnehmer)* musha:rik مشارك *m.*, musha:rikah مشاركة *f.*

Gebäck mu*adschdschana:t معجنات *Pl.*

Gebäude *(Bauwerk)* mabna: مبنى *m.*, *(größeres Haus)* bina:' بناء *m.*

geben 'a*ṭa: أعطى, ♀ 'a*ṭat أعطت <'u*ṭi: أعطي>, *((weiter) reichen)* na:wal ناول, ♀ na:walat ناولت <'una:wil أناول>

Gebet ṣala:t صلاة *f.*

Gebetskette misbaḥah مسبحة *f.*

Gebetsteppich sadschdscha:dat ṣala:t سجادة صلاة *f.*

Gebirge silsilat dschiba:l سلسلة جبال *f.*

geboren *(nur im Passiv)* wulid(a) وُلِدَ, ♀ wulidat وُلِدَت <wulidtu وُلِدتُ>, Wann sind Sie geboren? mata: wulidta? متى وُلِدت؟, ♀ mata: wulidti? متى ولدتِ؟

Gebühr rasm رسم *m.*

Geburtsdatum ta:ri:ch al-wila:dah تاريخ الولادة *m.*

Geburtsort maka:n al-wila:dah مكان الولادة *m.*

Geburtstag ta:ri:ch al-wila:dah تاريخ الولادة *m.*, Herzlichen Glückwunsch zum Geburtstag! kull *a:m wa 'anta bi-chayr! كل عام وأنت بخير!, kull *a:m wa 'anti bi-chayr! كل عام وأنت بخير!

Gedeck 'adawa:t al-'akl أدوات الأكل *Pl.*

Gedenkstätte nuṣb tadhka:riyy نصب تذكاري *m.*

gefährlich chaṭi:r خطير, ♀ chaṭi:rah خطيرة

gefallen 'a*dschaboh / 'a*dschab(a)hu أعجبه, ♀ 'a*dschab(a)ha: أعجبها <'a*dschabani: أعجبني>

Gefängnis sidschn سجن *m.*

Gefäß *(Behälter)* wi*a:' وعاء *m.*, *(Blutgefäß)* wi*a:' damawiyy وعاء دموي *m.*

gegen *(Ablehnung ausdrückend)* ḍidd ضد, *(ungefähr)* ḥawa:lay حوالي, gegen 20 Uhr ḥawa:lay as-sa:*ah ath-tha:minah masa:'an حوالي الساعة الثامنة مساءً

Gegend minṭaqah منطقة *f.*

gegenüber *(auf der entgegengesetzten Seite)* muwa:dschih li- مواجه لـ...، *(im Vergleich zu etw.)* muqa:ranatan bi- مقارنة بـ...، *(einer Person gegenüber, im Verhalten)* ma*(a) مع...

Geheimzahl raqm sirriyy رقم سري *m.*

gehen dhahab ذهب, ♀ dhahabat ذهبت <'adh.hab أذهب> *(funktionieren)* *amil عمل, ♀ *amilat عملت <'a*mal أعمل> Das Radio geht nicht.

ar-ra:dyo: la: ya*mal.
الراديو لا يعمل.
Gehirn dima:gh دماغ *m.*
gehören *(Teil von etw. sein)* **zu ... gehören** 'intama: 'ila: انتمى إلى, ♀ 'intamat 'ila: انتمت <'antami: 'ila: أنتمي إلى> **Das gehört mir.** ha:dha: li:. هذا لي.
Geländewagen sayya:rat daf* ruba:*iyy سيارة دفع رباعي *f.*
Geländewagentour dschawlah bi-sayya:rat daf* ruba:*iyy جولة بسيارة دفع رباعي
gelb 'aṣfar أصفر, ♀ ṣafra:' صفراء
Geld nuqu:d نقود *Pl.*
Geldautomat ṣarra:f 'a:liyy صراف آلي *m.*
Gemälde lawḥah لوحة *f.*
Gemüse chuḍa:r خضار *Pl.*
Gemüsehändler, Gemüsehändlerin ba:'i* chuḍa:r بائع خضار *m.*, ba:'i*at chuḍa:r بائعة خضار *f.*
geöffnet maftu:ḥ مفتوح, ♀ maftu:ḥah مفتوحة
Gepäck ḥaqa:'ib حقائب *Pl.*
Gepäckaufbewahrung al-'ama:na:t الأمانات
Gepäckträger ḥa:mil al-ḥaqa:'ib حامل الحقائب *m.*
gerade *(Adverb: im Augenblick) (jetzt)* al-'a:n الآن, *(soeben, vor wenigen Sekunden)* mundhu laḥaẓa:t منذ لحظات, *(Adjektiv: nicht krumm)* mustaqi:m مستقيم, ♀ mustaqi:mah مستقيمة
geradeaus 'ila: al-'ama:m إلى الأمام
Gericht *(zum Essen)* wadschbah وجبة *f.*, *(juristisch)* maḥkamah محكمة *f.*
gern *(Zuneigung ausdrückend)* 'aḥabb أحب, ♀ 'aḥabbat أحبت <'uḥibb أحب>, *(mit Freude)* bi-suru:r بسرور, **sehr gern** bi-kull suru:r بكل سرور
Geschäft *(kleiner Laden)* maḥall محل *m.*, *(größerer Laden)* matdschar متجر *m.*
Geschenk hadiyyah هدية *f.*
geschieden muṭallaq مطلق, ♀ muṭallaqah مطلقة
geschlossen mughlaq مغلق, ♀ mughlaqah مغلقة
Geschmack *(wie etw. schmeckt)* ṭa*m طعم *m.*, *(fig.)* dhawq ذوق *m.*
Geschwister al-'ichwah wa al-'achawa:t الإخوة والأخوات *Pl.*
Gesicht wadschh وجه *m.*
Gespräch *(mündlicher Gedankenaustausch)* ḥadi:th حديث *m.*, *(Konversation)* muḥa:dathah محادثة *f.*, *(am Telefon)* muka:lamah مكالمة *f.*
gestern 'ams أمس, al-ba:riḥah البارحة
gestohlen masru:q مسروق, ♀ masru:qah مسروقة
gesund *(nicht krank)* mu*a:fa: معافى, ♀ mu*a:fa:t معافاة, *(die Gesundheit fördernd)* ṣiḥḥiyy صحي, ♀ ṣiḥḥiyyah صحية
Gesundheit ṣiḥḥah صحة *f.*, *(beim Niesen)* **Gesundheit!** ṣiḥḥah! صحة!
Getränk mashru:b مشروب *m.*

Gewicht *(wie viel etw. wiegt)* wazn وزن *m.*, *(große Bedeutung)* 'ahammiyyah أهمية *f.*

gewinnen rabiḥ ربح, ♀ rabiḥat ربحت <'arbaḥ أربح>, *(Bodenschätze gewinnen)* 'istachradsch استخرج, ♀ 'istachradschat استخرجت <'astachridsch أستخرج>

Gewürz baha:r بهار *m.*

gewürzt mutabbal متبل, ♀ mutabbalah متبلة

giftig sa:mm سام, ♀ sa:mmah سامة

Gipfel qimmah قمة *f.*

Glas *(Trinkgefäß)* ka's كأس *m.*, *(Material)* zudscha:dsch زجاج *m.*

glauben *(überzeugt)* 'i*taqad اعتقد, ♀ 'i*taqadat اعتقدت <'a*taqid أعتقد>, *(religiös)* 'a:man آمن, ♀ 'a:manat آمنت <'u'min أؤمن>

gleich *(sofort)* fawran فوراً, *(übereinstimmend aber nicht identisch)* musha:bih مشابه, ♀ musha:bihah مشابهة,

Gleis *(Schienen)* sikkat al-qiṭa:r سكة القطار *f.*, *(Bahnsteig)* raṣi:f al-maḥaṭṭah رصيف المحطة *m.*

Gleitschirmfliegen ṭayara:n shira:*iyy طيران شراعي *m.*

Glocke dscharas جرس *m.*

Glück *(glückliches Leben)* sa*a:dah سعادة *f.*, *(geneigter Zufall)* ḥaẓẓ حظ *m.*, Glück haben huwa maḥẓu:ẓ. هو محظوظ, ♀ hiya maḥẓu:ẓah. هي محظوظة <'ana: maḥẓu:ẓ أنا محظوظ>

glücklich *(zufrieden und froh)* sa*i:d سعيد, ♀ sa*i:dah سعيدة, *(vom Glück begünstigt)* maḥẓu:ẓ محظوظ, ♀ maḥẓu:ẓah محظوظة

Gold dhahab ذهب *m.*

golden dhahabiyy ذهبي, ♀ dhahabiyyah ذهبية

Golf *(Sport)* go:lf غولف *m.*, *(Meerbusen)* chali:dsch خليج *m.*, der Golf von Akaba chali:dsch al-*aqabah خليج العقبة

Golfplatz mal*ab al-go:lf ملعب الغولف *m.*

Gottesdienst qudda:s قداس *m.*

Grab qabr قبر *m.*

Grabmal ḍari:ḥ ضريح *m.*

Grad *(in der Physik, Geografie)* daradschah درجة *f.*

Gramm gra:m غرام *m.*

Gräte ḥasak حسك *Pl.*

gratulieren hanna' هنأ, ♀ hanna'at هنأت <'uhanni' أهنئ>

grau rama:diyy رمادي, ♀ rama:diyyah رمادية

Grenze *(zwischen zwei Staaten, Ländereien)* ḥudu:d حدود *Pl.*, *(erlaubte Obergrenze)* ḥadd حد *m.*

Grippe gri:b كريب *m.*, 'influwinza: إنفلونزا *f.*

groß kabi:r كبير, ♀ kabi:rah كبيرة, *(hochgewachsen)* ṭawi:l طويل, ♀ ṭawi:lah طويلة

Großbritannien bri:ṭa:niya: بريطانيا *f.*

Größe *(in Bezug auf Volumen)* ḥadschm حجم *m.*, *(Fläche)* misa:ḥah مساحة *f.*, *(Kleidergröße)* qiya:s قياس *m.*, *(Höhe)* 'irtifa:*

ارتفاع *m.*, *(Körpergröße)* qa:mah قامة *f.*

Großeltern al-dschadda:n الجدان *Dual.*

Großmutter dschaddah جدة *f.*

Großvater dschadd جد *m.*

grün 'achḍar أخضر, ♀ chaḍra:' خضراء

Gruß taḥiyyah تحية *f.*, Schöne Grüße an ...! sallim *ala: ...! سلم على ...!

grüßen sallam *ala: سلم على, ♀ sallamat *ala: سلمت على <'usallim *ala: أسلم على>, Grüß ... von mir! sallim *ala: ...! سلم على ...!

gültig ṣa:liḥ صالح, ♀ ṣa:liḥah صالحة

Gurke chiya:r خيار *Pl.*, *(klein und eingemacht)* muchallal al-chiya:r مخلل الخيار *m.*

Gürtel ḥiza:m حزام *f.*

gut *(Adjektiv)* dschayyid جيد, Gut gemacht! 'aḥsant al-fi*l! أحسنت الفعل!, ♀ 'aḥsanti al-fi*l! أحسنت الفعل!

H

Haar sha*r شعر *Pl.*

Haarspange shaklat ash-sha*r شكلة شعر *f.*

Haarspray bach.cha:ch sha*r بخاخ شعر

haben *indoh/*indahu عنده, ♀ *indaha: عندها <*indi: عندي>

Hafen mina:' ميناء *m.*

Hähnchen farru:dsch فروج *m.*

halb halb drei ath-tha:niyah wa an-niṣf الثانية والنصف

halber, halbe, halbes niṣf نصف *m.*, ein halbes Kilo niṣf ki:lo: نصف كيلو, eine halbe Stunde niṣf sa:*ah نصف ساعة

Halbpension ma*(a) fuṭu:r wa *asha:' مع فطور وعشاء

Hälfte niṣf نصف *m.*, *(Halbzeit, Spielhälfte)* shawṭ شوط *m.*

hallo marḥaba:/marḥaban مرحباً, *(am Telefon)* 'alo: ألو

Hals *(vorn)* raqabah رقبة *f.*

Halstuch sha:l شال *m.*

halten 'amsak bi- أمسك ب, ♀ 'amsakat bi- أمسكت ب <'umsik bi- أمسك ب>

Haltestelle mawqif موقف *m.*

Hand yad يد *f.*

Handarbeit *amal yadawiyy عمل يدوي *m.*

Handcreme kre:m yad كريم يد *m.*

Handgepäck ḥaqi:bat yad حقيبة يد *f.*

Handschuh quffa:z قفاز *m.*

Handtasche ḥaqi:bah yadawiyyah حقيبة يدوية *f.*

Handtuch minshafah منشفة *f.*

Handy maḥmu:l محمول *m.*, dschawwa:l جوال *m.*

hart qa:si: قاسي, ♀ qa:siyah قاسية

Hauptgericht wadschbah ra'i:siyyah وجبة رئيسية *f.*

Hauptsaison al-mawsim as-siya:ḥiyy ar-ra'i:siyy الموسم السياحي الرئيسي *m.*

Hauptspeise wadschbah ra'i:siyyah وجبة رئيسية *f.*

Haus bayt بيت *m.*, manzil منزل *m.*, zu Hause fi: al-bayt في البيت
hausgemacht muḥaḍḍar fi: al-bayt محضر في البيت, ♀ muḥaḍḍarah fi: al-bayt محضرة في البيت
Haushaltswaren 'adawa:t manziliyyah أدوات منزلية *Pl.*
Haustier ḥayawa:n manziliyy حيوان منزلي *m.*
Hauswein nabi:dh manziliyy نبيذ منزلي *m.*
Haut basharah بشرة *f.*
heiraten tazawwadsch تزوج, ♀ tazawwadschat تزوجت <'atazawwadsch أتزوج>
heiß ḥa:rr حار, ♀ ḥa:rrah حارة
heißen *(einen Namen haben)* 'ismoh/'ism(u)hu اسمه, ♀ 'ism(u)ha: اسمها <'ismi: اسمي>, *(bedeuten)* ya*ni: يعني, ♀ ta*ni: تعني
heiter *(fröhlich)* mariḥ مرح, ♀ mariḥah مرحة, *(wolkenlos)* ṣa:fi: صافي, ♀ ṣa:fiyah صافية
Heizung tadfi'ah تدفئة *f.*
helfen sa:*ad ساعد, ♀ sa:*adat ساعدت <'usa:*id أساعد>
hell muḍi:' مضيء, ♀ muḍi:'ah مضيئة
Helm chawdhah خوذة *f.*
Hemd qami:ṣ قميص *m.*
Hepatitis 'iltiha:b al-kabid التهاب الكبد *m.*
Herbst al-chari:f الخريف *m.*
Herd furn gha:z فرن غاز *m.*
Herr *(höflich für Mann) (in der Anrede)* sayyid سيد *m.*
Herrentoilette tuwa:le:t ar-ridscha:l تواليت الرجال *m.*
herrlich ra:'i* رائع, ♀ ra:'i*ah رائع
Herz qalb قلب *m.*
heute al-yawm اليوم
hier huna: هنا, hier und dort huna: wa huna:k هنا وهناك, hier entlang min huna: من هنا
Hilfe musa:*adah مساعدة *f.*, Erste Hilfe 'is*a:f 'awwaliyy إسعاف أولي
Himbeere tu:t shawkiyy توت شوكي *m.*, tu:t al-*ullayq توت العليق *m.*
Himmel sama:' سماء *f.*, *(Paradies)* dschannah جنة *f.*
hinten chalf خلف, *(auf der rückwärtigen Seite)* *ala: aṣ-ṣafḥah al-chalfiyyah على الصفحة الخلفية
hinter chlaf خلف, *(nach)* ba*d بعد
Hitze ḥara:rah shadi:dah حرارة شديدة *f.*
hoch *(Gebäude, Berg, etc.)* *a:li: عالي, ♀ *a:liyah عالية, *(Preis, Summe)* murtafi* مرتفع, ♀ murtafi*ah مرتفعة
Hochglanz naw*iyyah lamma:*ah نوعية لماعة *f.*
Hochstuhl kursiyy *a:li: li-l-'aṭfa:l كرسي عالي للأطفال *m.*
Hof ba:ḥah باحة *f.*, *(landwirtschaftlicher Betrieb)* mazra*ah مزرعة *f.*, *(eines Herrschers)* bala:ṭ بلاط *m.*
höflich mu'addab مؤدب, ♀ mu'addabah مؤدبة
Höhe 'irtifa:* ارتفاع *m.*
Höhle magha:rah مغارة *f.*

holen *(bringen)* 'aḥḍar أحضر, ♀ 'aḥḍarat أحضرت <'uḥḍir أحضر>, holen aus 'achradsch min أخرج من, ♀ 'achradschat min أخرجت من <'achrudsch min أخرج من>
homosexuell mithliyy مثلي, ♀ mithliyyah مثلية
Honig *asal عسل *m.*
hören *(wahrnehmen)* sami* سمع, ♀ sami*at سمعت <'asma* أسمع>, *(zuhören)* 'istama* 'ilaː استمع إلى, ♀ 'istama*at 'ilaː استمعت <'astami* 'ilaː أستمع إلى>
Hose banṭaluːn بنطلون *m.*, kurze Hose banṭaluːn qaṣiːr قصير بنطلون *m.*
Hotel funduq فندق *m.*
hübsch dschamiːl جميل, ♀ dschamiːlah جميلة
Hüfte wirk ورك *m.*
Huhn dadschaːdsch دجاج
Hund kalb كلب *m.*
Hunger dschuː* جوع *m.*, Hunger haben dschaː* جاع, ♀ dschaː*at جاعت <'adschuː* أجوع>
hungrig dschaː'i* جائع, ♀ dschaː'i*ah جائعة
Hupe zammuːr زمور *m.*
Husten su*aːl سعال *m.*
Hustensaft sharaːb as-su*aːl شراب السعال *m.*
Hut qubba*ah قبعة *f.*
Hütte kuːch كوخ *m.*

I

ich 'anaː أنا

Idee fikrah فكرة *f.*
ihr *(Personalpronomen, 2. Person Plural)* 'antum أنتم, ♀ 'antunna أنتن
ihr, ihre *(Singular: von ihr)* ...haː ها..., *(Plural, männlich: von ihnen)* ...hum هم..., *(Plural, weiblich: für sie)* ...hunna هن...
Ihr, Ihre *(Singular: von Ihnen)* ...ka / ...ak كَ..., ♀ ...ki / ...ik كِ..., *(Plural: von Ihnen)* ...kum كم... ♀ ...kunna كن...
immer daː'iman دائماً, immer noch laː yazaːl لايزال
Impfpass daftar al-luqaːḥ دفتر اللقاح *m.*
in *(räumlich)* fiː في, *(zeitlich: innerhalb)* chilaːl خلال
inbegriffen yataḍamman يتضمن, Das Frühstück ist im Preis inbegriffen. as-si*r yataḍamman al-fuṭuːr. السعر يتضمن الفطور.
Infektion *adwaː *f.* عدوى
Information ma*luːmaːt معلومات *Pl.*, *(Informationsstelle)* 'isti*laːmaːt استعلامات *Pl.*
innen fiː ad-daːchil في الداخل
Innenstadt markaz al-madiːnah مركز المدينة *m.*
innerhalb *(räumlich)* daːchil داخل, *(zeitlich)* chilaːl خلال
Insekt ḥasharah حشرة *f.*
Insektenbiss las*at ḥasharah لسعة حشرة *f.*
Insel dschaziːrah جزيرة *f.*
insgesamt 'idschmaːliyy إجمالي *m.*
Insulin 'insuːliːn *m.* إنسولين

interessant mumti* ممتع, ♀ mumti*ah ممتعة
Internet al-'intarnet الإنترنت
Irak al-*ira:q العراق *m.*
Iraker, Irakerin *ira:qiyy عراقي *m.*, *ira:qiyyah عراقية *f.*
irakisch *ira:qiyy عراقي, ♀ *ira:qiyyah عراقية
Irrtum chaṭa' خطأ *m.*
Islam al-'isla:m الإسلام *m.*
islamisch 'isla:miyy إسلامي, ♀ 'isla:miyyah إسلامية
Israel 'isra:'i:l إسرائيل *f.*

J

Jacke *(für Damen)* dscha:ke:t nisa:'iyy جاكيت نسائي *m.*, *(für Herren)* dscha:ke:t ridscha:liyy جاكيت رجالي *m.*, *(Strickjacke)* dscha:ke:t ṣu:f جاكيت صوف *m.*
Jagd ṣayd صيد *m.*
Jahr sanah سنة *f.*, **nächstes Jahr** as-sanah al-qa:dimah السنة القادمة
Jahreszeit faṣl فصل *m.*
Jahrhundert qarn قرن *m.*
Januar ka:nu:n ath-tha:ni: كانون الثاني *m.*, yana:yir يناير *m.*
Jeans dschi:nz جينز *m.*
jeder, jede, jedes *(vor dem Nomen)* kull كل, *(als Pronomen)* kull wa:ḥid كل واحد, ♀ kull wa:ḥidah كل واحدة
Jeep dschi:b جيب *f.*
jemand shachṣ شخص *m.*
Jemen al-yaman اليمن *m.*
Jemenite, Jemenitin yamaniyy يمني *m.*, yamaniyyah يمنية *f.*
jemenitisch yamaniyy يمني, ♀ yamaniyyah يمنية
jetzt al-'a:n الآن
Jod yu:d يود *m.*
joggen dschara: جرى, ♀ dscharat جرت <'adschri: أجري>
Jogurt laban لبن *m.*
Jordanien al-'urdun الأردن *f.*
Jordanier, Jordanierin 'urduniyy أردني *m.*, 'urduniyyah أردنية *f.*
jordanisch 'urduniyy أردني, ♀ 'urduniyyah أردنية
Jucken ḥakkah حكة *f.*
Jugendherberge bayt ash-shaba:b بيت الشباب *m.*
Jugendlicher, Jugendliche sha:bb شاب *m.*, sha:bbah شابة *f.*
Juli tammu:z تموز *m.*, yu:lyo: يوليو *m.*
jung sha:bb شاب, ♀ sha:bbah شابة
Junge sha:bb شاب *m.*, sha:bbah شابة *f.*
Juni ḥuzayra:n حزيران *m.*, yu:nyo: يونيو *m.*
Juwelier, Juwelierin ba:'i* mud-schawhara:t بائع مجوهرات *m.*, ba:'i*at mudschawhara:t بائعة مجوهرات *f.*

K

Kabel ka:bel كبل *m.*
Kaffee qahwah قهوة *f.*
Kaiser, Kaiserin 'imbra:ṭo:r إمبراطور *m.*, 'imbra:ṭo:rah إمبراطورة *f.*
Kajalstift qalam al-kuḥul قلم الكحل *m.*

Kakao *(Pulver)* mashụːq al-kaːkaːw مسحوق الكاكاو *m.*, *(Heißgetränk)* sharaːb al-kaːkaːw شراب الكاكاو *m.*
Kakerlake ṣurṣuːr صرصور *m.*
Kalbfleisch laḥm *idschl لحم عجل *m.*
Kalif chaliːfah خليفة *m.*
Kalligraf, Kalligrafin chaṭṭaːṭ خطاط *m.*, chaṭṭaːṭah خطاطة *f.*
Kalligrafie fann al-chaṭṭ فن الخط *m.*
kalt baːrid بارد, ♀ baːridah باردة
Kamera kamiraː كاميرا *f.*
Kamm mishṭ مشط *m.*
kämmen mashaṭ مشط, ♀ mashaṭat مشطت <'amshuṭ أمشط>
kämpfen *(sich wehren, widerstehen)* qaːwam قاوم, ♀ qaːwamat قاومت <'uqaːwim أقاوم>, *(für etw. kämpfen)* naːḍal ناضل, ♀ naːḍalat ناضلت <'unaːḍil أناضل>
Kapitän, Kapitänin qubṭaːn قبطان *m.*, qubṭaːnah قبطانة *f.*
Kappe qubba*ah قبعة *f.*
kaputt ma*ṭuːb معطوب, ♀ ma*ṭuːbah معطوبة, **kaputt machen** charrab خرب, ♀ charrabat خربت <'ucharrib أخرب>
Karawanserei chaːn خان *m.*
Kardamom ḥabb al-heːl حب الهال *m.*
Karotte dschazar جزر *Pl.*
Karte biṭaːqah بطاقة *f.*, *(Postkarte)* biṭaːqah bariːdiyyah بطاقة بريدية *f.*, *(Landkarte)* chariːṭah خريطة *f.*, *(Speisekarte)* qaː'imat aṭ-ṭa*aːm قائمة الطعام *f.*
Kartoffel baṭaːṭaː بطاطا *f.*
Kaschmir *(Region)* kashmiːr كشمير, *(Wolle)* ṣuːf kashmiːr صوف كشمير
Käse dschubnah جبنة *f.*
Kasse *(im Geschäft)* ṣunduːq ad-daf* صندوق الدفع *m.*, *(Geldkasten)* chaziːnah خزينة *f.*
Kassette ṣunduːq aṣ-ṣiːghah صندوق الصيغة *m.*, shariːṭ kaseːt شريط كاسيت *m.*
Katakombe madfan 'arḍiyy مدفن أرضي *m.*
Katalog kataloːg كاتالوج *m.*
Katze qiṭṭah قطة *f.*
kaufen 'ishtaraː اشترى, ♀ 'ishtarat اشترت <'ashtariː أشتري>
Kaufhaus mudschamma* مجمع *m.*, sentar سنتر *m.*
Kaugummi *alkah علكة *f.*
Kaution mablagh at-ta'miːn مبلغ التأمين *m.*
Kehle naḥr نحر *m.*
kein, keine laysa ليس, **Ich habe kein Geld.** laysa *indiː nuquːd. ليس عندي نقود.
Hier gibt es kein Hotel. laː yuːdschad hunaː funduq. لايوجد هنا فندق.
Keks biskweːt بسكويت *m.*
Keller qabw قبو *m.*
Kellner, Kellnerin garsoːn غرسون *m.*, garsoːnah غرسونة *f.*
kennen *(Kenntnis von etw. haben)* *araf عرف, ♀ *arafat عرفت <'a*rif أعرف>, *(sich erinnern an)*

tadhakkar تذكر, ♀ tadhakkarat تذكرت <'atadhakkar أتذكر>, *(auswendig wissen)* ḥafiẓ *an ẓahr qalb حفظ عن ظهر قلب, ♀ ḥafiẓat *an ẓahr qalb حفظت عن ظهر قلب <'aḥfaẓ *an ẓahr qalb أحفظ عن ظهر قلب>

kennenlernen ta*arraf 'ilaː تعرف إلى, ♀ ta*arrafat 'ilaː تعرفت إلى <'ata*arraf 'ilaː أتعرف إلى

Keramik siːraːmiːk سيراميك *m.*

Kerze sham*ah شمعة *f.*

Ketchup kitsch'ab كاتشاب *m.*

Kilogramm kiːloːgraːm كيلوغرام *m.*

Kilometer kiːloːmetr كيلومتر *m.*

Kind *(Sohn)* ṭifl طفل *m.*, *(Tochter)* ṭiflah طفلة *f.*, Kinder 'aṭfaːl أطفال *Pl.*

Kinderarzt ṭabiːb 'aṭfaːl طبيب أطفال *m.*

Kinderbecken ḥawḍ sibaːḥah li-l-'aṭfaːl حوض سباحة للأطفال *m.*

Kinderbett sariːr 'aṭfaːl سرير أطفال *m.*

kinderfreundlich mulaː'im li-l-'aṭfaːl ملائم للأطفال, ♀ mulaː'imah li-l-'aṭfaːl ملائمة للأطفال

Kindergarten rawḍat 'aṭfaːl روضة أطفال *f.*

Kindersitz kursiyy sayyaːrah li-l-'aṭfaːl كرسي سيارة للأطفال

Kinderwagen *arabat 'aṭfaːl عربة أطفال *f.*

Kino sinemaː سينما *f.*

Kiosk koshk كشك *m.*

Kirche kaniːsah كنيسة *f.*

Kissen *(Kopfkissen)* michaddah مخدة *f.*, *(zum Darauf-Sitzen)* wisaːdah وسادة *f.*

Kissenbezug kiːs michaddah كيس مخدة *m.*

klar *(Wasser, Himmel)* ṣaːfiː صافي, ♀ ṣaːfiyah صافية, *(eindeutig)* waːḍiḥ واضح, ♀ waːḍiḥah واضحة

Klebeband shariːṭ laːṣiq شريط لاصق *m.*

Klebstoff ṣamgh صمغ *m.*

Kleid fustaːn فستان *m.*, thawb ثوب *m.*

Kleidung 'albisah ألبسة *f. Pl.*

klein ṣaghiːr صغير, ♀ ṣaghiːrah صغيرة, *(nicht hoch)* qaṣiːr قصير, ♀ qaṣiːrah قصيرة

Kleingeld furaːṭah فراطة *f.*

klettern tasallaq تسلق, ♀ tasallaqat تسلقت <'atasallaq أتسلق>

Klima munaːch مناخ *m.*

Klimaanlage mukayyif مكيف *m.*

Kloster dayr دير

Kneipe ḥaːnah حانة *f.*

Knie rukbah ركبة

Knoblauch thawm ثوم *m.*

Knöchel kaːḥil كاحل *m.*

Knochen *aẓm عظم *m.*

Knopf zirr زر *m.*

Koch, Köchin ṭabbaːch طباخ *m.*, ṭabbaːchah طباخة *f.*

kochen *(Essen zubereiten)* ṭabach طبخ, ♀ ṭabachat طبخت <'aṭbuch أطبخ>, *(in kochendem Wasser)* salaq سلق, ♀ salaqat سلقت <'asluq أسلق>, *(Wasser, Milch, Tee, Kaffee)* ghalaː غلى, ♀ ghalat غلت <'aghliː أغلي>

Koffer ḥaqi:bah حقيبة *f.*
kommen 'ata: أتى, ♀ 'atat أتت <'a:ti: آتي>, *(ankommen)* waṣal وصل, ♀ waṣalat وصلت <'aṣil أصل>
Kommission *(Gremium)* hay'ah هيئة *f.*, *(Entgeld)* *umu:lah عمولة *f.*
Kompass bawṣalah بوصلة *f.*
Konditorei maḥall li-bay* al-ḥalawiyya:t محل لبيع الحلويات *m.*
Kondom wa:qi: dhakariyy واقي ذكري *m.*
Konfession madh.hab مذهب *m.*
König, Königin malik ملك *m.*, malikah ملكة *f.*
können *(in der Lage sein)* 'istaṭa:* استطاع, ♀ 'istaṭa:*at استطاعت <'astaṭi:* أستطيع>, *(eine Sprache beherrschen)* takallam تكلم, takallamat تكلمت <'atakallam أتكلم>
Konsulat quṣuliyyah قنصلية *f.*
Kontinent qa:rrah قارة *f.*
Konto ḥisa:b bankiyy حساب بنكي *m.*
Kontonummer raqm al-ḥisa:b رقم الحساب *m.*
Kontrolle tadqi:q تدقيق *m.*
Kontrolleur, Kontrolleurin mura:qib مراقب *m.*, mura:qibah مراقبة *f.*, *(in öffentlichen Verkehrsmitteln)* mufattish مفتش *m.*, mufattishah مفتشة *f.*
kontrollieren daqqaq دقق, ♀ daqqaqat دققت <'udaqqiq أدقق>
Konzert ḥaflah mu:si:qiyyah حفلة موسيقية *f.*
Kopf ra's رأس *m.*, *(in Schreiben, Dokumenten)* tarwi:sah ترويسة *f.*
Kopfhörer samma:*ah سماعة *f.*
Kopfweh wadscha* ra's وجع رأس *f.*
Kopie nus'chah نسخة *f.*
koptisch qibṭiyy قبطي
Koran qur'a:n قرآن
Korankästchen ṣudu:q muṣḥaf li-ḥifẓ al-qur'a:n صندوق مصحف لحفظ القرآن *m.*
Korb sallah سلة *f.*
Korken filli:nah فلينة *f.*
Korkenzieher mifta:ḥ qinni:nat nabi:dh مفتاح قنينة نبيذ *m.*
Körper dschasad جسد *m.*, dschism جسم *m.*
Körperlotion kre:m li-l-basharah كريم للبشرة *m.*
kosten kallaf كلف, ♀ kallafat كلفت <'ukallif أكلف>
Kostüm *(Jackett und Rock)* ṭaqm nisa:'iyy طقم نسائي *m.*, *(Verkleidung)* ziyy tanakkuriyy زي تنكري *m.*
Krabbe dschambariyy جمبري
krank mari:ḍ مريض, ♀ mari:ḍah مريضة
Krankenhaus mashfa: مشفى *m.*
Krankenpfleger mumarriḍ ممرض *m.*
Krankenschwester mumarriḍah ممرضة *f.*
Krankenwagen sayya:rat 'is*a:f سيارة إسعاف *f.*
Krankheit maraḍ مرض *m.*
Kräuter 'a*sha:b أعشاب *Pl.*
Kräutertee zuhu:ra:t زهورات *f.*

Kredit qarḍ قرض *m.*
Kreditkarte bi-ṭa:qat ṣarra:f بطاقة صراف *f.*
Kreditkartennummer raqm bi-ṭa:qat aṣ-ṣarra:f رقم بطاقة الصراف *m.*
Kreuzfahrt riḥlah baḥriyyah رحلة بحرية *f.*
Kreuzung taqa:ṭu* تقاطع *m.*
Krieg ḥarb حرب *f.*
kriegen ḥaṣal حصل, ♀ ḥaṣalat حصلت <'aḥṣul أحصل>
Krücke *ukka:zah عكازة *f.*
Küche maṭbach مطبخ *m.*, die marokkanische Küche al-maṭbach al-*almaghribiyy المطبخ المغربي, die syrische Küche al-maṭbach as-su:riyy المطبخ السوري
Kuchen ga:to: كاتو *m.*
Küchenrolle lufa:fat waraq al-maṭbach لفافة ورق المطبخ *f.*
Kugelschreiber qalam ḥibr na:shif قلم حبر ناشف *m.*
kühl ba:rid بارد, ♀ ba:ridah باردة
kühlen barrad برد, ♀ barradat بردت <'ubarrid أبرد>
Kühlschrank barra:d براد *m.*
Kühltasche ḥaqi:bat at-tabri:d حقيبة التبريد *f.*
Kunst fann فن *m.*
Kunsthandwerk *(Handwerk)* fann ḥirafiyy yadawiyy فن حرفي يدوي *m.*, *(Objekt)* qiṭ*ah fanniyyah yadawiyyah قطعة فنية يدوية *f.*
Künstler, Künstlerin fanna:n فنان *m.*, fanna:nah فنانة *f.*
Kupfer nuḥa:s نحاس *m.*
Kupferkännchen 'ibri:q nuḥa:siyy إبريق نحاسي *m.*
Kupferkessel 'ina:' nuḥa:siyy إناء نحاسي *m.*
Kupfertablett ṣi:niyyah nuḥa:siyyah صينية نحاسية *f.*
Kuppel qubbah قبة *f.*
Kuppelbau *(Bauwerk mit Kuppel)* bina:' bi-qubbah بناء بقبة *m.*, *(das Erbauen von Kuppeln)* bina:' al-qubab بناء القبب *m.*
Kupplung dibriya:dsch دبرياج *m.*
Kurs dawrah دورة *f.*, *(Sprachkurs)* dawrat lughah دورة لغة *f.*
Kurve mun*aṭaf منعطف *m.*
kurz qaṣi:r قصير, ♀ qaṣi:rah قصيرة
Kuss qublah قبلة *f.*
küssen qabbal قبل, ♀ qabbalat قبلت <'uqabbil أقبل>
Küste sha:ṭi' شاطىء *m.*
Kuwait al-kuwayt الكويت *f.*

L

lächeln 'ibtasam ابتسم, ♀ 'ibtasamat ابتسمت <'abtasim أبتسم>
lachen ḍaḥik ضحك, ♀ ḍaḥikat ضحكت <'aḍḥak أضحك>
Lack diha:n al-la:kiyyah دهان اللاكيه *m.*
Ladegerät dschiha:z sha:ḥin جهاز شاحن *m.*
laden *(Akku)* shaḥan شحن, ♀ shaḥanat شحنت <'ashḥan أشحن>, *(Transporter, Laster)* ḥammal حمل, ♀ ḥammalat حملت <'uḥammil أحمل>, *(Waffe)*

laqqam لقم, ♀ laqqamat لقمت <'ulaqqim ألقم>
Laden maḥall محل *m.*, dukka:n دكان *m.*
Laken ghiṭa:' غطاء *m.*
Lammfleisch laḥm ghanam لحم غنم *m.*
Lampe miṣba:ḥ مصباح *m.*
Land dawlah دولة *m.*
Landkarte chari:ṭah خريطة *f.*
Landschaft ṭabi:*ah طبيعة *f.*
Landstraße ṭari:q ri:fiyy طريق ريفي *m.*
Landung *(Flugzeug)* hubu:ṭ هبوط *m.*
lang ṭawi:l طويل, ♀ ṭawi:lah طويلة, Wie lang wird das dauern? kam sa-yaṭu:l ha:dha:? كم سيطول هذا؟
lange li-zaman ṭawi:l لزمن طويل, Müssen wir lange warten? hal sa-nantaẓir ṭawi:lan? هل سننتظر طويلاً؟
Länge ṭu:l طول *m.*
langsam *(Adjektiv)* baṭi:' بطيء, ♀ baṭi:'ah بطيئة, *(Adverb)* bi-buṭ' ببطء
langweilig mumill ممل, ♀ mumillah مملة
Lärm ḍadschdschah ضجة *f.*
lästig muz*idsch مزعج, ♀ muz*idschah مزعجة
Lastwagen sayya:rah sha:ḥinah سيارة شاحنة *f.*
Lauch kurra:th كراث *m.*
laufen *(zu Fuß gehen)* masha: مشى, ♀ mashat مشت <'amshi: أمشي>, *(schnell)* dschara: جرى, ♀ dscharat جرت <'adschri: أجري>, Das ist gut gelaufen. sa:r bi-shakl dschayyid. سار بشكل جيد., Das ist schlecht gelaufen. sa:r bi-shakl sayyi'. سار بشكل سيء.
Läuse qaml قمل *Pl.*
laut ṣa:chib صاخب, ♀ ṣa:chibah صاخبة
leben *a:sh عاش, ♀ *a:shat عاشت <'a*i:sh أعيش>
Leben ḥaya:t حياة *f.*
Lebensmittel ma:ddah ghidha:'iyyah مادة غذائية *f.*
Lebensmittelgeschäft maḥall mawa:dd ghidha:'iyyah محل مواد غذائية *m.*
Leber kabid كبد *f.*
lecker ladhi:dh لذيذ, ♀ ladhi:dhah لذيذة
Leder dschild جلد *m.*
Lederjacke dscha:ke:t dschild جاكيت جلد *f.*
Ledertasche ḥaqi:bah dschildiyyah حقيبة جلدية *f.*
Lederwarengeschäft maḥall dschildiyya:t محل جلديات *m.*
ledig *a:zib عازب, ♀ *azba:' عزباء
leer fa:righ فارغ, ♀ fa:righah فارغة
legal qanu:niyy قانوني, ♀ qanu:niyyah قانونية
legen waḍa* وضع, ♀ waḍa*at وضعت <'aḍa* أضع>
leicht *(Gewicht, Schmerz, Schlaf)* chafi:f خفيف, ♀ chafi:fah خفيفة, *(einfach, nicht schwierig)* sahl سهل, ♀ sahlah سهلة

leider ma*(a) al-'asaf مع الأسف, leider ja na*am li-l-'asaf نعم للأسف, leider nein la: li-l-'asaf لا للأسف

leihen sich etw. leihen 'ista*a:r استعار, ♀ 'ista*a:rat استعارت <'asta*i:r أستعير>, *(sich Geld leihen)* 'iqtaraḍ اقترض, ♀ 'iqtaraḍat اقترضت <'aqtariḍ أقترض>, jdm etw. leihen 'a*a:r أعار, ♀ 'a*a:rat أعارت <'u*i:r أعير>, *(jdm Geld leihen)* 'aqraḍ أقرض, ♀ 'aqraḍat أقرضت <'uqriḍ أقرض>

Leihgebühr rasm al-'i*a:rah رسم الإعارة *m.*

Leine *(für die Wäsche)* ḥabl al-ghasi:l حبل الغسيل *m.*, *(für den Hund)* lidscha:m لجام *m.*

Leinen quma:sh katta:n قماش كتان *m.*

leise *(Geräusch)* chafi:f خفيف, ♀ chafi:fah خفيفة, *(Stimme)* munchafiḍ منخفض, ♀ munchafiḍah منخفضة, *(Musik)* ha:di' هادئ, ♀ ha:di'ah هادئة

lenken *(ein Fahrzeug, Tier)* wadschdschah وجه, ♀ wadsch-dschahat وجهت <'uwadsch-dschih أوجه>

lernen ta*allam تعلم, ♀ ta*allamat تعلمت <'ata*allam أتعلم>, *(für eine Prüfung)* dha:kar ذاكر, ♀ dha:karat ذاكرت <'udha:kir أذاكر>

lesbisch siḥa:qiyyah سحاقية

lesen qara' قرأ, ♀ qara'at قرأت <'aqra' أقرأ>

letzter, letzte, letztes 'achi:r أخير *m.*, 'achi:rah أخيرة *f.*

Leute na:s ناس *Pl.*

Libanon lubna:n لبنان *f.*

Libanese, Libanesin lubna:niyy لبناني *m.*, lubna:niyyah لبنانية *f.*

libanesisch lubna:niyy لبناني, ♀ lubna:niyyah لبنانية

Libyen li:biya: ليبيا *m.*

Libyer, Libyerin li:biyy ليبي *m.*, li:biyyah ليبية *f.*

libysch li:biyy ليبي, ♀ li:biyyah ليبية

Licht ḍaw' ضوء *m.*

Lichtschutzfaktor dardschat al-ḥima:yah min ash-shams درجة الحماية من الشمس *f.*

Liebe ḥubb حب *m.*, *(stärkere Liebe)* *ishq عشق *m.*

lieben 'aḥabb أحب, ♀ 'aḥabbat أحبت <'uḥibb أحب>, *(leidenschaftlich)* *ashiq عشق, ♀ *ashiqat عشقت <'a*shaq أعشق>

Lied 'ughniyah أغنية *f.*

liegen *(im Bett, auf dem Sofa etc.)* 'istalqa: استلقى, ♀ 'istalqat استلقت <'astalqi: أستلقي>, Damaskus liegt in Syrien. taqa* dimashq fi: su:riya:. تقع دمشق في سوريا.

Liegestuhl kursiyy ash-sha:ṭi' كرسي الشاطىء *m.*

Lift miṣ*ad مصعد *m.*

Likör li:ko:r ليكور *m.*

lila li:lki: ليلكي, ♀ li:lkiyah ليلكية

Limonade li:mo:na:ḍah ليموناضة *f.*

linker, linke, linkes yasa:riyy يساري, ♀ yasa:riyyah يسارية

links *ala: al-yasa:r على اليسار, _(+ Genitiv)_ *ala: yasa:r al-... على يسار ال ..., **links der Moschee** *ala: yasa:r al-masdschid على يسار المسجد

Linse _(Hülsenfrucht)_ *adas عدس _Pl._, _(des Auges, einer Kamera)_ *adasah عدسة _f._, _(Kontaktlinse)_ *adasah la:ṣiqah عدسة لاصقة _f._

Lippe shafah شفة _f._

Lippenstift qalam ḥumrah قلم حمرة _m._

Liter letr ليتر _m._

Lkw *arabah sha:ḥinah عربة شاحنة _f._

Loch _(im Boden, auf der Staße)_ ḥufrah حفرة _f._, _(im Zahn)_ nachr نخر _m._, _(in der Kleidung, im Stoff)_ thuqb ثقب _m._

Locke chuṣlat sha*r خصلة شعر _f._

Löffel mil*aqah ملعقة _f._

Lösung ḥall حل _m._

Lotion kre:m dschism كريم جسم _m._

Luft hawa:' هواء _m._

Luftmatratze farshah hawa:'iyyah فرشة هوائية _f._

Luftpumpe minfa:ch منفاخ _m._

Lunge ri'ah رئة _f._

lustig _(Witz)_ ṭari:f طريف, ♀ ṭari:fah طريفة, _(Mensch)_ mariḥ مرح, ♀ mariḥah مرحة, _(zum Lachen bringend)_ muḍḥik مضحك, ♀ muḍḥikah مضحكة

M

machen _(tun)_ *amil عمل, ♀ *amilat عملت <'a*mal أعمل>, _(durchführen)_ qa:m bi- قام ب, ♀ qa:mat bi- قامت ب <'aqu:m bi- أقوم ب>, _(verursachen)_ sabbab سبب, ♀ sabbabat سببت <'usabbib أسبب>, _(herstellen)_ 'antadsch أنتج, ♀ 'antadschat أنتجت <'untidsch أنتج>

Mädchen _(weibliches Kind)_ ṭiflah طفلة _f._, _(Jugendliche)_ fata:t فتاة _f._

Mädchenname 'ism al-*a:'ilah اسم العائلة _m._

Magen ma*idah معدة _f._

Magenschmerzen 'a:la:m al-ma*idah آلام المعدة _Pl._

Mai 'ayya:r أيار _m._, ma:yo: مايو _m._

Malerei ar-rasm الرسم _m._

man 'insa:n إنسان _m._, shachṣ شخص _m._, mar' مرء _m._, _(Leute)_ na:s ناس _Pl._, _(jedermann)_ kull shachṣ كل شخص, _(irgendjemand)_ 'aḥad ma: أحد ما

manchmal 'aḥya:nan أحياناً

Mangel _(Fehlerhaftigkeit)_ naqṣ نقص _m._, _(nicht genug)_ **ein Mangel an etw.** naqṣ fi: shay' ma: نقص في شيء ما

Mann _(männlicher Mensch)_ radschul رجل _m._, _(Ehemann)_ zawdsch زوج _m._

männlich _(für Männer typisch)_ _(bewundernd)_ ridscha:liyy رجالي, ♀ ridscha:liyyah رجالية, _(biologisch)_ dhakariyy ذكري,

♀ dhakariyyah ذكرية, *(grammatikalisch)* mudhakkar مذكر
Mantel mi*ṭaf معطف *m.*
Markt su:q سوق *m.*, *(Nachfrage)* ṭalab طلب *m.*
Markthalle su:q mughaṭṭa: سوق مغطى *m.*
Marmelade murabba: مربى *m.*
Marmor rucha:m رخام *m.*
marokkanisch maghribiyy مغربي, ♀ maghribiyyah مغربية
Marokkaner, Marokkanerin maghribiyy مغربي *m.*, maghribiyyah مغربية *f.*
Marokko al-maghrib المغرب *m.*
März 'a:dhar آذار *m.*, ma:ris مارس *m.*
Masern al-ḥa:ṣbah الحصبة *f.*
Maschine 'a:lah آلة *f.*, maki:nah ماكينة *f.*
Maß *(Größe) (Resultat des Messens)* qiya:s قياس *m.*, *(Stab o. Ä. zum Messen)* miqya:s مقياس *m.*
Massage masa:dsch مساج *m.*
matt *(nicht glänzend)* ghayr la:mi* غير لامع, ♀ ghayr la:mi*ah غير لامعة
Matratze farshah فرشة *f.*
Matte ḥaṣi:rah حصيرة *f.*
Mauer dschida:r جدار *m.*, *(einer Stadt)* su:r سور *m.*
Mauretanien muri:ta:niya: موريتانيا *f.*
Mauretanier, Mauretanierin muri:ta:niyy موريتاني *m.*, muri:ta:niyyah موريتانية *f.*
mauretanisch muri:ta:niyy موريتاني, ♀ muri:ta:niyyah موريتانية
Maus fa'rah فأرة *f.*
Mausoleum ḍari:ḥ ضريح *m.*
Maut rasm istichda:m aṭ-ṭari:q as-sari:* رسم استخدام الطريق السريع *m.*
Mautstelle maktab daf* rasm istichda:m aṭ-ṭari:q as-sari:* مكتب دفع رسم استخدام الطريق السريع,
Mayonnaise mayone:z مايونيز *m.*
Medizin *(Heilkunst)* ṭibb طب *m.*, *(Medikamente)* dawa:' دواء *m.*
Meer baḥr بحر *m.*
Meeresfrüchte fawa:kih al-baḥr فواكه البحر *Pl.*
Mehl ṭaḥi:n طحين *m.*
mehr 'akthar أكثر, 'iḍa:fiyy إضافي, ♀ 'iḍa:fiyyah إضافية
mein, meine ...i: ي...
meinen ra'a: رأى, ♀ ra'at رأت <'ara: أرى>
Meinung ra'y رأي *m.*
meist *(meistens)* *ala: al-'aghlab على الأغلب, *ala: al-'ardschaḥ على الأرجح, *(für gewöhnlich) (normalerweise)* *a:datan عادة
Melone biṭṭi:ch 'aṣfar بطيخ أصفر
Mensch *(Person)* shachṣ شخص *m.*, *(Pluralform)* 'ashcha:ṣ أشخاص, *(im Gegensatz zu Tier)* 'insa:n إنسان *m.*
Menstruation ad-dawrah ash-shahriyyah الدورة الشهرية *f.*
Menü qa:'imat aṭ-ṭa*a:m قائمة الطعام *f.*, *(einer Software)* shari:ṭ al-'adawa:t شريط الأدوات *f.*
Messe ma*riḍ معرض *m.*
Messer sikki:n سكين *f.*

Messing nuḥas 'aṣfar نحاس أصفر *m.*
Metal ma*din معدن *m.*
Meter metr متر *m.*
Metzger, Metzgerin laḥḥa:m لحام *m.*, laḥḥa:mah لحامة *f.*
mich *(reflexiv)* nafsi: نفسي
Miete 'udschrah أجرة *f.*
mieten 'ista'dschar استأجر, ♀ 'ista'dscharat استأجرت <'asta'dschir أستأجر>
Migräne ṣuda:* صداع *m.*, shaqi:qah شقيقة *f.*
Mikrowelle mikro:we:f ميكرويف *m.*
Milch ḥali:b حليب *m.*
Milchprodukte muntadscha:t al-ḥali:b منتجات الحليب *Pl.*
mild *(wenig salzig)* mu*tadil al-mulu:ḥah معتدل الملوحة, ♀ mu*tadilat al-mulu:ḥah معتدلة الملوحة, *(wenig scharf)* ḥa:dd qali:lan حاد قليلاً, ♀ ḥa:ddah qali:lan حادة قليلاً
Militär al-quwwa:t al-musallaḥah القوات المسلحة *Pl.*
Minarett mi'dhanah مئذنة *f.*
Mineralwasser ma:' ma*diniyy ماء معدني *m.*
minus *(mit negativem Wert)* sa:lib سالب, ♀ sa:libah سالبة, *(eine Subtraktion ausdrückend)* na:qiṣ ناقص, *(bei Temperaturangaben)* taḥt aṣ-ṣifr تحت الصفر
Minute daqi:qah دقيقة *f.*
mischen chalaṭ خلط, ♀ chalaṭat خلطت <yachliṭ أخلط>
Missverständnis su:' tafa:hum سوء تفاهم *m.*
mit *(mit Hilfe, mittels)* bi- ب, *(zusammen mit)* ma*(a) مع
mitbringen 'aḥḍar أحضر, ♀ 'aḥḍarat أحضرت <'uḥḍir أحضر>
mitnehmen 'achadh أخذ, ♀ 'achadhat أخذت <'a:chudh آخذ>
Mittag waqt aẓ-ẓahi:rah وقت الظهيرة, **heute Mittag** al-yawm aẓ-ẓuhr اليوم الظهر, **zu Mittag essen** tana:wal al-ghada:' تناول الغداء, ♀ tana:walat al-ghada:' تناولت الغداء <'atana:wal al-ghada:' أتناول الغداء>
Mittagessen ṭa*a:m al-ghada:' طعام الغداء *m.*
mittags waqt aẓ-ẓahi:rah وقت الظهيرة
Mittagsmenü qa:'imat al-ghada:' قائمة الغداء *f.*
Mitte *(räumlich)* wasaṭ وسط *m.*, *(zeitlich)* muntaṣaf منتصف *m.*, **Mitte Januar** muntaṣaf ka:nu:n ath-tha:ni: منتصف كانون الثاني
Mittelalter al-*uṣu:r al-wusṭa: العصور الوسطى *Pl.*
Mittwoch al-'arbi*a:' الأربعاء *m.*
Möbel 'atha:th أثاث *m.*, mafru:sha:t مفروشات *Pl.*
Mobiltelefon telefo:n dschawwa:l تلفون جوال *m.*
Mode mo:ḍah موضة *f.*
mögen 'aḥabb أحب, ♀ 'aḥabbat أحبت <'uḥibb أحب>
möglich *(machbar)* mumkin ممكن, ♀ mumkinah ممكنة, *(wahrschein-*

lich) muḥtamal محتمل, ♀ muḥtamalah محتملة
Moment laḥẓah لحظة *f.*, im Moment fiː ḥaːdhihi al-laḥẓah في هذه اللحظة
Monat shahr شهر *m.*
Mond qamar قمر *m.*
Montag al-'ithnayn الإثنين *m.*
morgen ghadan غداً, Bis morgen! 'araːk(a) ghadan! أراك غداً, ♀ 'araːki ghadan! أراك غداً!
Morgen ṣabaːḥ صباح *m.*, Guten Morgen! ṣabaːḥ al-chayr! صباح الخير!, heute Morgen ṣabaːḥ al-yawm صباح اليوم
morgens fiː aṣ-ṣabaːḥ al-baːkir في الصباح الباكر
Mosaik moːzaːyiːk موزاييك *m.*
Moschee dschaːmi* جامع *m.*, *(kleinere Moschee)* masdschid مسجد *m.*
Moskito ba*uːḍ بعوض *Pl.*
Moskitonetz naːmuːsiyyah ناموسية *f.*
Moslem, Moslemin muslim مسلم *m.*, muslimah مسلمة *f.*
Motor muḥarrik محرك *m.*
Motorrad darraːdschah naːriyyah دراجة نارية *f.*
Mücke ba*uːḍah بعوضة *f.*
Mückennetz naːmuːsiyyah ناموسية *f.*
Mückenschutz waːqiː min al-ba*uːḍ واقي من البعوض *m.*
müde ta*baːn تعبان, ♀ ta*baːnah تعبانة
Muezzin mu'adh.dhin مؤذن *m.*
Müll zubaːlah زبالة *f.*
Mülleimer sallat al-muhmalaːt سلة المهملات *f.*
Mund fam فم *m.*
Münze qiṭ*at nuquːd قطعة نقود *f.*
Muschel *(Tier)* maḥaːrah محارة *f.*, *(Schale)* ṣadafah صدفة *f.*
Museum matḥaf متحف *m.*
Musik muːsiːqaː موسيقى *f.*
Musikgeschäft maḥall li-bay* al-muːsiːqaː محل لبيع الموسيقى *m.*
Muskel *aḍalah عضلة *f.*
Müsli koːrnfliks كورن فليكس *m.*
muslimisch 'islaːmiyy إسلامي, ♀ 'islaːmiyyah إسلامية
Muslim, Muslimin muslim مسلم *m.*, muslimah مسلمة *f.*
müssen wadschab *alayh وجب عليه, ♀ wadschab *alayhaː وجب عليها <wadschab *alayy وجب علي>, Wir müssen los! yadschib 'an nanṭaliq! يجب أن ننطلق!
mutig shudschaː* شجاع, ♀ shudschaː*ah شجاعة
Mutter 'umm أم *f.*
Mütze qubba*ah قبعة *f.*, ṭaːqiyyah طاقية *f.*

N

nach *(einer Sache folgend, zeitlich)* ba*d بعد, *(zu einem bestimmten Ort)* 'ilaː إلى, nach Beirut 'ilaː bayruːt إلى بيروت
nachher ba*d dhaːlik بعد ذلك
Nachmittag ba*d aẓ-ẓuhr بعد الظهر, heute Nachmittag ba*d ẓuhr al-yawm بعد ظهر اليوم

nachmittags ba*d aẓ-ẓuhr بعد الظهر
Nachnahme 'ism al-*a:'ilah اسم العائلة *m.*
Nachricht chabar خبر *m.*
Nachsaison ma: ba*d al-mawsim ما بعد الموسم
Nachspeise ḥalawiyya:t حلويات *Pl.*
nächster, nächste, nächstes ta:li: تالي, ♀ ta:liyah تالية, *(kommende/r/s)* qa:dim قادم, ♀ qa:dimah قادمة, Der Nächste, bitte! at-ta:li:, radscha:'an! التالي، رجاءً!
Nacht al-layl الليل *m.*, Gute Nacht! tuṣbiḥu:n *ala: chayr! تصبحون على خير!, heute Nacht al-yawm laylan اليوم ليلاً, letzte Nacht al-laylah al-ma:ḍiyah الليلة الماضية
nachts fi: al-layl في الليل
Nachtisch ḥalawiyya:t حلويات *m.*
Nacken qafa: قفا *m.*
nackt *(ohne Kleidung)* *a:ri: عاري, ♀ *a:riyah عارية
Nagel *(aus Metall)* misma:r مسمار *m.*, *(an Fingern und Zehen)* misma:r laḥmiyy مسمار لحمي *m.*
Nagelfeile mibrad 'aẓa:fir مبرد أظافر *m.*
Nagelknipser qaṣṣa:ṣat 'aẓa:fir قصاصة أظافر *f.*
Nagellack ṭila:' 'aẓa:fir طلاء أظافر *m.*
Nagelschere miqaṣṣ 'aẓa:fir مقص أظافر *m.*
nah qari:b قريب, ♀ qari:bah قريبة
nähen cha:ṭ خاط, ♀ cha:ṭat خاطت <'achi:ṭ أخيط>
Nähgarn chayṭ خيط *m.*
Nähnadel 'ibrat chiya:ṭah إبرة خياطة *f.*
Nahverkehrszug qiṭa:r sari:* قطار سريع *m.*
Name 'ism اسم *m.*
Nase 'anf أنف *m.*
nass raṭib رطب, ♀ raṭibah رطبة
Nationalität dschinsiyyah جنسية *f.*
Nationalpark ḥadi:qah waṭaniyyah حديقة وطنية *f.*
Natur ṭabi:*ah طبيعة *f.*
Naturheilkunde *ila:dsch bi-l-'a*sha:b aṭ-ṭabi:*iyyah علاج بالأعشاب الطبيعية *m.*
Nebel ḍaba:b ضباب *m.*
neben *(an der Seite)* bi-dscha:nib بجانب
neblig ḍaba:biyy ضبابي, ♀ ḍaba:biyyah ضبابية
nehmen 'achadh أخذ, ♀ 'achad-hat أخذت <'a:chudh آخذ>, *(festhalten)* 'amsak أمسك, ♀ 'amsakat أمسكت <'umsik أمسك>, *(auswählen)* 'ichta:r اختار, ♀ 'ichta:rat اختارت <'achta:r أختار>, *(einnehmen, z. B. Medikamente)* tana:wal تناول, ♀ tana:walat تناولت <'atana:wal أتناول>, *(kaufen)* 'ishtara: اشترى, ♀ 'ishtarat اشترت <'ashtari: أشتري>
nein la: لا kalla: كلا
Nektarine durra:q دراق
Nerv *aṣab عصب *m.*
nett laṭi:f لطيف, ♀ laṭi:fah لطيفة

Netz shabakah شبكة *f.*
neu *(noch nicht dagewesen)* dschadi:d جديد, ♀ dschadi:dah جديدة, *(unbenutzt)* ghayr musta*mal غير مستعمل, ♀ ghayr musta*malah غير مستعملة
Neujahr sanah dschadi:dah سنة جديدة *f.*
nicht *(in Verbindung mit Vollverben: im Präsens)* la: لا, Ich weiß nicht. la: 'adri:. لا أدري., *(in der Vergangenheit)* lam لم, Ich bin nicht gegangen. lam 'adh.hab. لم أذهب., *(in der Zukunft)* lan لن, *(in Verbindung mit Formen, die ‚sein' ausdrücken)* laysa ليس, Es ist nicht schön. laysa dschami:l(an). ليس جميلاً.
Nichtraucher, Nichtraucherin ghayr mudachchin غير مدخن *m.*, ghayr mudachchinah غير مدخنة *f.*
nichts la: shay' لا شيء, Es macht nichts. la: yuhimm لا يهم, Ich möchte nichts essen. la: 'uri:d 'an 'a:kul 'ayy shay'. لا أريد أن آكل أي شيء.
nie 'abadan أبداً
niemand la: 'aḥad لا أحد
Niere kulyah كلية *f.*
noch ma: za:l ما زال, noch nie 'abadan أبداً, noch einmal marrah 'uchra: مرة أخرى, noch nicht laysa ba*d ليس بعد, Er ist noch nicht gekommen. lam ya'ti ḥatta: al-'a:n. لم يأت حتى الآن.
Nomaden badw ruḥḥal بدو رحل *Pl.*
Norden shama:l شمال *m.*
normal *(üblich)* ma'lu:f مألوف, ♀ ma'lu:fah مألوفة, *(geistig)* *a:qil عاقل, *a:qilah عاقلة
Notausgang machradsch an-nadscha:t مخرج النجاة *m.*
Notfall ḍaru:rah ضرورة *f.*
nötig la:zim لازم, ♀ la:zimah لازمة
notwendig ḍaru:rah ضروري, ♀ ḍaru:riyyah ضرورية
November tishri:n ath-tha:ni: تشرين الثاني *m.*, nofambar نوفمبر *m.*
Nudeln ma*karo:nah معكرونة *f.*
Nummer raqm رقم *m.*, *(Telefonnummer)* raqm al-ha:tif رقم الهاتف *m.*
nur faqaṭ فقط
Nuss dschawz جوز

O

Oase wa:ḥah واحة *f.*
ob 'idha: إذا
Obelisk misallah مسلة *f.*
oben fi: al-'a*la: في الأعلى, nach oben 'ila: al-'a*la: إلى الأعلى
Obst fa:kihah فاكهة *f.*
oder 'aw أو
Ofen *(um zu backen)* furn فرن *m.* *(um zu heizen)* midfa'ah مدفأة *f.*
offen *(offen)* maftu:ḥ مفتوح, ♀ maftu:ḥah مفتوحة, *(als Charaktereigenschaft)* munfatiḥ منفتح, ♀ munfatiḥah منفتحة
öffentlich *(Verkehrsmittel, Amt)* *a:mm عام, ♀ *a:mmah عامة, *(Sitzung, Gericht)* *alaniyy علني, ♀ *alaniyyah علنية
öffnen fataḥ فتح, ♀ fataḥat فتحت

<'aftaḥ أفتح>
Öffnungszeiten 'awqa:t ad-dawa:m أوقات الدوام *Pl.*
oft kathi:ran كثيراً
ohne bi-du:n بدون
Ohr 'udhun أذن *m.*
Ohrklips qurṭ قرط. *m.*
Ohrring ḥilaq حلق *m.*
Oktober tishri:n al-'awwal تشرين الأول *m.*, 'okto:bar أكتوبر *m.*
Öl zayt زيت *m.*
Olive zaytu:n زيتون
Olivenöl zayt zaytu:n زيت زيتون *m.*
Oman *uma:n عمان
Omaner, Omanerin *uma:niyy عماني *m.*, *uma:niyyah عمانية *f.*
omanisch *uma:niyy عماني, ♀ *uma:niyyah عمانية
Onkel *(väterlicherseits)* *amm عم *m.*, *(mütterlicherseits)* cha:l خال *f.*
Onyx *aqi:q yama:niyy عقيق يماني *m.*
Oper 'obera: أوبرا *f.*
Optiker, Optikerin 'achiṣṣa:'iyy baṣariyya:t أخصائي بصريات *m.*, 'achiṣṣa:'iyyat baṣariyya:t أخصائية بصريات *f.*
Orange burtuqa:l برتقال
Orangensaft *aṣi:r al-burtuqa:l عصير البرتقال *m.*
Orchester 'o:rkestra: أوركسترا *f.*
Orden *(religiöse Gemeinschaft)* dschama:*ah di:niyyah جماعة دينية *f.*, *(Auszeichnung)* wisa:m وسام *m.*
Ordnung niẓa:m نظام *m.*, **in Ordnung** tama:m تمام
Ornament zachrafah زخرفة *f.*
Ort maka:n مكان *m.*, *(kleinere Stadt)* na:ḥiyah ناحية *f.*, *(Dorf)* qaryah قرية *f.*
orthodox 'ortho:dhoksiyy أرثوذكسي, ♀ 'ortho:dhoksiyyah أرثوذكسية
Orthopäde, Orthopädin ṭabi:b *iẓa:m طبيب عظام *m.*, ṭabi:bat *iẓa:m طبيبة عظام *f.*
Ortszeit at-tawqi:t al-maḥalliyy التوقيت المحلي *m.*
Osmane, Osmanin *uthma:niyy عثماني *m.*, *uthma:niyyah عثمانية *f.*
Osten sharq شرق *m.*
Ostern *i:d al-fiṣḥ عيد الفصح *m.*
Österreich an-nimsa: النمسا
Österreicher, Östereicherin nimsa:wiyy نمساوي *m.*, nimsa:wiyyah نمساوية *f.*
österreichisch nimsa:wiyy نمساوي, ♀ nimsa:wiyyah نمساوية
Ozean muḥi:ṭ محيط *m.*

P

Paar *(Schuhe) (Socken etc.)* zawdsch زوج *m.*, *(Ehepaar)* zawdscha:n زوجان *Dual.*
Päckchen ṭard ṣaghi:r طرد صغير *m.*, **Päckchen Zigaretten** bake:t duchcha:n باكيت دخان *m.*
packen *(Sachen, Koffer)* ḥazam حزم, ♀ ḥazamat حزمت <'aḥzim أحزم>, *(ergreifen, festhalten)* 'amsak أمسك, ♀ 'amsakat أمسكت <'umsik أمسك>

Packung *ulbah علبة *f.*
Paket ṭard طرد *m.*
Palast qaṣr قصر *m.*
Palästina filasṭi:n فلسطين *f.*
Palästinenser, Palästinenserin filasṭi:niyy فلسطيني *m.*, filasṭi:niyyah فلسطينية *f.*
palästinensisch miṣriyy مصري, ♀ miṣriyyah مصرية
Palme nachlah نخلة*f.*
Papier waraq ورق *m.*, *(Ausweis etc.)* **Papiere** watha:'iq وثائق *Pl.*, *(Unterlagen)* mustanada:t مستندات *Pl.*
Papiertaschentuch mindi:l waraqiyy منديل ورقي *m.*
Paprika fulayfilah/fle:fleh فليفلة *f.*
Paprikaschote qarn fulayfilah قرن فليفلة *m.*
Parfum *iṭr عطر *m.*
Parfümerie maḥall *uṭu:r محل عطور *m.*
Park ḥadi:qah *ammah حديقة عامة *f.*
parken ṣaff صف, ♀ ṣaffat صفت <'aṣṣuff أصف>
Parkhaus kara:dsch sayya:ra:t ṭa:biqiyy كراج سيارات طابقي *m.*
Parkplatz mawqif sayya:ra:t موقف سيارات *m.*
Parlament barlama:n برلمان *m.*
Partei *(in der Politik)* ḥizb حزب *m.*, *(juristisch)* ṭaraf طرف *m.*
Partner, Partnerin shari:k شريك *m.*, shari:kah شريكة *f.*
Party ḥaflaf حفلة *f.*
Pass dschawa:z safar جواز سفر *m.*
Patient, Patientin mari:ḍ مريض *m.*, mari:ḍah مريضة *f.*
Pause 'istira:ḥah استراحة *f.*, *(Unterbrechung)* fa:ṣil فاصل *m.*
Pedal dawwa:sah دواسة *f.*
Penis qaḍi:b dhakariyy قضيب ذكري *m.*
Pension bensiyo:n بنسيون *m.*
Perle lu'lu'ah لؤلؤة *f.*
Perlmutt ṣadaf صدف *m.*
Petersilie baqdu:nis بقدونس *m.*
Pfanne miqla:t مقلاة *f.*
Pfeffer filfil فلفل *m.*
Pfeife *(zum Rauchen)* ghalyu:n غليون *m.*, *(zur Erzeugung schriller Laute)* ṣaffa:rah صفارة *f.*
Pferd ḥiṣa:n حصان *m.*
Pfirsich durra:q دراق
Pflanze naba:t نبات *m.*
Pflaster *(Wundpflaster)* laṣqat dschuru:ḥ لصقة جروح
Pfund *(halbes Kilo)* niṣf ki:lo: نصف كيلو
Pharao, Pharaonin fir*awn فرعون *m.*, fir*awnah فرعونة *f.*
Pille *(Tablette)* ḥabbat dawa:' حبة دواء *f.*, *(Antibabypille)* ḥabbat man* ḥaml حبة منع حمل *f.*
Pilot, Pilotin ṭayya:r طيار *m.*, ṭayya:rah طيارة *f.*
Pilz fiṭr فطر *m.*
pink zahriyy زهري, ♀ zahriyyah زهرية
Pinzette milqaṭ ملقط *m.*
Pizza bi:tza: بيتزا *f.*
Plakat mulṣaq ملصق *m.*
Plan *(Vorhaben)* chuṭṭah خطة *f.*, *(Karte)* chari:ṭah خريطة *f.*,

(Skizze eines Gebäudes) muchaṭṭaṭ مخطط *m.*, *(Zeitplan)* dschadwal جدول *m.*

Planschbecken ḥawḍ siba:ḥah bla:sti:kiyy حوض سباحة بلاستيكي *m.*

Plastik bla:sti:k بلاستيك *m.*

Plastikbecher ka's bla:sti:k كأس بلاستيك *m.*

Platz *(Sitzplatz)* maq*ad مقعد *m.*, *(genügend Raum)* maka:n مكان *m.*, *(größere Freifläche in einer Stadt)* sa:ḥah ساحة *f.*

Plätzchen bisko:t بسكوت *m.*

plus *(eine Addition ausdrückend)* za:'id زائد, *(mit positivem Wert)* mu:dschab موجب, ♀ mu:dschabah موجبة

Polizei shurṭah شرطة *f.*

Polizeiwache machfar ash-shurṭah مخفر الشرطة *m.*

Polizist, Polizistin shurṭiyy شرطي *m.*, shurṭiyyah شرطية *f.*

Pollen ghuba:r aṭ-ṭal* غبار الطلع *m.*

Portal bawwa:bah بوابة *f.*

Portion wadschbah li-shachṣ wa:ḥid وجبة لشخص واحد *f.*

Porto rasm al-bari:d رسم البريد *m.*

Porträt *(Gemälde)* lawḥah لوحة *f.*, *(Foto)* ṣu:rah صورة *f.*, *(kurze Beschreibung)* lamḥah لمحة *f.*

Post *(Briefe) (Päcken etc.)* bari:d بريد *m.*, *(öffentliche Institution)* al-mu'assasah al-*a:mmah li-l-bari:d المؤسسة العامة للبريد *f.*, *(Filiale)* markaz al-bari:d مركز البريد *m.*

Poster lawḥah لوحة *f.*

Postkarte biṭa:qah bari:diyyah بطاقة بريدية *f.*

Postleitzahl raqm bari:diyy رقم بريدي *m.*

Praxis *iya:dah عيادة *f.*

Preis thaman ثمن *m.*, si*r سعر *m.*

preiswert bi-thaman ma*qu:l بثمن معقول

privat cha:ṣṣ خاص

probieren *(kosten)* tadhawwaq تذوق, ♀ tadhawwaqat تذوقت <'atadhawwaq أتذوق>, *(versuchen, ausprobieren)* dscharrab جرب, ♀ dscharrabat جربت <'udscharrib أجرب>

Problem mushkilah مشكلة *f.*

Programm barna:madsch برنامج *m.*

Prospekt nashrah نشرة *f.*

prost! ṣiḥḥatak! صحتك!, ♀ ṣiḥḥatik! صحتك!

protestieren 'iḥtadschdsch احتج, ♀ 'iḥtadschdschat احتجت <'aḥtadschdsch أحتج>

Proviant zuwwa:dah زوادة *f.*

Prozent nisbah mi'awiyyah نسبة مئوية *f.*

prüfen *(Papiere, Genehmigung)* daqqaq دقق, ♀ daqqaqat دققت <'udaqqiq أدقق>, *(Wissen, Können)* 'imtaḥan امتحن, ♀ 'imtaḥanat امتحنت <'amtaḥin أمتحن>

Puder bu:darah بودرة *f.*

Pullover kanzah كنزة *f.*

Pulver mas'ḥu:q مسحوق *f.*

Pumpe *(für Flüssigkeiten)* miḍachchah مضخة *f.*, *(für Luft)* minfa:ch منفاخ *m.*

Punkt nuqṭah نقطة *f.*
pünktlich Der Zug kommt pünktlich. ya'ti: al-qiṭa:r fi: al-maw*id bi-ḍ-ḍabṭ. يأتي القطار في الموعد بالضبط. Seien Sie bitte pünktlich! kunn daqi:q(an) fi: al-maw*id! كن دقيقاً في الموعد!
Puppe dumyah دمية *f.*
putzen naẓẓaf نظف, ♀ naẓẓafat نظفت <'unaẓẓif أنظف>, *(Schuhe, Brille)* masaḥ مسح, ♀ masaḥat مسحت <'amsaḥ أمسح>
Pyramide haram هرم *m.*

Q

Quadratmeter metr murabba* متر مربع *m.*
Qualität naw*iyyah نوعية *f.*
Qualle qindi:l al-baḥr قنديل البحر *m.*
Quarantäne ḥadschr ṣiḥḥiyy حجر صحي *m.*
Quelle *(eines Wasserlaufs)* nab* نبع *m.*, *(einer Information)* maṣdar مصدر *m.*
Quittung waṣl وصل *m.*

R

Rabatt chaṣm خصم *m.*
Rad *(Scheibe in einem Mechanismus)* du:la:b دولاب *m.*, *(Fahrrad)* darra:dschah دراجة, Rad fahren qa:d ad-darra:dschah قاد الدراجة, ♀ qa:dat ad-darra:dschah قادت الدراجة <'aqu:d ad-darra:dschah أقود الدراجة>
Radfahrer, Radfahrerin ra:kib darra:dschah راكب دراجة *m.*, ra:kibat darra:dschah راكبة دراجة *f.*
Radiergummi mimḥa:t ممحاة *f.*
Radio ra:dyo: راديو *m.*, *(die Institution)* al-'idha:*ah الإذاعة *f.*
Radweg ṭari:q cha:ṣṣ li-d-darra:dscha:t طريق خاص للدراجات *m.*
Ramadan ramaḍa:n رمضان *m.*
Rasierapparat ma:ki:nat ḥila:qah ماكينة حلاقة *f.*
rasieren ḥalaq dhaqnoh حلق ذقنه, ♀ ḥalaqat dhaqn(a)ha: حلقت ذقنها <'aḥliq dhaqni: أحلق ذقني>
Rasierer 'a:lat ḥila:qat dhaqn آلة حلاقة ذقن *f.*
Rasierklinge shafrat ḥila:qah شفرة حلاقة *f.*
Rasierschaum ma*dschu:n ḥila:qah معجون حلاقة *m.*
Raststätte istira:ḥah استراحة *f.*
Ratte dschurdh جرذ *m.*
rauben salab سلب, ♀ salabat سلبت <'aslub أسلب>
rauchen dachchan دخن, ♀ dachchanat دخنت <'udachchin أدخن>
Raucher, Raucherin mudachchin مدخن *m.*, mudachchinah مدخنة *f.*
Raum *(Zimmer)* ghurfah غرفة *f.*, *(genügend Platz)* maka:n مكان *m.*
Rauschgift muchaddir مخدر *m.*
realistisch wa:qi*iyy واقعي, ♀ wa:qi*iyyah واقعية

rechnen ḥasab حسب, ♀ ḥasabat حسبت <'aḥsub أحسب>
Rechnung ḥisa:b حساب *m.*
rechter, rechte, rechtes yami:niyy يميني, ♀ yami:niyyah يمينية
rechts *ala: al-yami:n على اليمين, *(+ Genitiv)* *ala: yami:n al-… على يمين ال…
recyceln 'a*a:d istichda:m أعاد استخدام, ♀ 'a*a:dat istichda:m أعادت استخدام <'u*i:d istichda:m أعيد استخدام>
Regal raff رف *m.*
Regen maṭar مطر *m.*
Regenjacke sutrah maṭariyyah سترة مطرية *f.*
Regenmantel mi*ṭaf maṭariyy معطف مطري *m.*
Regenschauer zachchat maṭar زخة مطر *f.*
Regenschirm miẓallah مظلة *f.*
Regierung ḥuku:mah حكومة *f.*
regnen Es regnet. tumṭir as-sama:'. تمطر السماء.
reich ghaniyy غني, ♀ ghaniyyah غنية, reich an ghaniyy bi- غني ب, ♀ ghaniyyah bi- غنية ب
Reifen 'iṭa:r إطار *m.*
rein *(Gold, Silber etc.)* cha:liṣ خالص, ♀ cha:liṣah خالصة, *(sauber)* naẓi:f نظيف, ♀ naẓi:fah نظيفة, *(moralisch einwandfrei)* ṭa:hir طاهر, ♀ ṭa:hirah طاهرة
Reinigung *(Geschäft)* maḥall tanẓi:f al-mala:bis محل تنظيف الملابس *m.*, *(Vorgang des Reinigens)* tanẓi:f تنظيف *m.*
Reinigungsmittel ma:ddah munaẓẓifah مادة منظفة *f.*
Reis 'aruzz أرز *m.*
Reise riḥlah رحلة *f.*
Reisebüro maktab safar مكتب سفر *m.*
Reiseführer *(Buch)* dali:l siya:ḥiyy دليل سياحي *m.*
Reiseleiter, Reiseleiterin dali:l siya:ḥiyy دليل سياحي *m.*, dali:lah siya:ḥiyyah دليلة سياحية *f.*
reisen sa:far سافر, ♀ sa:farat سافرت <'usa:fir أسافر>
Reisepass dschawa:z safar جواز سفر *m.*
Reisescheck she:k siya:ḥiyy شيك سياحي *m.*
Reisetasche ḥaqi:bat safar حقيبة سفر *f.*
Reißverschluss saḥḥa:b سحاب *m.*
reiten rakib ركب, ♀ rakibat ركبت <'arkab أركب>
Reklamation shakwa: شكوى *f.*
Religion di:n دين *m.*
Rennbahn miḍma:r siba:q مضمار سباق *m.*
Rentner, Rentnerin mutaqa:*id متقاعد *m.*, mutaqa:*idah متقاعدة *f.*
Reparatur taṣli:ḥ تصليح *m.*
reparieren ṣalla:ḥ صلح, ♀ ṣalla:ḥat صلحت <'uṣṣalliḥ أصلح>
Reservat maḥmiyyah محمية *f.*
reservieren ḥadschaz حجز, ♀ ḥadschazat حجزت <'aḥdschiz أحجز>
Reservierung ḥadschz حجز *m.*

Reservierungsnummer raqm al-ḥadschz رقم الحجز *m.*
Restaurant maṭ*am مطعم *m.*
retten 'anqadh أنقذ, ♀ 'anqadhat أنقذت <'unqidh أنقذ>
Rettungsweste ṭawq an-nadscha:t طوق النجاة *m.*
Rezept waṣfat ṭabch وصفة طبخ *f.*
Rezeption 'istiqba:l استقبال *m.*
R-Gespräch muka:lamah madfu:*ah min aṭ-ṭaraf al-'a:char مكالمة مدفوعة من الطرف الآخر *f.*
Richter, Richterin qa:ḍi: قاضي *m.*, qa:ḍiyah قاضية *f.*
richtig ṣaḥi:ḥ صحيح, ♀ ṣaḥi:ḥah صحيحة
Richtung 'ittidscha:h اتجاه *m.*, *(Himmelsrichtung)* dschihah جهة *f.*
riechen *(Geruch wahrnehmen)* shamm(a) شمَّ, ♀ shammat شمت <'ashumm أشم>, **gut riechen** ra:'iḥatoh dschami:lah رائحته جميلة, ♀ ra:'iḥat.ha: dschami:lah رائحتها جميلة <ra:'iḥati: dschami:lah رائحتي جميلة>, **schlecht riechen** ra:'iḥatoh sayyi'ah رائحته سيئة, ♀ ra:'iḥat.ha: sayyi'ah رائحتها سيئة <ra:'iḥati: sayyi'ah رائحتي سيئة>
Rind baqar بقر *Pl.*
Rindfleisch laḥm baqar لحم بقر *m.*
Ring *(kreisförmiges Objekt)* ḥalabah حلبة *f.*, *(Schmuckstück)* cha:tam خاتم *m.*
Rock *(Kleidungsstück)* tannu:rah تنورة *f.*
roh nayyi' نيء, ♀ nayyi'ah نيئة
Rollstuhl kursiyy mutaḥarrik كرسي متحرك *m.*
Rolltreppe daradsch mutaḥarrik درج متحرك *m.*
Roman riwa:yah رواية *f.*
romantisch ru:ma:nsiyy رومانسي, ♀ ru:ma:nsiyyah رومانسية
Römer, Römerin ru:ma:niyy روماني *m.*, ru:ma:niyyah رومانية *f.*
römisch ru:ma:niyy روماني, ♀ ru:ma:niyyah رومانية
rosa zahriyy زهري, ♀ zahriyyah زهرية
Rose wardah وردة *f.*
Rosé ro:ze:h روزيه
Rost ṣada' صدأ *m.*
rot 'aḥmar أحمر, ♀ ḥamra:' حمراء
Rotwein nabi:dh 'aḥmar نبيذ أحمر *m.*
Route ṭari:q طريق *m.*
Rücken ẓahr ظهر *m.*
Rückfahrt 'iya:b إياب *m.*
Rückflug riḥlat al-*awdah bi-ṭ-ṭa:'irah رحلة العودة بالطائرة *f.*
Rücklicht ḍaw' chalfiyy ضوء خلفي *m.*
Rucksack ḥaqi:bat ẓahr حقيبة ظهر *f.*
Ruder midschda:f مجداف *m.*
Ruderboot zawraq زورق *m.*
rufen na:da: نادى, ♀ na:dat نادت <'una:di: أنادي>
ruhig ha:di' هادىء, ♀ ha:di'ah هادئة

Ruine *(historische Überreste)* 'a:tha:r آثار *f. Pl.*, *(Trümmer)* chara:bah خرابة *f.*
rund da:'iriyy دائري, ♀ da:'iriyyah دائرية
Rundfahrt dschawlah siya:ḥiyyah bi-s-sayya:rah جولة سياحية بالسيارة *f.*
rutschen 'inzalaq انزلق, ♀ 'inzalaqat انزلقت <'anzaliq أنزلق>, *((wie) auf einer Rutsche)* tazaḥlaq تزحلق, ♀ tazaḥlaqat تزحلقت <'atazaḥlaq أتزحلق>

S

Saal ṣa:lah صالة *f.*
Sache *(Gegenstand)* shay' شيء *m.*, *(Angelegenheit)* sha'n شأن *m.*, *(persönliche Gegenstände)* Sachen 'aghra:ḍ أغراض *Pl.*
Sachschaden 'aḍra:r ma:ddiyyah أضرار مادية *f. Pl.*
Safe chaznah خزنة *f.*
Saft *aṣi:r عصير *m.*
Sahne qishṭah قشطة *f.*
Salat *(grüne Blätter, Pflanze)* chass خس *m.*, *(angerichtet)* salaṭah سلطة *f.*
Salbe marham مرهم *m.*
Salz milḥ ملح *m.*
salzig ma:liḥ مالح, ♀ ma:liḥah مالحة
Sammeltaxi taksi: dschama:*iyy تكسي جماعي *m.*
Samstag as-sabt السبت *m.*
Sand raml رمل *m.*
Sandale ṣandal صندل *m.*
Sandsturm *a:ṣifah ramliyyah عاصفة رملية *f.*
Sänger, Sängerin mughanni: مغني *m.*, mughanniyah مغنية *f.*
Sarkophag ta:bu:t تابوت *m.*
satt shab*a:n شبعان, ♀ shab*a:nah شبعانة
Sattel sardsch سرج *m.*
Satz dschumlah جملة *f.*
sauber naẓi:f نظيف, ♀ naẓi:fah نظيفة
Saudi-Arabien al-mamlakah al-*arabiyyah as-su*u:diyyah المملكة العربية السعودية *f.*
sauer *(Geschmack)* ḥa:miḍ حامض, ♀ ḥa:miḍah حامضة, *(verdorben: Milch)* fa:sid فاسد, ♀ fa:sidah فاسدة, *(verärgert)* za*la:n زعلان, ♀ za*la:nah زعلانة
Sauerstoffflasche *(für Taucher)* *ubuwwat 'oksidschi:n عبوة أكسجين *f.*
Sauger *(für Babyfläschchen)* maṣṣa:ṣah مصاصة *f.*
Säule *amu:d عمود *m.*
Sauna sawna: ساونا *f.*
Schachtel *ulbah علبة *f.*
Schaf ghanam غنم
Schafskäse dschubnat ghanam جبنة غنم *f.*
Schal sha:l شال *m.*
Schalter mifta:ḥ at-tashghi:l مفتاح التشغيل *m.*
scharf *(Geschmack)* ḥa:rr حار, ♀ ḥa:rrah حارة, *(Klinge)* ḥa:dd حاد, ♀ ḥa:ddah حادة
Scheckkarte biṭa:qah bankiyyah بطاقة بنكية *f.*

Schein *(Geld)* waraqah naqdiyyah ورقة نقدية *f.*, *(Anschein)* ẓa:hir ظاهر *m.*, *(Aussehen)* maẓhar مظهر *m.*

scheinen *(Licht ausstrahlen)* 'aḍa:' أضاء, ♀ 'aḍa:'at أضاءت <'uḍi:' أضيء>, **Die Sonne scheint.** tushriq ash-shams. تشرق الشمس., *(einen Eindruck erwecken)* bada: بدا, ♀ badat بدت <'abdu: أبدو>

Schere miqaṣṣ مقص *m.*

Schiff safi:nah سفينة *f.*

schiitisch shi:*iyy شيعي, ♀ shi:*iyyah شيعية

Schild lawḥah muru:riyyah لوحة مرورية *f.*, *(Wegweiser)* lawḥah لوحة *f.*

Schinken *(geräuchert)* laḥm al-chinzi:r al-mudachchan لحم الخنزير المدخن *m.*, *(gekocht)* laḥm al-chinzi:r al-maṭbu:ch لحم الخنزير المطبوخ *m.*

schlafen na:m نام, ♀ na:mat نامت <'ana:m أنام>

Schlaftablette ḥabbah munawwimah حبة منومة *f.*

Schlafzimmer ghurfat nawm غرفة نوم *f.*

Schläger miḍrab مضرب *m.*

Schlange *(Tier)* ḥayyah حية *f.*, *(Menschenschlange)* ṭa:bu:r طابور *m.*

schlank rashi:q رشيق, ♀ rashi:qah رشيقة

schlau dhakiyy ذكي, ♀ dhakiyyah ذكية

Schlauch *(für einen Reifen)* 'iṭa:r da:chiliyy إطار داخلي *m.*, *(zum Wässern)* churṭu:m خرطوم *m.*

schlecht *(Adjektiv: minderwertig in Qualität oder Leistung)* sayyi' سيء, ♀ sayyi'ah سيئة, radi:' رديء, ♀ radi:'ah رديئة, *(Nahrungsmittel: verdorben)* fa:sid فاسد, ♀ fa:sidah فاسدة, *(moralisch)* sayyi' al-chuluq سيء الخلق, ♀ sayyi'at al-chuluq سيئة الخلق, *(Geruch)* kari:h كريه, ♀ kari:hah كريهة, **jdm ist schlecht** 'uṣi:b bi-l-ghathaya:n أصيب بالغثيان, ♀ 'uṣi:bat bi-l-ghathaya:n أصيبت بالغثيان <'uṣibtu bi-l-ghathaya:n أصبت بالغثيان>

schließen *(Tür, Fenster etc.)* *(Geschäftszeit unterbrechen)* 'aghlaq أغلق, ♀ 'aghlaqat أغلقت <'ughliq أغلق>, *(ein Geschäft komplett aufgeben)* 'aghlaq bi-shakl niha:'iyy أغلق بشكل نهائي, ♀ 'aghlaqat bi-shakl niha:'iyy أغلقت بشكل نهائي <'ughliq bi-shakl niha:'iyy أغلق بشكل نهائي>

Schließfach *(für Wertsachen)* ṣundu:q al-'ama:na:t صندوق الأمانات *m.*, *(für Gepäck)* chiza:nah خزانة *f.*

Schloss *(zum Abschließen)* qufl قفل *m.*, *(Gebäude)* qaṣr قصر *m.*

Schlucht shaqq شق *m.*

Schluss niha:yah نهاية *f.*, **am/zum Schluss** fi: n-niha:yah في النهاية

Schlüssel mifta:ḥ مفتاح *m.*

schmal ḍayyiq ضيق, ♀ ḍayyiqah ضيقة
schmecken *(Geschmack von etw. feststellen)* dhaːq ذاق, ♀ dhaːqat ذاقت <'adhuːq أذوق>, etw. schmeckt nach etw. fiːhi ṭa*m ... فيه طعم...., ♀ fiːhaː ṭa*m ... فيها طعم...
Schmerz 'alam ألم *m.*, wadscha* وجع *m.*
schmerzhaft mu'lim مؤلم, ♀ mu'limah مؤلمة
Schmerzmittel maːddah musakkinah مادة مسكنة *f.*
Schmetterling faraːshah فراشة *f.*
Schmuck huliyy حلي *m.*
schmutzig wasich وسخ, ♀ wasichah وسخة
Schnaps *araq عرق *m.*
Schnecke ḥalazuːn حلزون *Pl.*, *(ohne Häuschen)* buzaːq بزاق *Pl.*
Schnee thaldsch ثلج *m.*
schneiden qaṭa* قطع, ♀ qaṭa*at قطعت <'aqṭa* أقطع>, *(mit der Schere)* qaṣṣ قص, ♀ qaṣṣat قصت <'aquṣṣ أقص>
Schneider, Schneiderin chayyaːṭ خياط *m.*, chayyaːṭah خياطة *f.*
schnell *(mit hohem Tempo)* sariː* سريع, ♀ sariː*ah سريعة, *(eilig)* musta*dschil مستعجل, ♀ musta*dschilah مستعجلة, *(Adv.)* bi-sur*ah بسرعة
Schnorchel qaṣabah hawaː'iyyah قصبة هوائية *f.*
schnorcheln ṣa*id 'ilaː as-saṭḥ صعد إلى السطح, ♀ ṣa*idat 'ilaː as-saṭḥ صعدت إلى السطح <'aṣ*ad 'ilaː as-saṭḥ أصعد إلى السطح>
Schnuller lahhaːyah لهاية *f.*
Schnupfen zukaːm زكام *m.*
Schnürsenkel ribaːṭ al-ḥidhaː' رباط الحذاء *m.*
Schokolade shoːkoːlaːtah شوكولاته *f.*
schon min qabl من قبل, laqad لقد, Er kommt schon. 'innahu 'aːt(in). إنه آت., Ich gehe schon. 'anaː dhaːhib. أنا ذاهب.
schön dschamiːl جميل, ♀ dschamiːlah جميلة
Schönheitssalon ṣaːloːn tadschmiːl صالون تجميل *m.*
Schrank chizaːnah خزانة *f.*, *(Kleiderschrank)* chizaːnat malaːbis خزانة ملابس *f.*
schreiben katab كتب, ♀ katabat كتبت <'aktub أكتب>
schreien ṣarach صرخ, ♀ ṣarachat صرخت <'aṣruch أصرخ>
schriftlich kitaːbiyy كتابي, ♀ kitaːbiyyah كتابية, chaṭṭiyy خطي, ♀ chaṭṭiyyah خطية
schüchtern chadschuːl خجول, ♀ chadschuːlah خجولة
Schuh ḥidhaː' حذاء *m.*, Paar Schuhe zawdsch min al-'aḥdhiyah زوج من الأحذية
Schuhgeschäft maḥall 'aḥdhiyah محل أحذية *m.*
schuldig mudhnib مذنب, ♀ mudhnibah مذنبة, schuldig gesprochen 'uḍiːn(a) أُدِينَ, ♀ 'udiːnat أدينت <'udintu أُدنتُ>,

(Geld, etc.) jdm etw. schuldig sein huwa madi:n li-... bi-... هو مدين ل ... ب...، ♀ hiya madi:nah li-... bi-... هي مدينة ل ... ب... <'ana: madi:n li-... bi-... أنا مدين ل ... ب...>

Schule madrasah مدرسة *f.*

Schulter katif كتف *f.*

Schuppe *(vom Fisch)* ḥarshafah حرشفة *f.*

Schuppen *(im Haar)* qishrat ra's قشرة رأس *f.*

Schüssel zubdiyyah زبدية *f.*, ṣaḥn *ami:q صحن عميق *m.*

schützen sich vor etw. schützen ḥama: min حمى من، ♀ ḥamat min حمت من <'aḥmi: min أحمي من>, waqa: وقى، ♀ waqat وقت <'aqi: أقي> jdn vor etw. schützen ḥama: shachṣ(an) min shay' حمى شخصاً من شيء، ♀ ḥamat shachṣ(an) min shay' حمت شخصاً من شيء <'aḥmi: shachṣ(an) min shay' أحمي شخصاً من>

schwach ḍa*i:f ضعيف، ♀ ḍa*i:fah ضعيفة

Schwager, Schwägerin *(Mann der Schwester)* ṣihr صهر *m.*, *(Frau des Bruders)* Zawdschat al-'ach زوجة الأخ *f.*, *(Schwester des Ehemannes)* 'ucht az-zawdsch أخت الزوج *f.*, *(Schwester der Ehefrau)* 'ucht az-zawdschah أخت الزوجة *f.*, *(Bruder der Ehefrau)* 'achu: az-zawdschah أخو الزوجة *m.*, *(Bruder des Ehemannes)* 'achu: az-zawdsch أخو الزوج *m.*

schwanger ḥa:mil حامل

Schwangerschaftstest 'ichtiba:r ḥaml اختبار حمل *m.*

schwarz 'aswad أسود، ♀ sawda:' سوداء

Schwarzbrot chubz 'asmar خبز أسمر *m.*

Schwein chinzi:r خنزير *m.*

Schweinefleisch laḥm chinzi:r لحم خنزير *m.*

Schweiz suwi:sra: سويسرا *f.*

Schweizer suwi:sriyy سويسري، ♀ suwi:sriyyah سويسرية

Schweizer, Schweizerin suwi:sriyy سويسري *m.*, suwi:sriyyah سويسرية *f.*

schweizerdeutsch al-'alma:niyyah as-suwi:sriyyah الألمانية السويسرية

schwer *(Gewicht)* thaqi:l ثقيل، ♀ thaqi:lah ثقيلة، *(schwierig)* ṣa*b صعب، ♀ ṣa*bah صعبة

schwerhörig thaqi:l sam* ثقيل سمع، ♀ thaqi:lat sam* ثقيلة سمع

Schwester 'ucht أخت *f.*

Schwiegermutter ḥama:t حماة *f.*, *(Mutter des Ehemannes)* 'umm az-zawdsch أم الزوج *m.*, *(Mutter der Ehefrau)* 'umm az-zawdschah أم الزوجة *m.*

Schwiegervater ḥam حم *m.*, *(Vater des Ehemannes)* 'abu: az-zawdsch أبو الزوج *m.*, *(Vater der Ehefrau)* 'abu: az-zawdschah أبو الزوجة *m.*

Schwimmbad masbaḥ مسبح *m.*
schwimmen sabaḥ سبح, ♀ sabaḥat سبحت <'asbaḥ أسبح>
schwitzen *ariq عرق, ♀ *ariqat عرقت <'a*raq أعرق>
schwul mithliyy مثلي
See *(Meer)* baḥr بحر *m.*, *(Binnengewässer)* buḥayrah بحيرة *f.*
seekrank muṣa:b bi-duwa:r al-baḥr مصاب بدوار البحر, ♀ muṣa:bah bi-duwa:r al-baḥr مصابة بدوار البحر
sehen ra'a: رأى, ♀ ra'at رأت <'ara: أرى>
sehr dschiddan جداً, kathi:ran كثيراً
Sehtest faḥṣ naẓar فحص نظر *m.*
Seide ḥari:r حرير *m.*
Seife ṣa:bu:n صابون *m.*
Seil ḥabl حبل *m.*
Seilbahn *(in der Luft)* telefri:k تلفريك *m.*
sein *(Vollverb)* huwa هو, ♀ hiya هي <'ana: أنا>, *(Hilfsverb)* ka:n كان, ♀ ka:nat كانت <'aku:n أكون>
sein, seine ...oh/...hu ه..., ♀ ... ha: ها ... <...i: ي...>, Das ist sein Buch. ha:dha: kita:boh. هذا كتابه., Das ist sein(e)s. ha:dha: l-oh. هذا له.
seit *(bestimmter Zeitpunkt)* mundhu منذ, seit 2008 mundhu 'alfayn wa thama:niyah منذ ألفين و ثمانية, seit drei Tagen mundhu thala:that 'ayya:m منذ ثلاثة أيام
Seite *(seitlicher Teil von etw.)* dscha:nib جانب *f.*, *(in einem Buch)* ṣafḥah صفحة *f.*
Sekt shamba:niya: شمبانيا *f.*
Sekunde tha:niyah ثانية *f.*, *(kurzer Zeitraum)* laḥẓah لحظة *f.*
Selbstbedienung chidmah dha:tiyyah خدمة ذاتية *f.*
Selbstversorger yar*a: shu'u:n baytoh bi-nafsoh يرعى شؤون بيته بنفسه
selten *(nicht oft)* na:diran نادراً
Semmel chubz ṣaghi:r mudawwar خبز صغير مدور *m.*, ṣammu:n صمون *m.*
senden 'arsal أرسل, ♀ 'arsalat أرسلت <'ursil أرسل>, *(Rundfunk und Fernsehen)* baththa بث, ♀ baththat بثت <'abuthth أبث>
Senf chardal خردل *m.*
September 'aylu:l أيلول *m.*, sebtambar سبتمبر *m.*
Serviette fu:ṭat aṭ-ṭa*a:m فوطة الطعام *f.*
Sessel kursiyy كرسي *m.*
Sex dschins جنس *m.*
Shampoo shambo: شامبو *m.*
Show *arḍ عرض *m.*
sich *(reflexiv: 3. Person Singular maskulin)* nafsoh نفسه, *(3. Person Singular feminin)* nafs(a)ha: نفسها, *(3. Person Plural)* nafs(a)hum نفسهم
sicher 'a:min آمن, ♀ 'a:minah آمنة
Sicherheitsgurt ḥiza:m al-'ama:n حزام الأمان *m.*
sie *(Singular)* hiya هي, *(Plural)* hum هم

Sie *(Anrede für einen Mann)* 'anta أنتَ, *(für eine Frau)* 'anti أنتِ, *(für mehrere Personen)* 'antum أنتم

Silber fiḍḍah فضة *f.*

Silvester ra's as-sanah رأس السنة *m.*

singen ghanna: غنى, ♀ ghannat غنت <'ughanni: أغني>

Sitz maq*ad مقعد *m.*

sitzen dschalas جلس, ♀ dschalasat جلست <'adschlis أجلس>

Skateboard zaḥḥafah زحافة *f.*

Ski lawḥ tazalludsch لوح تزلج *f.*

Skilift miṣ*ad at-tazalludsch مصعد التزلج *m.*

Skipass bi-ṭa:qat tazalludsch بطاقة تزلج *f.*

Skischuh ḥidha:' tazalludsch حذاء تزلج *m.*

Skistock *aṣa: at-tazalludsch عصا التزلج *f.*

Skorpion *aqrab عقرب *f.*

Skulptur manḥu:t منحوت *m.*

Slipeinlage ki:s ghasi:l كيس غسيل *m.*

Snowboard lawḥ tazalludsch لوح تزلج *m.*

so *(auf diese Art und Weise)* *ala: ha:dha: al-wadschh على هذا الوجه, *(vor einem Adjektiv)* dschiddan جداً, so schön dschami:l dschiddan جميل جداً

Socke dschawrab جورب *m.*

Sofa ṣo:fa:yah صوفاية *f.*

sofort fawran فوراً

Sohn 'ibn ابن *m.*

Sojabohne fu:l aṣ-ṣo:ya: فول الصويا *m.*

Sojamilch ḥali:b aṣ-ṣo:ya: حليب الصويا *m.*

Soldat, Soldatin dschundiyy جندي *m.*, dschundiyyah جندية *f.*

sollen yadschib *alayhi يجب عليه, ♀ yadschib *alayha: يجب عليها <yadschib *alayy يجب علي>, *(höfliche Aufforderung)* Sie sollten ... yanbaghi: *alayka 'an ... ينبغي عليك أن ...، ♀ yanbaghi: *alayki 'an ... ينبغي عليك أن ...

Sommer ṣayf صيف *m.*

Sonne shams شمس *f.*

Sonnenbrand ḥarq shamsiyy حرق شمسي *m.*

Sonnenstich ḍarbat shams ضربة شمس *f.*

Sonnenuntergang ghuru:b ash-shams غروب الشمس *m.*

sonnig mushmis مشمس, ♀ mushmisah مشمسة

Sonntag al-'aḥad الأحد *m.*

sorgen *(beunruhigt sein)* sich sorgen qaliq قلق, ♀ qaliqat قلقت <'ana: qalqa:n أنا قلقان>, sich um jdn sorgen qaliq *ala: قلق على, ♀ qaliqat *ala: قلقت على <'ana: qalqa:n *ala: أنا قلقان على>, *(sich um jdn kümmern)* für jdn sorgen 'i*tana: bi- ...اعتنى ب, ♀ 'i*tanat bi- ...اعتنت ب <'a*tani: bi- ...أعتني ب>, *(etw. besorgen)* für etw. sorgen takaffal bi- ...تكفل ب,

♀ takaffalat bi- ... تكفلت ب... <'atakaffal bi- ... أتكفل ب...>
Soße ṣalṣah صلصة *f.*
Souvenir tadhka:r تذكار *m.*
sowohl ... als auch ... ... wa ... ... و ...,
sparen *(eine finanzielle Rücklage bilden)* 'iddachar ادخر, ♀ 'iddacharat ادخر <'addachir أدخر>, *(weniger Geld ausgeben)* 'iqtaṣad اقتصد, ♀ 'iqtaṣadat اقتصد <'aqtaṣid أقتصد>
Spaß *(Freude)* mut*ah متعة *f.*, *(Scherz)* muza:ḥ مزاح *m.*, Spaß haben 'istamta* استمتع, ♀ 'istamta*at استمتعت <'astamti* أستمتع>
spät muta'achchir متأخر, ♀ muta'achchirah متأخرة
später la:ḥiqan لاحقاً, ba*d qali:l بعد قليل
Spaziergang mishwa:r مشوار *m.*
Speck *(vom Schwein)* duhn al-chinzi:r دهن الخنزير *m.*
Speisekarte qa:'imat aṭ-ṭa*a:m قائمة الطعام *f.*
Speisewagen *arabat aṭ-ṭa*a:m عربة الطعام *f.*
Spezialist, Spezialistin muchtaṣṣ مختص *m.*, muchtaṣṣah مختصة *f.*
Spezialität muntadsch mash.hu:r منتج مشهور
Spiegel mir'a:t مرآة *f.*
Spiegelei bayḍ *uyu:n بيض عيون *m.*
spielen la*ib لعب, ♀ la*ibat لعبت <'al*ab ألعب>, *(Sport)* ma:ras مارس, ♀ ma:rasat مارست <'uma:ris أمارس>, *(ein Musikstück, Instrument)* *azaf عزف, ♀ *azafat عزفت <'a*zif أعزف>
Spielregeln qawa:*id al-la*ib قواعد اللعب *Pl.*
Spinat saba:nich سبانخ *f.*
Spinne *ankabu:t عنكبوت *f.*
Spirituosen mashru:ba:t kuḥu:liyyah مشروبات كحولية *Pl.*
Spitzname laqab لقب *m.*
Sport riya:ḍah رياضة
Sportgeschäft maḥall li-bay* 'adawa:t ar-riya:ḍah محل لبيع أدوات الرياضة *m.*
Sportler, Sportlerin riya:ḍiyy رياضي *m.*, riya:ḍiyyah رياضية *f.*
Sprache lughah لغة *f.*
sprechen takallam تكلم, ♀ takallamat تكلمت <'atakallam أتكلم>
springen qafaz قفز, ♀ qafazat قفزت <'aqfiz أقفز>, wathab وثب, ♀ wathabat وثبت <'athib أثب>
Spritze 'ibrah إبرة *f.*, eine Spritze bekommen 'achadh 'ibrah أخذ إبرة, ♀ 'achadhat 'ibrah أخذت إبرة <'a:chudh 'ibrah آخذ إبرة>
Spur *(einer Straße)* masa:r مسار *m.*, *(eines Menschen oder Tieres)* 'athar أثر *m.*, *(Hinweis auf etw.)* talmi:ḥ تلميح *m.*
Staat dawlah دولة *f.*
Staatsangehörigkeit dschinsiyyah جنسية *f.*
Stadion 'ista:d إستاد *m.*
Stadt madi:nah مدينة *f.*

Stadtführung dschawlah siyaːḥiyyah fiː al-madiːnah جولة سياحية في المدينة *f.*
Stadtmauer suːr al-madiːnah سور المدينة *m.*
Stadtplan chariːṭat al-madiːnah خريطة المدينة *f.*
Stadtrundfahrt dschawlat madiːnah bi-s-sayyaːrah جولة مدينة بالسيارة *f.*
Stadtteil ḥayy حي *m.*
Stadtzentrum markaz al-madiːnah مركز المدينة *m.*
stark qawiyy قوي, ♀ qawiyyah قوية
Starthilfekabel kaːbil tashghiːl as-sayyaːrah كبل تشغيل السيارة *m.*
Statue timthaːl تمثال *m.*
Staudamm sadd سد, *m.*
stechen *(Mücke)* ladagh لدغ, ♀ ladaghat لدغت <'aldagh ألدغ>, *(Biene, Skorpion)* lasa* لسع, ♀ lasa*at لسعت <'alsa* ألسع>, *(mit spitzem Gegenstand, z. B. Messer)* ṭa*an طعن, ♀ ṭa*anat طعنت <'aṭ*an أطعن >
Steckdose 'ibriːz إبريز *m.*
Stecker fiːsh al-kahrabaː' فيش الكهرباء *m.*
stehen waqaf وقف, ♀ waqafat وقفت <'aqif أقف>
stehlen sariq سرق, ♀ sariqat سرقت <'asriq أسرق>
Steigbügel rikaːb ركاب *m.*
steigen *(auf einen Berg, Baum)* tasallaq تسلق, ♀ tasallaqat تسلقت <'atasallaq أتسلق>, *(in die Höhe (auch fig.))* 'irtafa* ارتفع, ♀ 'irtafa*at ارتفعت <'artafi* أرتفع>
steil *(Treppe, Weg, Berg)* munḥadir منحدر, ♀ munḥadirah منحدرة, *(Wand)* qaː'im قائم, ♀ qaː'imah قائمة
Steilküste dschurf baḥriyy جرف بحري *m.*
Stein ḥadschar حجر *m.*
Stelle *(Job, Anstellung, Arbeitsplatz)* waẓiːfah وظيفة *f.*, *(räumlich)* makaːn مكان *m.*
stellen waḍa* وضع, ♀ waḍa*at وضعت <'aḍa* أضع>
sterben maːt مات, ♀ maːtat ماتت <'amuːt أموت>
Stern nadschmah نجمة *f.*
Sternwarte marṣad falakiyy مرصد فلكي *m.*
Stiefel dschazmah جزمة *f.*
Stimme ṣawt صوت *m.*
stinken raː'iḥatoh kariːhah رائحته كريهة, ♀ raː'iḥat.haː kariːhah رائحتها كريهة <raː'iḥatiː kariːhah رائحتي كريهة>
Stirn dschabhah جبهة *f.*
Stock ṭaːbiq طابق *m.*, im ersten Stock fiː aṭ-ṭaːbiq al-'awwaːl في الطابق الأول
stornieren 'alghaː ألغى, ♀ 'alghat ألغت <'ulghiː ألغي>
Stornierungsgebühr rasm al-'ilghaː' رسم الإلغاء *m.*
Strand shaːṭi' شاطئ *m.*
Straße shaːri* شارع *m.*
Straßenbahn traːm ترام *m.*
Streifen *(längliches Objekt aus Plastik, Stoff etc.)* shariːṭ شريط *m.*,

(Grundstück) ruq*ah رقعة *f.*

Strom *(Elektrizität)* tayyaːr kahrabaː'iyy تيار كهربائي *m.*, *(Gewässer)* tayyaːr maː'iyy تيار مائي *m.*

Strömung tayyaːr تيار *m.*

Strumpf dschraːb جراب *m.*

Stück qiṭ*ah قطعة *f.*

Student, Studentin ṭaːlib طالب *m.*, ṭaːlibah طالبة *f.*

Stuhl kursiyy كرسي *m.*

Stunde saː*ah ساعة *f.*, eine viertel Stunde rub* saː*ah ربع ساعة *m.*, eine halbe Stunde niṣf saː*ah نصف ساعة *m.*

Sturm *aːṣifah عاصفة *f.*

suchen baḥath بحث, ♀ baḥathat بحثت <'abḥath أبحث>, nach etw. suchen baḥath *an shay' 'aːchar بحث عن شيء, ♀ baḥathat *an shay' 'aːchar بحثت عن شيء <'abḥath *an shay' 'aːchar أبحث عن شيء>

Sudan as-suːdaːn السودان *m.*

Sudanese, Sudanesin suːdaːniyy سوداني *m.*, suːdaːniyyah سودانية *f.*

sudanesisch suːdaːniyy سوداني, ♀ suːdaːniyyah سودانية

Süden dschanuːb جنوب *m.*

Sultan sulṭaːn سلطان *m.*

sunnitisch sunniyy سني, ♀ sunniyyah سنية

Supermarkt suːbarmarket سوبرماركت *f.*

Suppe shurbah شوربة *f.*

Suppenlöffel *(um Suppe damit zu essen)* mil*aqah ملعقة *f.*, *(Kelle)* mighrafah مغرفة *f.*

süß hulw حلو, ♀ hulwah حلوة

Süßstoff sukkaːriːn سكرين *m.*

Süßwasser maː' *adhb ماء عذب *m.*

Syrien suːriyaː سوريا *f.*

Syrer, Syrerin suːriyy سوري *m.*, suːriyyah سورية *f.*

syrisch suːriyy سوري, ♀ suːriyyah سورية

T

Tabak tabgh تبغ *m.*

Tablette ḥabbah حبة *f.*

Tag yawm يوم *m.*, Guten Tag! marḥabaː! مرحباً!

Tagebuch daftar mudhakkiraːt دفتر مذكرات *m.*

Tagessuppe shurbat al-yawm شوربة اليوم *f.*

täglich yawmiyy يومي, ♀ yawmiyyah يومية

tagsüber 'athnaː' an-nahaːr أثناء النهار, chilaːl an-nahaːr خلال النهار

Tal wadiː وادي *m.*

Tampon ṭamboːnah طمبونة *f.*

Tanga tangaː تانغا *m.*

Tankstelle maḥaṭṭat waquːd محطة وقود *f.*

Tante *(väterlicherseits)* *ammah عمة *f.*, *(mütterlicherseits)* chaːlah خالة *f.*

Tanz raqṣ رقص *m.*

tanzen raqaṣ رقص, ♀ raqaṣat رقصت <'arquṣ أرقص>

Tasche ḥaqiːbah حقيبة *f.*, *(an einem Kleidungsstück)* dschayb جيب *m.*

Taschendieb, Taschendiebin ḥara:miyy حرامي *m.*, ḥara:miyyah حرامية *f.*
Taschenmesser sikki:n dschayb سكين جيب *f.*
Taschenrechner 'a:lah ḥa:sibah ṣaghi:rah آلة حاسبة صغيرة *f.*
Taschentuch *(aus Stoff)* mindi:l quma:shiyy منديل قماشي *m.*, *(aus Papier)* mindi:l waraqiyy منديل ورقي *m.*
Tasse findscha:n فنجان *m.*
Tastatur lawḥat al-mafa:ti:ḥ لوحة المفاتيح *f.*
taub 'aṣamm أصم, ♀ ṣamma:' صماء
tauchen ghaṭas غطس, ♀ ghaṭasat غطست <'aghṭus أغطس>
Taucheranzug badlat ghaṭs بدلة غطس *m.*
Taucherausrüstung mu*adda:t ghaṭs معدات غطس *Pl.*
Taucherbrille naẓẓa:rat ghaṭs نظارة غطس *f.*
Taxi taksi: تكسي *m.*
Taxifahrer, Taxifahrerin sa:'iq taksi: سائق تكسي *m.*, sa:'iqat taksi: سائقة تكسي *f.*
Taxistand mawqif at taksi: موقف التاكسي *m.*
Technik tiqniyyah تقنية *f.*, *(Methode)* ṭari:qah طريقة *f.*
Tee sha:y شاي *m.*
Teelöffel mil*aqat sha:y ملعقة شاي *f.*
Teig *adschi:n عجين *m.*
Teil *(ein Stück eines Gerätes)* qiṭ*ah قطعة *f.*, *(eines Ganzen)* dschuz' جزء *m.*
teilen *(zerteilen: Brot, Kuchen etc.)* qaṭa* قطع, ♀ qaṭa*at قطعت <'aqṭa* أقطع>, **etw. mit jdm teilen** 'iqtasam ma*(a) اقتسم مع, ♀ 'iqtasamat ma*(a) اقتسمت مع <'aqtasim ma*(a) أقتسم مع>
Teilzeit dawa:m ghayr ka:mil دوام غير كامل *m.*
Telefon telefo:n تلفون *m.*
Telefonbuch dali:l telefo:n دليل التلفون *m.*
telefonieren cha:bar خابر, ♀ cha:barat خابرت <'ucha:bir أخابر>, ha:taf هاتف, ♀ ha:tafat هاتفت <'uha:tif أهاتف>, **Ich muss dringend telefonieren.** yadschib 'an 'attaṣil bi-t-telefo:n bi-sur*ah. يجب أن أتصل بالتلفون بسرعة.
Telefonkarte biṭa:qat telefo:n بطاقة تلفون *f.*
Telefonnummer raqm telefo:n رقم تلفون *m.*
Telefonzelle kabi:nat telefo:n كابينة هاتف *f.*
Teller ṣaḥn صحن *m.*
Tempel ma*bad معبد *m.*
Tennis tenis تنس *m.*
Tennisplatz mal*ab tenis ملعب تنس *m.*
Teppich sadschdscha:dah سجادة *f.*
Termin maw*id موعد *m.*, *(Frist)* muhlah مهلة
Tetanus kuza:z كزاز *m.*

teuer gha:li: غالي, ♀ gha:liyah غالية
Theater masraḥ مسرح *m.*
Theaterstück masraḥiyyah مسرحية *f.*
Ticket tadhkirah تذكرة *f.*, biṭa:qah بطاقة *f.*
Tier ḥayawa:n حيوان *m.*
Tisch ṭa:wilah طاولة *f.*
Tischtennis kurat ṭa:wilah كرة طاولة *f.*
Titel *unwa:n عنوان *m.*
Tochter 'ibnah ابنة *f.*
Tofu dschubnat aṣ-ṣo:ya: جبنة الصويا *f.*
Toilette tuwa:le:t تواليت *m.*
Toilettenpapier waraq tuwa:le:t ورق تواليت *m.*
Tollwut al-kalab الكلب *m.*
Tomate ṭama:ṭim طماطم *Pl.*, *(in Syrien)* banado:rah بندورة *Pl.*
Topf qidr قدر *m.*, *(Kochtopf)* ṭandscharah طنجرة *f.*
Töpferwaren muntadscha:t fachcha:riyyah منتجات فخارية *Pl.*
Tor *(beim Fußball)* hadaf هدف *m.*, *(Eingang)* bawwa:bah بوابة *m.*
Torte qa:lib ga:to: قالب كاتو *m.*
tot mayyit ميت, ♀ mayyitah ميتة
Touristeninformation al-isti*la:ma:t as-siya:ḥiyyah الاستعلامات السياحية
tragen ḥamal حمل, ♀ ḥamalat حملت <'aḥmil أحمل>
Transport naql نقل *m.*
Traube *inab عنب *m.*
treffen *(begegnen)* qa:bal قابل, ♀ qa:balat قابلت <'uqa:bil أقابل>, *(ein Ziel treffen)* 'aṣa:b أصاب, ♀ 'aṣa:bat أصابت <'uṣi:b أصيب>
Treppe daradsch درج *m.*
Trichter qam* قمع *m.*
trinken sharib شرب, ♀ sharibat شربت <'ashrab أشرب>
Trinkgeld baqshi:sh بقشيش *m.*, 'ikra:miyyah إكرامية *f.*, **Trinkgeld geben** 'a*ṭa: 'ikra:miyyah أعطى إكرامية, ♀ 'a*ṭat 'ikra:miyyah أعطت إكرامية <'u*ṭi: 'ikra:miyyah أعطي إكرامية>
Trinkwasser ma:' ash-shurb ماء الشرب *m.*
trocknen dschaffaf جفف, ♀ dschaffafat جففت <'udschaffif أجفف>
Tropfen qaṭrah قطرة *f.*
tun *(machen)* fa*al فعل, ♀ fa*alat فعلت <'af*al أفعل>
Tunesien ṭu:nis تونس *f.*
Tunesier, Tunesierin ṭu:nisiyy تونسي *m.*, ṭu:nisiyyah تونسية *f.*
tunesisch ṭu:nisiyy تونسي, ♀ ṭu:nisiyyah تونسية
Tür ba:b باب *m.*
türkis fayru:ziyy فيروزي, ♀ fayru:ziyyah فيروزية
Turm burdsch برج *m.*
Tüte ki:s naylu:n كيس نايلون *m.*

U

U-Bahn mitro: al-'anfa:q مترو الأنفاق *m.*
Übelkeit gathaya:n غثيان *m.*
über *(örtlich)* fawq فوق, *an عن, *(Betreff)* bi-chuṣu:ṣ بخصوص, **im Zimmer über uns** fi: al-ghurfah

fawqana: في الغرفة فوقنا, Temperaturen über 30° daradscha:t ḥara:rah fawq ath-thala:thi:n درجات حرارة فوق الثلاثين, ein Buch über … kita:b *an كتاب عن …

Überdosis dschur*ah za:'idah جرعة زائدة *f.*

überfallen ha:dscham هاجم, ♀ ha:dschamat هاجمت <'uha:dschim أهاجم>

übermorgen ba*d yawm ghad بعد يوم غد

Übernachtungsmöglichkeit 'imka:niyyat al-mabi:t إمكانية المبيت *f.*

überraschen fa:dscha' فاجأ, ♀ fa:dscha'at فاجأت <'ufa:dschi' أفاجىء>

überweisen ḥawwal حول, ♀ ḥawwalat حولت <'uḥawwil أحول>

Überweisung taḥwi:l bankiyy تحويل بنكي *m.*

Ufer shaṭṭ شط *m.*

Uhr *(Wandduhr)* sa:*at ḥa:'iṭ ساعة حائط *f.*, *(Armbanduhr)* sa:*at yad ساعة يد *f.*, zehn Uhr as-sa:*ah al-*a:shirah الساعة العاشرة, Die Uhr schlägt 12. taduqq as-sa:*ah ath-tha:niyah *ashrah. تدق الساعة الثانية عشرة.

Uhrzeit waqt وقت *m.*

um *(zeitlich)* fi: في, *(räumlich)* ḥawl حول, um zu min 'adschl 'an من أجل أن

Umkleidekabine ghurfat taghyi:r al-mala:bis غرفة تغيير الملابس *f.*

umsonst *(kostenlos)* madschdscha:niyy مجاني, *(vergeblich)* bi-la: dschadwa: بلا جدوى

umsteigen *(Bus, Zug, Flugzeug)* baddal بدل, ♀ baddalat بدلت <'ubaddil أبدل>

umtauschen baddal بدل, ♀ baddalat بدلت <'ubaddil أبدل>, *(Geld)* ṣaraf صرف, ♀ ṣarafat صرفت <'aṣrif أصرف>

umziehen *(in eine neue Wohnung etc.)* 'intaqal انتقل, ♀ 'intaqalat انتقلت <'antaqil أنتقل>

und wa و

Unfall ḥa:dith حادث *m.*

uns *(reflexiv)* 'anfusna: أنفسنا

unser, unsere *(von uns)* minna: منا, *(für uns)* la-na: لنا

unten fi: al-'asfal في الأسفل, nach unten 'ila: al-'asfal إلى أسفل

unter taḥt تحت

Unterbringung mabi:t مبيت *m.*

Untergeschoss qabw قبو *m.*

Unterhemd qami:ṣ da:chiliyy قميص داخلي *m.*

Unterhose sirwa:l da:chiliyy سروال داخلي *m.*, kalso:n كلسون *m.*

Unterricht dars درس *m.*

unterrichten darras درس, ♀ darrasat درست <'udarris أدرس>

unterschreiben waqqa* وقع, ♀ waqqa*at وقعت <'uwaqqi* أوقع>

Unterschrift tawqi:* توقيع *m.*

Untertasse ṣaḥn findschaːn صحن فنجان *m.*
Urlaub *uṭlah عطلة *f.*, 'idschaːzah إجازة *f.*
USB-Kabel kaːbel yuː 'is biː USB كبل *m.*
USB-Stick flaːshah فلاشة *f.*

V

Vagina mahbal مهبل
Vase mazhariyyah مزهرية *f.*
Vater 'ab أب *m.*
Vegetarier, Vegetarierin nabaːtiyy نباتي *m.*, nabaːtiyyah نباتية *f.*
vegetarisch nabaːtiyy نباتي, ♀ nabaːtiyyah نباتية
verbinden *(zusammenfügen, am Telefon)* waṣṣal وصل, ♀ waṣṣalat وصلت <'aṣil أصل> *(eine Wunde)* ḍammad ضمد, ♀ ḍammadat ضمدت <'uḍammid أضمد>
verboten mamnuː* ممنوع, ♀ mamnuː*ah ممنوعة
verdienen kasib كسب, ♀ kasibat كسبت <'aksab أكسب>
vergessen nasiː نسي, ♀ nasiyat نسيت <'ansaː أنسى>
vergewaltigen 'ightaṣab اغتصب, ♀ 'ightaṣabat اغتصبت <'aghtaṣib أغتصب>
verheiratet mutazawwidsch متزوج, ♀ mutazawwidschah متزوجة
Verkehr sayr سير *m.*
Verkehrsmittel öffentliche Verkehrsmittel wasaː'il an-naql al-*aːmmah وسائل النقل العامة *Pl.*
Verletzung 'iṣaːbah إصابة *f.*
verlieren *(Gewicht, eine Person)* faqad فقد, ♀ faqadat فقدت <'afqid أفقد>, *(Zeit, Weg, Chance)* 'aḍaː* أضاع, ♀ 'aḍaː*at أضاعت <'uḍiː* أضيع>, *(nicht gewinnen)* chasir خسر, ♀ chasirat خسرت <'achsar أخسر>
Verlobter, Verlobte chaṭiːb خطيب *m.*, chaṭiːbah خطيبة *f.*
Vermieter, Vermieterin mu'adschdschir مؤجر *m.*, mu'adschdschirah مؤجرة *f.*
verrückt madschnuːn مجنون, ♀ madschnuːnah مجنونة, *(besessen)* mahwuːs مهووس, ♀ mahwuːsah مهووسة
Versichertenkarte biṭaːqat ta'miːn بطاقة التأمين *f.*
Versicherung *(Versicherungsschutz)* ta'miːn تأمين *m.*, *(Bestätigung)* ta'kiːd تأكيد *m.*
verstehen fahim فهم, ♀ fahimat فهمت <'afham أفهم>
verstopft *(Abfluss) (Toilette)* masduːd مسدود, ♀ masduːdah مسدودة
Verstopfung *(gestörte Verdauung)* 'imsaːk إمساك *m.*
versuchen ḥaːwal حاول, ♀ ḥaːwalat حاولت <'uḥaːwil أحاول>
Vertrag *aqd عقد *m.*
verwitwet 'armal أرمل, ♀ 'armalah أرملة,

viel kathi:ran كثيراً, zu viel kathi:ran dschiddan كثيراً جداً
viele kathi:ran كثيراً
vielleicht rubbama: ربما
Viertel rub* ربع *m.*, Viertel vor eins al-wa:ḥidah 'illa: ar-rub* الواحدة إلا ربع, Viertel nach eins al-wa:ḥidah wa ar-rub* الواحدة والربع
Vierteljahr thala:that 'ash.hur ثلاثة أشهر
Visum ta'shi:rah تأشيرة *f.*, fi:za: فيزا *f.*
voll mali:' مليء, ♀ mali:'ah مليئة
voller mali:' bi- مليء ب, ♀ mali:'ah bi- مليئة ب
Vollpension ma*(a) thala:th wadschaba:t مع ثلاث وجبات
Vollwertkost ghidha:' ka:mil غذاء كامل *m.*
Vollzeit dawa:m ka:mil دوام كامل *m.*
von min من, von Süden min al-dschanu:b من الجنوب, eine Nachricht von meinem Reiseleiter chabar min dali:li: as-siya:ḥiyy خبر من دليلي السياحي
vor *(räumlich)* 'ama:m أمام, *(zeitlich)* qabl قبل, vor zehn Minuten qabl *ashr daqa:'iq قبل عشر دقائق
vorgestern 'awwal 'ams أول أمس
Vormittag qabl aẓ-ẓuhr قبل الظهر
vormittags 'awqa:t aẓ-ẓuhr أوقات الظهر
vorn fi: al-'ama:m في الأمام
Vorname 'ism اسم *m.*
Vorort ḍa:ḥiyah ضاحية *f.*
Vorsicht ḥadhar حذر *m.*, Vorsicht! 'intabih! انتبه!
vorsichtig ḥadhir حذر, ♀ ḥadhirah حذرة
Vorspeise muqabbila:t مقبلات *f. Pl.*
vorziehen *(lieber mögen)* faḍḍal فضل, ♀ faḍḍalat فضلت <'ufaḍḍil أفضل>

W

wachsen *(Pflanze, Mensch)* nama: نما, ♀ namat نمت <'anmu: أنمو>, *(Haar, Bart)* ṭa:l طال, ♀ ṭa:lat طالت <'aṭu:l أطول>
wählen *(sich für eine Möglichkeit entscheiden)* 'ichta:r اختار, ♀ 'ichta:rat اختارت <'achta:r أختار>, *(in der Politik)* 'intachab انتخب, ♀ 'intachabat انتخبت <'antachib أنتخب>, *(eine Telefonnummer)* daqq دق, ♀ daqqat دقت <'aduqq أدق>
wahr ṣaḥi:ḥ صحيح, ♀ ṣaḥi:ḥah صحيحة
Währung *umlah عملة *f.*
Wald gha:bah غابة *f.*
wandern tadschawwal تجول, ♀ tadschawwalat تجولت <'atadschawwal أتجول>
wann mata: متى
warm *(Zimmer, Ofen, Bett)* da:fi' دافيء, ♀ da:fi'ah دافئة, *(Getränke, Essen)* sa:chin ساخن, ♀ sa:chinah ساخنة
warnen ḥadhdhar حذر, ♀ ḥadhdharat حذرت <'uḥadhdhir أحذر>

warten *(auf etw. oder jdn. warten)* 'intaẓar انتظر, ♀ 'intaẓarat انتظرت <'antaẓir أنتظر>, *(reparieren)* ṣa:n صان, ♀ ṣa:nat صانت <'aṣu:n أصون>

Wartezimmer ghurfat al-intiẓa:r غرفة الانتظار *f.*

warum li-ma:dha: لماذا

was *(in Bezug auf Nomen oder Pronomen)* ma: ما, *(mit Verben)* ma:dha: ماذا, **Was für ein Buch?** 'ayy kita:b? أي كتاب؟

Wäsche *(schmutzige Kleidung)* ghasi:l غسيل *m.*

Wäscherei ṣa:lo:n li-ghasi:l al-mala:bis صالون لغسيل الملابس *m.*

Waschmaschine ghassa:lah غسالة *f.*

Waschmittel masḥu:q ghasi:l مسحوق غسيل *m.*

Wasser ma:' ماء *m.*

wasserdicht muqa:wim li-l-ma:' مقاوم للماء, ♀ muqa:wimah li-l-ma:' مقاومة للماء

Wasserfall shalla:l ma:' شلال ماء *m.*

Wasserhahn ṣunbu:r ma:' صنبور ماء *m.*, ḥanafiyyah حنفية *f.*

Wechselgeld fura:ṭah فراطة *f.*

Wechselkurs si*r aṣ-ṣarf سعر الصرف *m.*

wechseln *(in andere Währung)* ṣaraf صرف, ♀ ṣarafat صرفت <'aṣrif أصرف>, *(in Kleingeld)* faraṭ فرط, ♀ faraṭat فرطت <'afruṭ أفرط>, *(Beruf, Kleider)* ghayyar غير, ♀ ghayyarat غيرت <'ughayyir أغير>

Wecker munabbih منبه *m.*

Weg ṭari:q طريق *m.*, *(Pfad)* darb درب *m.*, *(Fußweg)* mamarr ممر *m.*

wehtun 'a:lam آلم, ♀ 'a:lamat آلمت <'u'lim أؤلم>

weiblich 'unthawiyy أنثوي, ♀ 'unthawiyyah أنثوية, *(Grammatik)* mu'annath مؤنث, ♀ mu'annathah مؤنثة

Weihnachten *i:d al-mi:la:d عيد الميلاد *m.*

Wein nabi:dh نبيذ *m.*, chamr خمر *m.*

weiß 'abyaḍ أبيض, ♀ bayḍa:' بيضاء

Weißwein nabi:dh 'abyaḍ نبيذ أبيض *m.*

wenig qali:l قليل

weniger 'aqall أقل

wer man من

Werkstatt warshah ورشة *f.*

Wertsachen 'ashya:' thami:nah أشياء ثمينة *Pl.*

wertvoll *(Schmuck, Zeit)* thami:n ثمين, ♀ thami:nah ثمينة, *(Buch, Beitrag)* qayyim قيم, ♀ qayyimah قيمة

wessen li-man لمن

Westen gharb غرب *m.*

Wickelraum maka:n at-taḥfi:ḍ مكان التحفيض *m.*

Wiedersehen liqa:' لقاء *m.*, **Auf Wiedersehen!** 'ila: al-liqa:'! إلى اللقاء!

Wiese mardsch مرج *m.*

Wind ri:ḥ ريح *m.*

Windel ḥifa:ḍ حفاض *m.*

windig kathi:r ar-riya:ḥ كثير الرياح, ♀ kathi:rat ar-riya:ḥ كثيرة الرياح

Windschutzscheibe az-zudschaːdsch al-'amaːmiyy الزجاج الأمامي *m.*
Winter shitaː' شتاء *m.*
wir naḥnu نحن
wissen *araf عرف, ♀ *arafat عرفت <'a*rif أعرف>
wo 'ayn أين
Woche 'usbuː* أسبوع *m.*
Wochenende nihaːyat al-'usbuː* نهاية الأسبوع *f.*
wohnen sakan سكن, ♀ sakanat سكنت <'askun أسكن>
Wohnung shaqqah شقة *f.*
Wohnwagen *arabat sakan عربة سكن *f.*
Wohnzimmer ghurfat al-dschuluːs غرفة الجلوس *f.*
Wort kalimah كلمة *f.*
Wörterbuch qaːmuːs قاموس *m.*
wunderbar raː'i* رائع, ♀ raː'i*ah رائعة
Wurst sudschuq سجق *m.*
Wüste ṣaḥraː' صحراء *f.*

Z

Zahl *adad عدد *m.*
zahlen dafa* دفع, ♀ dafa*at دفعت <'adfa* أدفع>, *(Kredit, Schulden)* saddad سدد, ♀ saddadat سددت <'usaddid أسدد>
Zahlung daf*ah دفعة *f.*
Zahlungsweise ṭariːqat ad-daf* طريقة الدفع *f.*
Zahn sinn سن *m.*
Zahnbürste furshaːt 'asnaːn فرشاة أسنان *f.*
Zahnpasta ma*dschuːn 'asnaːn معجون أسنان *m.*
Zahnstocher nakkaːshat 'asnaːn نكاشة أسنان *f.*
Zange kammaːshah كماشة *f.*
Zeh 'iṣba* qadam إصبع قدم *m.*
Zeit waqt وقت *m.*, zamaːn زمن *m.*, *(Zeitalter)* *aṣr عصر *m.*, **in letzter Zeit** fiː al-waqt al-'achiːr في الوقت الأخير
Zeitschrift madschallah مجلة *f.*
Zeitung ṣaḥiːfah صحيفة *f.*, dschariːdah جريدة *f.*
Zelt chaymah خيمة *f.*
zelten chayyam خيم, ♀ chayyamat خيمت <'uchayyim أخيم>
Zeltplatz makaːn at-tachyiːm مكان التخييم *m.*
Zentimeter santiːmetr سنتيمتر *m.*
zentral markaziyy مركزي, ♀ markaziyyah مركزية
Zentrum markaz مركز *m.*
Ziege ma*z معز *Pl.*
Zigarette siːgaːrah سيجارة *f.*
Zigarre siːgaːr سيجار *m.*
Zimmer ghurfah غرفة *f.*
Zimmernummer raqm al-ghurfah رقم الغرفة *m.*
Zisterne chazzaːn maː' خزان ماء *m.*
Zitrone laymuːn ليمون *Pl.*
Zoll *(Behörde)* dschamaːrik جمارك *f.*, *(Abgabe)* dschumruk جمرك *m.*
zu *(vor dem Infinitiv)* li- لـ, *(Ziel angebend)* 'ilaː إلى, *(verschlossen)* mughlaq مغلق, ♀ mughlaqah مغلقة

Zucker sukkar سكر *m.*
zuckerfrei chaːliː min as-sukkar خالي من السكر, ♀ chaːliyah min as-sukkar خالية من السكر
zufrieden raːḍiː راضي, ♀ raːḍiyah راضية, *(mit dem Hotelzimmer, Service etc.)* mabsuːṭ مبسوط, ♀ mabsuːṭah مبسوطة
Zug qiṭaːr قطار *m.*
Zügel lidschaːm لجام *m.*
Zündkerze sham*at iḥtiraːq شمعة احتراق *f.*
Zunge lisaːn لسان *m.*
zurück 'ilaː al-chalf إلى الخلف, 'ilaː al-waraː' إلى الوراء
zurückgeben 'ardscha* أرجع, ♀ 'ardscha*at أرجعت <'urdschi* أرجع>, 'a*aːd أعاد, ♀ 'a*aːdat أعادت <'u*iːd أعيد>
zurückkehren radschi* رجع, ♀ radschi*at رجعت <'ardschi* أرجع>, *aːd عاد, ♀ *aːdat عادت <'a*uːd أعود>
zusammen ma*an معاً, sawiyyatan سوية
zustimmen waːfaq وافق, ♀ waːfaqat وافقت <'uwaːfiq أوافق>, **einer Sache zustimmen** waːfaq *alaː وافق على, ♀ waːfaqat *alaː وافقت على <'uwaːfiq *alaː أوافق على>
Zwiebel baṣal بصل *Pl.*
zwischen bayn بين

Festung in Al-Ain, Abu Dhabi

Zahlen

الأعداد

Z01	0	ṣifr	صفـــر
Z02	eins / ein / eine	♂ wa:ḥid / ♀ wa:ḥidah	واحد/ واحدة
Z03	2	♂ 'ithna:n / ♀ 'ithnata:n	إثنان / إثنتان
Z04	3	♂ thala:th / ♀ thala:thah	ثلاث / ثلاثة
Z05	4	♂ 'arba* / ♀ 'arba*ah	أربع / أربعة
Z06	5	♂ chams / ♀ chamsah	خمس / خمسة
Z07	6	♂ sitt / ♀ sittah	ست / ستة
Z08	7	♂ sab* / ♀ sab*ah	سبع / سبعة
Z09	8	♂ thama:n / ♀ thama:niyah	ثمان / ثمانية
Z10	9	♂ tis* / ♀ tis*ah	تسع / تسعة
Z11	10	♂ *ashr / ♀ *asharah	عشر / عشرة
Z12	11	♂ 'aḥada *ashar / ♀ 'iḥda: *ashrah	أحد عشر / إحدى عشرة
Z13	12	♂ 'ithna: *ashar / ♀ 'ithnata: *ashrah	إثنا عشر / إثنتا عشرة
Z14	13	♂ thala:thata *ashar / ♀ thala:tha *ashrah	ثلاثة عشر / ثلاث عشرة
Z15	14	♂ 'arba*ata *ashar / ♀ 'arba*a *ashrah	أربعة عشر / أربع عشرة
Z16	15	♂ chamsata *ashar / ♀ chamsa *ashrah	خمسة عشر / خمس عشرة
Z17	16	♂ sittata *ashar / ♀ sitta *ashrah	ستة عشر / ست عشرة
Z18	17	♂ sab*ata *ashar / ♀ sab*a *ashrah	سبعة عشر / سبع عشرة
Z19	18	♂ thama:niyata *ashar / ♀ thama:niya *ashrah	ثمانية عشر / ثماني عشرة

Z20	19	♂ tis*ata *ashar / ♀ tis*a *ashrah	تسعة عشر / تسع عشرة
Z21	20	*ishru:n	عــشرون
Z22	21	♂ wa:ḥid wa *ishru:n / ♀ 'iḥda: wa *ishru:n	واحد وعشرون / إحدى وعشرون
Z23	22	♂ 'ithna:n wa *ishru:n / ♀ 'ithnata:n wa *ishru:n	إثنان وعشرون / إثنتان وعشرون
Z24	23	♂ thala:th wa *ishru:n / ♀ thala:thah wa *ishru:n	ثلاث وعشرون / ثلاثة وعشرون
Z25	24	♂ 'arba* wa *ishru:n / ♀ 'arba*ah wa *ishru:n	أربع وعشرون / أربعة وعشرون
Z26	25	♂ chams wa *ishru:n / ♀ chamsah wa *ishru:n	خمس وعشرون / خمسة وعشرون
Z27	26	♂ sitt wa *ishru:n / ♀ sittah wa *ishru:n	ست وعشرون / ستة وعشرون
Z28	27	♂ sab* wa *ishru:n / ♀ sab*ah wa *ishru:n	سبع وعشرون / سبعة وعشرون
Z29	28	♂ thama:n wa *ishru:n / ♀ thama:niyah wa *ishru:n	ثمان وعشرون / ثمانية وعشرون
Z30	29	♂ tis* wa *ishru:n / ♀ tis*ah wa *ishru:n	تسع وعشرون / تسعة وعشرون
Z31	30	thala:thu:n	ثلاثون
Z32	40	'arba*u:n	أربعون
Z33	50	chamsu:n	خــمــسون
Z34	60	sittu:n	ســتــون
Z35	70	sab*u:n	ســبــعــون
Z36	80	thama:nu:n	ثمانون
Z37	90	tis*u:n	تــســعــون
Z38	100	mi'ah	مــئــة
Z39	1.000	'alf	ألف